Gloria Naylor

Die Frauen von Brewster Place

Zu diesem Buch

Tropfende Rohre, quietschende Türen, kaputte Aufzüge. Brewster Place, das ist die Straße mit den Schlaglöchern und der Mauer am Ende, hinter der man die schicken Gegenden der amerikanischen Großstadt nur erahnen kann. Mattie Michael und Etta Johnson wohnen schon ewig hier, und sie wissen absolut alles, was in den Häusern der anderen so passiert. Kiswana Browne nervt mit ihren Black-Power-Parolen; Cora Lee kriegt in der Hoffnung auf morgen immer mehr Kinder, und die zwei Neuen irritieren die anderen mit ihren verstohlenen Zärtlichkeiten. Die Gerüchteküche brodelt und treibt den Geruch von Begierde und Fürsorge, von Hoffnung und Verzweiflung durch die Straße. Gloria Naylor erzählt furios und einfühlsam von diesen Frauen und mit ihnen von den schwarzen Frauen Amerikas.

»Unmittelbar emotional und zutiefst politisch. Ein ungemein aktuelles Buch.« *Literary Hub*

Die Autorin

Gloria Naylor (1950–2016), geboren in New York, studierte Anglistik und African-American Studies. Ihr Debütroman *Die Frauen von Brewster Place* erschien 1982, weitere Romane und Erzählungen folgten. Ihr vielschichtiges Werk kreist um das Leben Schwarzer, um ihre Kämpfe und Hoffnungen, in einer Welt, in der Weißsein alles bedeutet. Für ihre Werke erhielt sie u. a. den American Book Award und den National Book Award. Sie unterrichtete Literatur und Kreatives Schreiben an verschiedenen amerikanischen Universitäten.

Im Unionsverlag ist außerdem lieferbar: *Linden Hills*

Die Übersetzerin

Sibylle Koch-Grünberg (1947–2020) übersetzte aus dem Englischen, unter anderem Werke von Tillie Olsen, Jill Tweedie und Terence McKenna.

Mehr über die Autorin und ihr Werk auf *www.unionsverlag.com*

Gloria Naylor

Die Frauen von Brewster Place

Roman

Aus dem Englischen
von Sibylle Koch-Grünberg

Unionsverlag

Die Originalausgabe erschien 1982 bei Viking Penguin Inc.
Die deutsche Erstausgabe erschien 1984 im Verlag Droemer Knaur, München.
Für die vorliegende Ausgabe wurde die Übersetzung von Patricia Reimann
nach dem Original durchgesehen und überarbeitet.
Übersetzung der Zitate auf S. 145, 163, 169 von Frank Günther,

Im Internet
Aktuelle Informationen, Dokumente und Materialien
zu Gloria Naylor und diesem Buch
www.unionsverlag.com

Unionsverlag Taschenbuch 950

Diese Ausgabe erscheint in Vereinbarung mit Viking,
Imprint of Penguin Publishing Group,
a division of Penguin Random House LLC
Originaltitel: The Women of Brewster Place

Neptunstrasse 20, CH-8032 Zürich
Telefon +41 44 283 20 00
mail@unionsverlag.ch

Reihengestaltung: Heinz Unternährer
Umschlagfoto: Colin Jones (TopFoto)
Umschlaggestaltung: Phillip Hailperin
Satz: Greiner & Reichel, Köln
Druck und Bindung: CPI – Clausen & Bosse, Leck
ISBN 978-3-293-20950-3

Der Unionsverlag wird vom Bundesamt für Kultur mit einem
Verlagsförderungs-Strukturbeitrag für die Jahre 2021–2024 unterstützt.

Auch als E-Book erhältlich

Inhalt

Für Marcia, die mir den Traum eingab,
Lauren, die an ihn glaubte,
Rick, der ihn nährte und ihm Gestalt gab,
und George, der ihm am heftigsten applaudierte.

Was geschieht mit einem aufgeschobenen Traum?

Vertrocknet er
wie eine Rosine in der Sonne?
Oder schwärt er wie eine Wunde –
und eitert dann?
Stinkt er wie verfaultes Fleisch?
Oder bekommt er eine zuckrige Kruste
wie eine klebrige Süßigkeit?

Vielleicht sackt er einfach weg
wie eine schwere Last.

Oder explodiert er gar?

LANGSTON HUGHES

Dämmerung

Brewster Place war das illegitime Kind mehrerer heimlicher Treffen zwischen dem Stadtrat des Sechsten Bezirks und dem Generaldirektor der Unico-Wohnungsbaugesellschaft. Letzterer musste dringend den Polizeichef des Sechsten Bezirks loswerden, da dieser zu ehrlich war, Bestechungsgelder anzunehmen, und daher beharrlich gegen die Spielkasinos vorging, die dem Direktor gehörten. Der Stadtrat seinerseits wollte, dass die Wohnungsbaugesellschaft ihr neues Einkaufszentrum auf dem Grundstück seines Cousins im Norden der Stadt errichtete. Sie trafen sich, machten Vorschläge, handelten miteinander und arbeiteten Schritt für Schritt die Erfüllung ihrer jeweiligen Wünsche aus. Dann kamen sie nachträglich noch überein, auf einem Stück wertlosen Bodens in dem schlimm übervölkerten Bezirk vier Doppelwohnblocks zu errichten. Das würde dazu beitragen, die seitens der irischen Bevölkerung zu erwartenden Proteste anlässlich der Entlassung des Polizeichefs abzuschwächen; und da die Stadt die Kosten übernähme und der Stadtrat den Bau beim kommenden Wahlkampf für seine Kandidatur um das Bürgermeisteramt nutzen konnte, würde es beiden Männern nicht schaden. Und so wurde, in einem klammen, rauchgeschwängerten Raum, Brewster Place gezeugt.

Drei Monate später wurde das Balg in der Stadtverwaltung geboren, und da im Dunkeln blieb, wer die wirklichen Eltern waren, trat zwei Jahre später die halbe Gemeinde zu seiner Taufe an. Alle applaudierten stürmisch, als der lächelnde Stadtrat eine Flasche Sekt an der Ecke eines der Häuser zerschellen ließ. Er war vor lauter ohrenbetäubenden Hurrarufen kaum zu hören, als er mit Tränen in den Augen erklärte, das Mindeste, was er tun könne, sei mitzuhelfen, für alle ihre patriotischen Jungs, die aus dem Großen Krieg auf dem Weg nach Hause seien, einen Platz zu schaffen.

Als Brewster Place noch jung war, hatten die grauen Backsteine der Häuser einen mattsilbernen Ton. Die Straße war zwar nicht gepflastert – nach einem schweren Regen musste man bis zu den Knöcheln im Schlamm waten, um nach Hause zu kommen –, doch sie hatte etwas Vielversprechendes. Die Stadt wuchs und florierte; es gab Pläne, nördlich der Straße einen neuen Boulevard zu bauen, und es sah so aus, als sollte Brewster Place Teil der Hauptverkehrsader der Stadt werden.

Die Gegend um den Boulevard entwickelte sich zu einem wichtigen Geschäftsviertel, doch um den Verkehr steuern zu können, mussten einige der Nebenstraßen durch eine Mauer abgeriegelt werden. In der Stadtverwaltung kam es zu heftigen Auseinandersetzungen: Viele kämpften für diese kleinen Versorgungsadern, wissend, dass es hier um den Lebenssaft ihres Viertels ging; für Brewster Place jedoch setzte sich niemand ein. Dort lebten jetzt lauter Leute, die ohne politischen Einfluss waren; Leute mit dunklen Haaren und sanft getönter Haut – Menschen mediterraner Herkunft, die in gutturalen, murmelnden Lauten miteinander sprachen und ausländische Lebensmittel in die Läden des Viertels brachten. Die älteren Anwohner nahmen Anstoß an dem beißenden Geruch kräftiger Käse und geräucherter Fleischwaren, der nun in der Luft des Viertels hing. So also wurde die Mauer gebaut und Brewster Place zu einer Sackgasse. Bei dieser Taufe gab es keine Menschenmenge, sie fand um drei Uhr morgens statt, als Mrs Colligans Sohn, der betrunken nach Hause torkelte und die Existenz der Mauer vergessen hatte, seine Nase daran blutig schlug und sich dann an den neuen Backsteinen übergab.

Brewster Place – die Sackgasse – hatte in ihren mittleren Jahren der zweiten Generation weniger zu bieten, tat aber für sie, was sie konnte. Im Zuge des sogenannten WPA-Arbeitsbeschaffungsprogramms wurde die Straße schließlich gepflastert, und eine neue Wohnungsbaugesellschaft übernahm die Hypothek, die auf den Häusern lag. Von den zentralen Aktivitäten der Stadt abgeschnitten, entwickelte die Straße einen ganz eigenen Charakter. Die Menschen dort hatten ihre eigene Sprache und ihre eigene Musik und ihre eigenen Regeln. Sie waren stolz auf die Tatsache, dass Mrs Fuellis Laden der einzige in der Stadt war, in dem man scungilli *und grüne* fettuccine *bekommen konnte. Doch Mrs Fuelli brach es das Herz, als ihr Sohn aus dem Krieg kam und sich nicht in Brewster Place niederließ, und auch der Sohn ihrer Cousine nicht, oder der ihrer Nachbarin aus dem zweiten Stock. Und es gab Söhne, die überhaupt nicht wiederkamen. Brewster Place trauerte mit diesen Müttern, denn auch die Straße hatte Kinder verloren – durch den Ruf eines komfortableren Lebens und aus Angst vor jenen Kindern, die heute die Straße bevölkerten, einst Fremde, jetzt aber alles, was sie besaß. Brewster Place wurde mit Mrs Fuelli und den wenigen alt, die nicht mehr wegziehen wollten oder konnten.*

Ein Jahr bevor die Entscheidung des Obersten Gerichtshofs in der Sache »Brown gegen die Schulbehörde von Topeka« *das ganze Land wieder in zwei Lager spaltete, kam die sogenannte Integration auf den gebeugten Schultern eines untersetzten, braunhäutigen Mannes nach Brewster Place, der als Hausmeister und Gebäudemanager angestellt worden war. Er zog ins Souterrain von Nummer 312, und wenn er nach seinem Namen gefragt wurde, pflegte er zu antworten: »Nennen Sie mich einfach Ben.« Und das war alles, was bis zu seinem Tode von ihm in Erfahrung gebracht wurde. Es gab kaum Protest dagegen, dass er im Block wohnte, denn es hatte sich bald herumgesprochen, dass er ein anständiger Farbiger war, der niemals irgendwem zu nahe trat. Und wenn der Vermieter nichts als ein Postfach in einer anderen Stadt war, und die Heizung leckte, oder der Abfluss verstopft war, oder die Arthritis einen daran hinderte, die Eingangsstufen zu kehren, war es angenehm, jemanden an der Hand zu haben, der sich um diese Dinge kümmerte, selbst diesen Mann mit seinem merkwürdigen Haar und seiner merkwürdigen Haut, dessen Atem schal nach Alkohol roch.*

Ben und die mediterranen Bewohner von Brewster Place wurden aus der Ferne recht vertraut miteinander. Sie lernten, dass er, wenn die melancholischen Klänge von Swing Low, Sweet Chariot sie weckten, einen seiner morgendlichen Saufanfälle hatte, und dass es an diesem Tag keinen Sinn hatte, ihn um irgendetwas zu bitten – er würde einen mit seinen Jawolls nur zur Verzweiflung treiben und dann doch nicht auftauchen. Und er lernte, dass sie ihm mit kalten und argwöhnischen Blicken begegneten, wenn er ohne Schraubenschlüssel oder Besen in der Hand an ihre Tür klopfte, ganz egal wie groß die Mengen selbst gekochter Gemüsesuppen und Honigkuchen waren, die die alten Damen – voll Mitgefühl wegen seines frauenlosen Daseins mit der Zunge schnalzend – ihm sonst vorbeibrachten. Warum Ben trank, erfuhr nie jemand. Die Aufmerksameren unter ihnen konnten vorhersagen, wann wieder einmal eines dieser frühen Besäufnisse fällig war; immer an dem Morgen, nachdem der Briefträger die Stufen zum Souterrain von 312 hinabgestiegen war. Und wenn sich jemand am nächsten Tag nahe genug heranwagte, konnte er hören, wie Ben etwas von einer untreuen Frau und einer hinkenden Tochter vor sich hin brummelte, oder war es eine hinkende Frau und eine untreue Tochter? Keiner konnte sie je auseinanderhalten. Wenn sie sich die Mühe gemacht hätten zu fragen, hätte er es ihnen wahrscheinlich erzählt. Nach einer Weile stieg der Briefträger nicht mehr die Stufen hinunter; Ben aber trank immer noch.

Ben und seine Sauferei wurden allmählich zu einem Teil von Brewster Place, genau wie die Mauer. Bald schien es dumm, die

Existenz des einen oder des anderen zu hinterfragen – sie waren einfach da.

Und sie waren das Erste, was die dritte Generation von Brewster Place zu Gesicht bekam. Langsam hatten sie den Block erobert und den Exodus der noch übrigen Südländer vorangetrieben. Brewster Place frohlockte über diese »afrikanischen« Kinder mit ihren vielen Hautfarben, die sie im Alter hatte. Sie arbeiteten so schwer wie die Kinder ihrer Jugend, waren so leidenschaftlich und hinsichtlich ihrer Gerüche, ihres Essens und ihrer Regeln so verschieden vom Rest der Stadt wie die Kinder der mittleren Jahre. Sie klammerten sich an die Straße und akzeptierten verzweifelt alles an ihr. Denn alles war besser als die elenden Südstaatengebiete, aus denen sie geflohen waren. Anders als ihre anderen Kinder – das wusste Brewster Place – würden die wenigen, die für immer fortgingen, eher die Ausnahme als die Regel sein, denn sie waren gekommen, weil sie keine andere Wahl hatten, und würden aus ebendiesem Grund auch bleiben.

Besonders liebte Brewster Place mit der Zeit ihre farbigen Töchter, die – beherzten Geistwesen gleich – sich durch den Verfall schlugen und versuchten, daraus ein Heim zu machen. Muskatfarbene Arme stützten sich auf Fenstersimse, knorrige Ebenholzbeine trugen die Last von Einkäufen zwei Treppen hoch, und safranfarbene Hände hängten feuchte Wäsche auf die Leinen in den Hinterhöfen. Ihr Schweiß mischte sich mit dem Dampf aus brodelnden Töpfen voll geräuchertem Schweinefleisch und Suppengrün und umkräuselte den scharfen Geruch von Essigspülungen und Paris-Night-Parfum, der, wo sie zusammenstanden, die Straße durchzog – schön gewachsene, rundbäuchige Frauen mit hohem Hintern, die beim Lachen den Kopf zurückwarfen und, die Hände in die Hüften gestemmt, starke Zähne und dunkles Zahnfleisch zeigten. Sie verfluchten, piesackten, verehrten und teilten sich ihre Männer. Ihre Liebe brachte sie dazu, ein Geschirrtuch durch die Küche einer anderen zu schleudern, damit er mit der Miete rumkam, oder mit heißer Waschlauge um sich zu spritzen, damit er dieses Biest hinter der Ladentheke von der Kaufhalle vergaß. Sie waren außen hart, innen weich, brutal fordernd und leicht zufriedenzustellen, diese Frauen von Brewster Place. Sie kamen, sie gingen, wuchsen heran und wurden älter, als sie es den Jahren nach waren. Wie ein Ebenholzphönix hatten sie alle eine Geschichte, eine jede zu ihrer eigenen Zeit.

Mattie Michael

I

Wie eine riesige grüne Schnecke kroch der klapprige Umzugswagen Brewster hoch. Ein ramponiertes, unregistriertes Taxi, das ebenfalls vorsichtig über die verborgenen, vereisten Stellen unter dem Tage alten Schnee fuhr, flankierte ihn. Gerade als die kleine Karawane das letzte Haus des Blocks erreichte, fing es wieder an zu schneien. Die Umzugsmänner sprangen aus dem Führerhaus des Transporters und begannen, ihn hinten zu entladen. Mattie bezahlte den Fahrer und stieg aus dem Taxi. Die feuchte Luft war so schwer wie der Seufzer, der sich ihrem üppigen Busen entrang. Die aschfahlen Häuser verschmolzen langsam mit der sanften Decke des pelzartigen Schnees, der vom sich verdunkelnden Himmel fiel. Hinter dem bleiernen Abendhimmel konnte man die ersterbenden Strahlen der Sonne eher fühlen als sehen, und allmählich blieb Schnee in den Spalten der Mauer hängen, die nur zwei Meter von Matties Haus entfernt stand.

Mattie sah, dass die Mauer genau oberhalb der Wohnungen im zweiten Stock endete. Das bedeutete, dass ihre Pflanzen vom Nordlicht abgeschnitten waren. All die prächtigen Pflanzen, die einst in dem Heim, für das sie dreißig Jahre ihres Lebens gegeben hatte, einen ganzen Wintergarten für sich alleine gehabt hatten, würden jetzt auf einem viel zu engen Fenstersims um Licht kämpfen müssen. Sie bedauerte die Pflanzen; Selbstmitleid und den Gedanken, dass auch sie in dieser übervölkerten Straße würde sterben müssen, weil ihr nicht mehr genug Leben blieb, um noch einmal von vorn anzufangen, lehnte sie ab.

Im ersten Stock kochte jemand, und der Duft drang durch das beschlagene Fenster und zog an ihrer Nase vorbei. Einen Moment lang roch es wie frisch geschnittenes Zuckerrohr, und sie atmete in kurzen, schnellen Zügen ein, um diesen Geruch wieder einzufangen. Doch er war verflogen. Sie musste sich sowieso geirrt haben. In Brewster gab es kein Zuckerrohr. Nein, das war in Tennessee gewesen, in einem Sommer, der tief unter den Gräbern von einunddreißig Jahren verborgen lag, die nur in der Erinnerung wieder geöffnet werden konnten.

Zuckerrohr und Sommer und Dad und Basil und Butch. Und der Anfang – der Anfang ihrer langen, verschlungenen Reise nach Brewster.

»He, Baby!«

Ein zimtfarbener Mann beugte sich über den vorderen Zaun der Michaels und schnalzte leise zu Mattie hinüber, die im Hof stand und die Küken fütterte. Sie ignorierte ihn absichtlich, ließ die Finger in der Schüssel mit der Maische kreisen und fuhr fort, die Küken zu locken. Er schnalzte im gleichen Takt mit ihr und rief noch einmal, ein wenig lauter: »He, Baby, hörst du nicht?«

»Ich hab dich schon gehört, Butch Fuller, aber ich hab auch einen Namen, verstehst du«, sagte sie, ohne zu ihm hinüberzublicken.

Sein großer Mund, der immer bereit schien zu lächeln, verzog sich zu einem breiten Grinsen. Er lief zum anderen Ende des Zauns und machte eine übertrieben tiefe Verbeugung vor ihr.

»Also dann 'tschuldigen Se mich armen, dummen Nigger, Miss Mattie, Ma'am, oder soll ich sagen, Miss Michael, Ma'am oder Miss Mattie Michael oder …« Und er warf ihr über die gekrümmten Schultern einen Blick zu, die perfekte Imitation der aufgesetzten Höflichkeit, mit der sie den Weißen begegneten.

Mattie musste laut lachen, und Butch richtete sich auf und lachte mit ihr.

»Butch Fuller, du bist der geborene Narr, und als Narr wirst du auch sterben.«

»Na, dann hat der Pfarrer wenigstens etwas Gutes bei meiner Beerdigung zu sagen – dieser Mann war konsequent.« Und wieder lachten sie – Butch aus vollem Hals und Mattie zögernd, denn ihr wurde klar, dass sie da in ein Gespräch mit einem Mann verwickelt wurde, vor dem ihr Vater sie wiederholt gewarnt hatte. Dieser Butch Fuller ist ein Taugenichts und Herumtreiber, und keine anständige Frau würde sich sehen lassen, wie sie mit ihm redet. Doch Butch hatte ein Lachen wie die Sonne im April, kurz bevor sie untergeht – durchscheinend und verwirrend. Man wusste, es konnte nicht ewig dauern, und doch würde man stundenlang stehen bleiben, in der Hoffnung, nur einen Schimmer davon noch einmal zu erleben.

»Jetzt, wo ich das alles durchexerziert hab, kann ich hoffentlich das kriegen, was ich eigentlich gewollt hab«, sagte er langsam und schaute ihr dabei direkt in die Augen.

Das Blut schoss Mattie ins Gesicht, und gerade als sie den Mund aufmachte, um ihm eine Beschimpfung entgegenzuschleudern, da blickte er gelassen zu der Tonne neben dem Haus hinüber. »Einen Becher von diesem kühlen Regenwasser.« Und er lächelte listig.

Hastig schloss sie den Mund wieder, und er senkte den Blick, trat den Staub von den Schuhen und tat so, als bemerke er ihre Verlegenheit nicht.

»Tja, bei so ’ner brüllenden Hitze wie heut kann einem die Zunge im Hals verdorren.« Und er schaute unschuldig auf.

Mattie warf die Futterschüssel zu Boden und ging schmollend zur Regentonne hinüber. Butch beobachtete aufmerksam die kreisenden Bewegungen ihres hohen, runden Hinterteils unter dem dünnen Sommerkleid und folgte dem sich über die prallen dunklen Waden hebenden Saum, als sie sich niederbeugte, um das Wasser zu schöpfen. Aber als sie sich umwandte, inspizierte er gerade eine Schließe seines Overalls.

»Da hast du dein Wasser.« Sie schüttete es ihm fast ins Gesicht. »An einem Tag wie heut könnt ich nicht mal einem Hund den Schluck Wasser verwehren, aber wenn du's getrunken hast, gehst du besser dahin, wo du hingewollt hast, bevor du hier stehn geblieben bist.«

»Gott, ihr Michael-Frauen habt doch die schärfsten Zungen in der ganzen Gegend, aber ich kann mir einen schlimmeren Tod denken, als von so einem schönen Mund zerschnitten zu werden.« Und er warf den Kopf zurück und trank das Wasser.

Mattie beobachtete, wie das Wasser seinen langen Hals hinunterlief, und sie bewunderte widerstrebend die starken, braunen Umrisse seines Nackens und seiner Schultern. Seine Haut sah aus, als glühten feurige Pünktchen darin, und die Sonne ließ die roten Lichter an seinem Körper aufleuchten. Seine Bewegungen hatten etwas Klares, Gefälliges und schienen zu aller Welt zu sagen: Hier bin ich, und darüber gibt's nichts zu meckern, also warum tut ihr's dann?

»Danke, Miss Mattie, Ma'am.« Er gab ihr den Becher mit einem Lächeln zurück, das aufgrund des heimlichen Scherzes, den sie nun miteinander teilten, um Freundschaft bat.

Mattie verstand, nahm den Becher und erwiderte sein Lächeln.

»Und da du mich nach meinem Woher und Wohin gefragt hast …«

»Hab ich doch gar nicht.«

Ohne auf ihren Einwand zu achten, fuhr er fort: »Ich bin zum

Sumpf unterwegs und will mir ein paar wilde Kräuter holen. Und dann hab ich vor, mal beim Zuckerrohrfeld der Morgans vorbeizugehen. Die haben grad geerntet, und es steht noch das eine und andere hübsche dicke Zuckerrohr rum. Wenn du also mitkommen und dir ein paar aussuchen willst, werd ich sie dir liebend gerne heimtragen.«

Fast sagte Mattie zu. Sie mochte Zuckerrohrsirup, und wenn sie ein paar wirklich gute fand, konnte sie sie in Stücke schneiden und auskochen, und es würde wahrscheinlich mindestens ein, zwei Liter Sirup geben. Doch ihr Vater würde sie umbringen, wenn er erführe, dass man sie mit Butch Fuller umherspazieren sah.

»Wenn natürlich eine so erwachsene Frau wie du Angst hat, was ihr Vater wohl dazu sagt ...«

Als Mattie klar wurde, dass er ihre Gedanken gelesen hatte, wurde sie schnippisch.

»Ich hab vor gar nichts Angst, Butch Fuller. Und außerdem ist Dad heut Nachmittag mit Mum in die Stadt gefahren.«

»Na, so was, tja, das mein ich doch auch ... Eine so erwachsene Frau wie du hat doch nicht den geringsten Grund, Angst davor zu haben, was ihr Dad wohl sagt. Und was die schmutzigen Gedanken der alten Krähen dort oben angeht, die vielleicht mit einem Haufen Lügen zu ihm hinrennen – warum gehn wir nicht einfach hintenrum zum Zuckerrohrfeld?

Es ist doch ganz und gar überflüssig, dass sie sich einen Sonnenstich holen, wenn sie runterrennen, um jemandem, der eigentlich noch nicht mal da ist, was zu erzählen, was eigentlich gar nicht erzählenswert ist – stimmt's?« Seine Stimme war so weich und einschmeichelnd wie sein Lächeln.

»Stimmt«, sagte sie, und dann sah sie ihm gerade in die Augen und fügte langsam hinzu: »Ich geh nur schnell noch ins Haus und hol Dads Machete.« Sie wartete, bis in seinen Augen ein leicht überraschtes Flackern erschien, und fuhr dann fort: »Um damit das Zuckerrohr zu schneiden – was denn sonst?«

»Was denn sonst.« Und die Aprilsonne ging unter in ihrer ganzen Pracht.

Die Straße, die hintenrum zum Damm führte, war gewunden und staubig. Und der August in Rock Vale war die Zeit der stechenden, trockenen Hitze – der »schleichenden Hitze«, wie die Leute sie nannten. Die Luft ohne jede Feuchtigkeit fühlte sich fast angenehm an, doch dann kroch langsam der Schweiß aus den Achselhöhlen und pappte einem die Kleider am Rücken fest. Und in der Lunge dehnte sich die heiße Luft aus, bis man das Gefühl hatte, gleich platze sie, weshalb man mit leicht geöffnetem Mund keuchte, um sie zu entlasten.

Mattie dachte nicht an die Hitze, als sie neben Butch ging. Sie waren ein fast perfektes Gespann, denn er redete gern, und sie war eine kluge Zuhörerin, die intuitiv wusste, wann der Moment war, ihm mit eigenen Beobachtungen über irgendwelche Personen und Orte ins Wort zu fallen. Er unterhielt sie mit leicht geglätteten Geschichten über das, was in den Bumslokalen der Stadt so vor sich ging – Orte, die ihr so fremd waren wie Istanbul oder Paris. Und er schockierte sie mit seinem Wissen aus erster Hand, wer sich mit wessen Ehegespons unten bei der Eisenbahn traf, und das nur Stunden, bevor sie am Sonntagmorgen in Matties Kirche auftauchten. Er erzählte ihr diesen Klatsch, ohne zu urteilen oder zu spotten, sondern mit der gleichen gutmütigen Billigung, die er allem im Leben entgegenbrachte. Und Mattie bekam auf einmal gezeigt, wie man über Dinge lachen konnte, die daheim für zu unanständig und grässlich galten, um überhaupt erwähnt werden zu dürfen.

Sie war so mit Butch ins Gespräch vertieft, dass sie das näher kommende Maultiergespann erst bemerkte, als es fast schon auf ihrer Höhe war.

»O nein, das ist Mister Mike, der Diakon unserer Kirche«, flüsterte sie Butch zu. Sie machte einen großen Schritt von ihm weg und fing an, im Gehen die Machete zu schwingen.

Das Maultiergespann hielt neben ihnen. »Tag, Mattie. Tag, Butch.« Der alte Mann spuckte einen Mundvoll Tabaksaft über die Seitenwand des Wagens.

»Hallo, Mister Mike«, rief Butch laut.

»Wir gehn Zuckerrohr schneiden, Mister Mike«, rief Mattie mit heller Stimme und schwang abermals die Machete.

Mister Mike grinste. »Dass ihr mit dem Messer Welse angeln geht, hab ich auch nicht gedacht, Mädel. Aber wenn ihr zum Damm wollt, macht ihr da nicht einen Umweg?« Er saß da, beobachtete sie und kaute langsam seinen Tabak.

Mattie fiel nichts darauf ein, und sie schwenkte die Machete, als läge die Antwort in dem weiter werdenden Bogen, den das Messer beschrieb.

»Zu viel Sonne auf der Straße«, sagte Butch leichthin. »Und da schwarz hier in der Gegend gleich arm ist – Himmel, noch ärmer zu werden, wär nichts für mich.« Butch und Mister Mike lachten, und Mattie gab sich Mühe, nicht so elend auszusehen, wie sie sich fühlte.

»Mädel, jetzt hör schon auf, so mit dem Messer rumzuwedeln, du wirst dir noch das Bein abhacken«, sagte Mister Mike. »Willst wohl Zuckerrohrsirup kochen?«

»Ja, Sir, Mister Mike.«

»Na, sehr gut, wenn's genug wird, kannst du mir am Sonntag ein Schüsselchen mitbringen. Ich liebe frischen Zuckerrohrsirup zu meinen Brötchen.«

»Aber sicher, Mister Mike.«

Er ließ die Zügel schnalzen, und die Maultiere setzten sich in Bewegung. »Grüß deine Eltern von mir.«

»Ja, Sir.«

»Bis Sonntag in der Kirche, Mattie.« Und über die Schulter rief er: »Und bis zum Jüngsten Gericht, Butch.«

»So ungefähr, Mister Mike.«

Der alte Mann lachte stillvergnügt in sich hinein und spuckte wieder über das Seitenbrett des Wagens.

Die nächsten fünf Minuten gingen Mattie und Butch stumm nebeneinanderher.

Auf seinem Gesicht lag immer noch ein schiefes Lächeln, und sein steifer Gang sagte ihr, dass er wütend war. Er schien seine Seele vor ihr verschlossen zu haben.

»Meine Güte, Butch, du bist wirklich schlagfertig«, meinte sie anerkennend, um ihn wieder versöhnlich zu stimmen. »Mir ist einfach keine Ausrede eingefallen.«

»Warum überhaupt eine Ausrede!«, platzte er heraus. »›Wir gehn Zuckerrohr schneiden, Mister Mike‹«, äffte er sie mit hoher Stimme nach. »Warum hast du nicht gleich das Kleid hochgehoben und ihm gezeigt, dass deine Unterhose noch fest an den Beinen klebt? Das hast du doch gemeint, oder nicht?«

»Also, warum musst du jetzt so eklig werden? Kein Mensch hat an so was gedacht.«

»Nun lüg doch nicht, Mattie. Glaubst du denn, ich weiß nicht, was diese scheinheiligen Leute wie dein Vater über mich sagen?«

Mattie fühlte sich bemüßigt, ihren Vater zu verteidigen. »Also hör mal, du hast aber auch wirklich einen schlechten Ruf.«

»Und warum? Weil ich mein Leben lebe und andere Leute ihres leben lasse? Weil, wenn ich ein hübsches, schwarzes Girl wie dich zur Tochter hätte, ich sie nicht bald einundzwanzig werden ließ, ohne mal eine Verabredung hier und da, damit sie nicht so unbedarft bleibt und ihren Arsch nicht vom Ellbogen unterscheiden kann? Wofür hebt er dich eigentlich auf – für sich selbst?«

Mattie blieb abrupt stehen. »Dad hat doch recht gehabt. Du bist einfach ein ordinärer Rumtreiber! Und ich muss nicht mehr alle Tassen im Schrank gehabt haben zu denken, ich könnt einen anständigen Nachmittag mit dir verbringen.« Und sie drehte sich um und wollte nach Hause gehen.

Butch fasste ihren Arm. »*Good Lord*, ich muss mich in seinen Augen gebessert haben! Er hat Versager vergessen. Meinst du, das ist Ermutigung genug, dass ich am Sonntagabend mal vorbeikommen kann?« Er sagte das mit einer gespielten Unschuld, die jeden Sarkasmus geschickt vermied.

Mattie konnte nicht anders, sie musste sich auf die Unterlippe beißen, um nicht zu lächeln. »Zu Ihrer Information, Mister Fuller, sonntags bin ich immer schon verabredet.«

»Mit wem?«

»Mit Fred Watson.«

»Mädchen, das ist keine Verabredung. Das ist eine Totenwache.«

Das unterdrückte Lächeln brach sich Bahn, trotz ihrer zusammengepressten Lippen, als sie an die langweiligen Abende mit dem Ölgötzen Fred Watson dachte, doch der war der einzige Mann in der Gemeinde, den ihr Vater als gut genug für sie befand.

»Und ich wollte schon so richtig eifersüchtig werden, doch da kommst du mir mit dem alten, vertrockneten Fred. Also, ich könnte glatt reinkommen und dich mitsamt zwei vollen Koffern klauen, bevor Fred auch nur einmal zwinkert. Ist dir mal aufgefallen, dass er zum Zwinkern doppelt so lange braucht wie die meisten Leute?«

»Das ist mir noch nicht aufgefallen«, log Mattie.

Butch schaute sie von der Seite an. »Also, das nächste Mal, wenn du mit Fred bei deinem Vater vorn auf der Veranda sitzt und ihr eine von diesen heißen, leidenschaftlichen Freierssitzungen habt, dann achte mal drauf, wie er zwinkert – bevor du endgültig einschläfst.«

Ich werde nicht lachen, wiederholte Mattie immer wieder im Stillen, ich werde nicht lachen, und wenn ich platze.

Als sie das Zuckerrohrfeld erreichten, nahm Butch ihr die Machete ab, ging durch das hohe Gras und suchte die besten Stängel aus. Sie beobachtete seinen sehnigen, schlanken Körper, wie er sich niederbeugte und mit dem breitklingigen Messer gegen die grünen und bräunlichen Zuckerrohrstängel hieb, und verspürte eine beunruhigende Erregung tief im Bauch und in den Fingerspitzen.

Jedes Mal, wenn er einen besonders reifen fand, hielt er ihn hoch, auf seinen muskulösen Armen glitzerte der Schweiß, und er rief laut: »Der ist für dich, Mattie – prall und zuckersüß«, oder: »Gott, jetzt seh sich doch mal einer an, wie dieses Superweib mich rannimmt.«

Sie wusste, das alles war Geplänkel. Alles an Butch war wie Luftblasen und Zuckerwatte, doch es entzückte sie trotzdem jedes Mal, wenn er sich aufrichtete, um ihr durch das hohe Gras etwas zuzurufen.

Als er etwa ein Dutzend Zuckerrohre abgeschnitten hatte, hob er sie auf und brachte sie zum Feldrand. Er kniete sich hin, holte eine Schnur aus der Tasche und band die Stängel zu zwei Bündeln zusammen. Als er sich wieder aufrichtete, roch er wie eine Mischung aus sauberem Schweiß, frischem Zuckerrohrsaft und Ackerkrume. Er nahm unter jeden Arm je ein Zuckerrohrbündel.

»Mattie, lang mal in die Brusttasche von meinem Overall, da ist mein Taschentuch drin. Der Schweiß macht mich ganz blind.«

Sie war sich der Härte seiner Brust unter ihren tastenden Fingern wohlbewusst, als sie das Taschentuch suchte, und als sie sich auf die Zehenspitzen stellte, um seine feuchte Stirn abzuwischen, streiften ihre Brustwarzen den rauen Denimstoff seines Overalls, und plötzlich spürte sie, wie sie gegen ihr dünnes Kleid rieben. Diese unbekannte Erregung verwirrte Mattie, und sie hatte das Gefühl, dass sie sich irgendwie zu weit hinaus in unbekanntes Gewässer hatte treiben lassen, und wenn sie nicht bald umkehrte, würde sie völlig vergessen, in welcher Richtung die Küste lag – oder schlimmer, es wäre ihr einfach egal.

»Also gut, jetzt haben wir unser Zuckerrohr. Dann können wir ja gehen«, sagte sie abrupt.

»Also, ist das nun nicht typisch Frau!« Butch verlagerte die schweren Stängel. »Erst bringt sie einen dazu, dreimal so viel Zuckerrohr zu schneiden, wie man für sich braucht, und dann soll man im Eiltempo nach Hause zurück, ohne auch nur ein Minütchen Pause und ohne die wilden Kräuter, für die man eigentlich den ganzen weiten Weg gemacht hat.«

»Na gut.« Mattie hob ungeduldig die Machete auf. »Wo wachsen die Kräuter?«

»Da drüben bei der Lichtung im Wald.«

Im Schatten des dichten, verfilzten Hartriegels war es mindestens zehn Grad kühler, und dunkelgrünes Basilikum und wilder Thymian bildeten auf der bemoosten Erde eine duftende Decke. Butch ließ das Zuckerrohr fallen und sank mit einem Seufzer zu Boden.

»Gott, ist das angenehm«, sagte er, schaute sich um und sog tief die kühle Luft ein. Er schien erstaunt zu sein, dass Mattie immer noch dastand. »Mein Gott, Baby, tun dir nicht die Füße weh nach all der Lauferei?«

Mattie setzte sich vorsichtig hin und legte die Machete ihres Vaters zwischen sie. Die erfrischende, feuchte Waldluft half wenig gegen die prickelnde Hitze unter ihrer Haut.

»Du fluchst zu viel«, sagte sie gereizt. »Man soll den Namen des Herrn nicht unnütz im Munde führen.«

Butch schüttelte den Kopf. »Ihr Leute mit eurem Du-sollst-nicht. Du sollst dieses nicht und jenes nicht. Deshalb bin ich nie Christ geworden – für mich heißt das, dass man das Leben nicht genießen kann, und da wir nur einmal hier auf Erden sind, wär das doch jammerschade.«

»Es hat doch keiner gesagt, dass man das Leben nicht genießen darf, aber vermutlich heißt genießen für dich, dass du jeder Frau nachstellst, die dir in die Quere kommt.« Mattie versuchte verzweifelt, sich in einen rechtschaffenen Zorn auf Butch hineinzusteigern. Sie brauchte etwas, das die Nachwirkung seiner Berührung und seines Geruchs aufheben würde.

»Ich lauf gar nicht so vielen Frauen nach, Mattie, ich bleib nur nicht so lange, dass das Schöne bitter werden kann. Verstehst du, bevor wir zwei uns festfahren und miteinander streiten, an uns herumzerren und aneinanderklammern, weil wir vergessen haben, wie man loslässt. Siehst du, alle Frauen, die ich gekannt hab, können sich nur an gute Tage mit mir erinnern. Und wenn sie dann bei diesen Männern hängen geblieben sind, die sie nicht beachten oder sie verprügeln oder betrügen, dann sitzen sie hinten auf der Veranda, pulen Erbsen und denken an den alten Butch und sagen: Ja, das war doch mal ein *sweet red nigger* – all die Tage, die wir zusammen hatten, der reinste Sonnenschein; vielleicht war's ja kurz, aber es war immerhin eine gute Zeit.«

Was er sagte, leuchtete Mattie ein, doch irgendwie stimmte seine Beweisführung nicht ganz, aber sie konnte nicht recht ausmachen, wo der Haken lag.

»Jetzt denk mal scharf nach«, sagte er, »wie viele Frauen, mit denen ich gegangen bin, haben je was Hässliches über mich zu sagen gehabt? Vielleicht ihre Mum oder ihr Dad«, er schaute verschmitzt lächelnd übers Gras, »oder ihr Mann – aber sie nie. Denk mal nach.«

Sie überlegte hin und her, aber ihr fiel kein einziger Name ein.

Butch grinste triumphierend, als er ihr Gesicht beobachtete – er konnte die Checkliste, die sie im Geiste durchging, förmlich sehen.

»Na«, fuhr Mattie ihn an, »es wird schon noch die eine oder andere geben, von der ich nichts weiß.«

Butch warf lachend den Kopf zurück. »Gott, das liebe ich so an euch Frauen – ihr seid doch fast nie um ein Wort verlegen. Mattie, Mattie Michael«, sang er sanft und leise, und seine Augen streichelten ihr Gesicht. »Wo hast du eigentlich so einen Männernamen wie Michael her? Müsste es nicht Michaels heißen?«

»Nee, Dad hat erzählt, als die Befreiung kam, war sein Dad noch ein kleiner Bub und hat schlecht gehört, und so haben sein Herr und alle andern auf der Plantage immer zweimal rufen müssen, bis er es mitbekommen hat. Und da er Michael hieß, haben sie ihn immer Michael-Michael gerufen. Und als der Zähler der Nordstaaten kam und die Schwarzen registriert hat, hat er gefragt, wie mein Großvater hieß, und da haben die Leute ihm gesagt, Michael, mehr wüssten sie auch nicht. Also hat der dumme Yankee das hingeschrieben, und von da an hießen wir Michael.« Matties Vater erzählte ihr diese Geschichte immer sehr gerne, und sie ihrerseits erzählte sie mit Vergnügen jedem, der sie wegen ihres merkwürdigen Nachnamens befragte. Während sie redete, achtete Butch darauf, seinen Blick nicht tiefer als bis zu ihrem Hals wandern zu lassen. Er wusste, sie saß dort drüben wie ein verängstigtes Vögelchen, bereit, sofort davonzufliegen. Und die kleinste Bewegung von ihm würde sie ein für alle Mal verschrecken.

Also hörte er ihr zu, den Blick aufmerksam auf ihr Gesicht gerichtet, während seine Gedanken den Ebenholzhals hinabglitten, der gerade füllig genug war, um die Nase darin vergraben und winzige Stückchen Fleisch ansaugen zu können, die fast so glatt waren wie die Haut ihrer vollen, runden Brüste mit den Brustwarzen, die hoch standen und unglaublicherweise noch dunkler wären als die Brüste, sodass man, wenn man sie mit der Zunge berührte, das Gefühl hatte, man trinke sahnigen, starken Kakao. Allein dort konnte ein Mann sich ein Leben lang aufhalten, doch auch der sanfte Hügel ihres Bauches flüsterte ihm zu, und seine Gedanken wanderten dort hinunter und massierten ihn sanft, so sanft, bis er weich und nachgiebig war und voller Erwartung. Und dann spielte seine Zungenspitze in der kleinen Höhlung in der Mitte ihres Bauches, rund und rund, während seine Hände versuchten, jede Wölbung und Beschaffenheit der Schenkelinnenseite auswendig zu lernen, die Schenkel leicht auseinanderzupressen, sodass sie hindurchgreifen und sich in der unendlichen Weichheit ihres Hinterns verlieren konnten. Und sie würde warten und warten, voller und voller werden und ihn dann schließlich anflehen, etwas zu tun – irgendetwas –, um dieses Dehnen zu stoppen, bevor sie aus ihrer Haut fahren und in tausend Stücken zwischen den Wurzeln der Bäume und den Blättern des winzigen Basilikums liegen würde.

Als Mattie mit ihrer Geschichte zu Ende war, schaute Butch auf das Zuckerrohr hinunter und ließ den Griff seines Klappmessers an den dicken, wulstigen Ringen entlanggleiten.

»Weißt du, wie man Zuckerrohr isst, Mattie?«, fragte er und war immer noch mit den Wülsten beschäftigt. Aus Angst, sie könne es in seinen Augen lesen, vermied er es, sie anzuschauen.

»Du bist doch ein verrückter Nigger, Butch Fuller. Erst fragst du mich nach meinem Namen, und dann kommst du mit einer so abwegigen Frage wie dieser. Ich hab mein Leben lang Zuckerrohr gegessen, du Dummkopf!«

»Nee«, sagte Butch, »'s gibt Leute, die sterben und haben noch nicht gelernt, wie man Zuckerrohr richtig isst.« Er kam hoch auf die Knie, brach einen der Stängel ab und fing an, ihn mit seinem Messer zu schälen. Er sprach so leise, dass Mattie sich zu ihm beugen musste, um ihn zu verstehen.

»Weißt du«, sagte er. »Zuckerrohr essen ist wie das Leben leben. Man muss wissen, wann man mit dem Kauen aufhören muss – wann man aufhören muss, auch noch das letzte bisschen Süße aus einem Stück herauszuholen, sonst hat man plötzlich den Mund voll mit stachligem Stroh, das ins Zahnfleisch und in den Gaumen sticht.«

Die breite Klinge des Messers glitt unter die grüne Hülle des Stängels, und klare Tröpfchen Saft sprühten unter der Schneide auf und glitzerten in der versinkenden Nachmittagssonne.

»Der Trick ist«, sagte er und schnitt eine Scheibe der zähen, gelben Fasern ab, »das Stück auszuspucken, wenn es noch fest ist, sodass dieses letzte bisschen Saft – das, von dem du glaubst, dass es am Ende das süßeste sein wird – der Zunge entgeht. Es ist hart, aber du musst es genau dann ausspucken … Du weißt, was ich meine, Mattie?«

Endlich schaute er ihr direkt ins Gesicht, und Mattie sah sich weit, weit in dem Meer seiner braunen Iris dahintreiben, wo die Worte – Küste und Anker – zu Unverständlichkeiten irgendeiner fremden Sprache wurden.

»Hier«, sagte er und hielt ihr ein Stück von der Zuckerrohrscheibe hin, »versuchs mal so, wie ich dir gesagt hab.« Und sie versuchte es.

2

Zwei Tage lang hatte Matties Vater weder mit ihr noch mit seiner Frau auch nur ein Wort gesprochen. Die quälende Stille im Haus war viel schlimmer als das Unwetter, mit dem Mattie gerechnet hatte, nachdem ihre Mutter ihm von der Schwangerschaft erzählt hatte.

Samuel Michael war nie ein Mann vieler Worte gewesen, doch seine ruhigen, unveränderlichen Gewohnheiten hatten ihrem Heim ein Gefühl von Sicherheit und Beständigkeit gegeben. Mattie war das einzige Kind seiner späten Jahre, und solange sie sich erinnern konnte, war er ein alter Mann mit einer starren und strengen Art gewesen. Im Gegensatz zu ihrer Mutter erhob er die Stimme nie; und wenn die beiden eine Meinungsverschiedenheit hatten, tobte ihre Mutter durchs Haus, grummelte vor sich hin und klapperte laut mit den Töpfen, wohingegen er einfach im Schaukelstuhl auf der Veranda saß und in seiner Bibel las.

Einmal hatte sich Mattie ein Paar Kunstlederpumps gewünscht, wie die Mädchen in der Stadt sie trugen, und die Mutter hatte gemeint, sie seien zu teuer und für ihre staubigen Landstraßen zu unpraktisch. Sam lehnte es ab, in dem Streit um die Schuhe, der wochenlang dauerte, Position zu beziehen, doch dann verdingte er sich einen Monat lang samstags auf den Süßkartoffelfeldern, brachte die Schuhe heim und ließ sie ihr in den Schoß fallen – trag sie nur sonntags, waren seine ersten und letzten Worte in dieser Angelegenheit.

Sein Gesicht war das Erste, was Mattie erblickte, als sie nach einer Woche Scharlachfieber, das sie vorübergehend hatte erblinden lassen, wieder die Augen öffnete. Er hatte einfach die Hand auf ihre Stirn gelegt und war dann ihre Mutter holen gegangen, damit sie ihr das Nachthemd wechselte. Ihre Mutter, und nicht er, hatte ihr später erzählt, dass er seine Farm vernachlässigt und darauf bestanden hatte, Tag für Tag – von morgens bis abends – an ihrem Bett zu sitzen, während sie sich das Leben aus allen Poren schwitzte. Es wurde später in der Gegend zu einer Art Legende – nicht einmal ihre Mutter wusste, wie er den weißen Arzt aus der Stadt dazu gebracht hatte, den weiten Weg bis zu ihnen nach Hause zu kommen, um sie sich anzusehen. Sam sprach nie darüber, und niemand wagte, danach zu fragen.

Doch dieses Schweigen war anders. Es war fest in ein unermessliches Vakuum gepresst, das zu durchdringen ihr Geist zu schwach war, sodass es fiebrig an ihrem kummervollen Herzen haften blieb.

»Mum, ich kann das bald nicht mehr aushalten«, flüsterte sie ihrer Mutter unglücklich zu, als sie das Geschirr vom Abendessen abwuschen.

Ihr Vater hatte mit steinernem Gesicht zu Ende gegessen und war dann nach draußen zu seinem Schaukelstuhl gegangen, in dem er bis spät in die Nacht sitzen und die Bibel lesen würde.

»Jetzt quäl dich nicht, Kleines.« Fannie seufzte. »Er wirds schon überwinden. Aber die Sache hier hat ihn nun mal schwer getroffen.«

»Ach Mum, ich schäme mich so.«

»Du musst dich nicht schämen. Es ist die natürlichste Sache der Welt, ein Baby zu bekommen. Die Heilige Schrift sagt, Kinder sind ein Geschenk des Herrn. Und in seiner Bibel steht nirgendwo, dass Babys etwas Sündiges sind. Der Beischlaf ist die Sünde, und das ist vorbei und nun mal geschehen. Gott hat dir das schon vor langer Zeit vergeben, und was da jetzt in deinem Bauch vorgeht, ist kein Grund, den Kopf hängen zu lassen – vergiss das nicht.«

»Du hast ihm nicht gesagt, dass es Butch war, oder?«

»Kind, glaubst du denn, ich möchte meinen Mann im Gefängnis sehn, weil er so einen wie Butch Fuller umgebracht hat? Und außerdem ist es nicht meine Sache, ihm das zu sagen.«

Sie hörten, wie die Fliegengittertür zuschlug.

»Butt, komm her!«, rief Sam.

Mattie fuhr bei dem ungewohnten Ton seiner Stimme zusammen. Endlich wurde sie durch dieses Vakuum hindurch gerufen, und instinktiv erwachten ihre Lebensgeister, um zu gehorchen, doch sie hielt sie zurück, aus Furcht vor dem, was sie erwartete. Sie schaute flehentlich zu ihrer Mutter hinüber, die ihr in diesem Dilemma helfen sollte, doch sie tätschelte nur ihre Schulter und flüsterte ihr ins Ohr: »Jetzt geh. Ich hab dir doch gesagt, er wird's überwinden. Du bist doch sein Ein und Alles.«

Sie schaute zur Küchentür hinaus und konnte nicht den Mut aufbringen, zu dem steif aufgerichteten Mann hinüberzugehen, der mit unbeweglichem Gesicht in den leeren Kamin starrte. Also ging sie den schwächer werdenden Schwingungen ihres Kosenamens nach – Butt. Und die Erinnerung an den Mann, der ihr früher immer zärtlich in die vollen Wangen gekniffen und dabei gelacht hatte – weich wie eine Schale Butter –, half ihr durchs Zimmer.

»Ja, Dad.« Sie zitterte.

Mattie hatte gelernt, den Mund zu halten und abzuwarten. Im Augenblick würde nichts, keine Erklärung oder Bitte oder Rechtfertigung von ihr, sein Denken aus der Spur bringen, in der es sich festgefahren hatte, als ob es durch verrostete, eiserne Bremsklötze zusätzlich blockiert wurde.

»Ich hab über diese ganze Sache nachgedacht«, fing er in ruhigem Ton an, ohne sie anzusehen. Dann machte er eine lange Pause. »Ich hab immer nur das Beste für dich gewollt. Ich hab dafür gesorgt, dass du auch nicht einen Tag hast hungern oder irgendwen um was hast bitten müssen, das stimmt doch?«

»Ja, Dad.«

Er räusperte sich und fuhr langsam fort: »Ich weiß, dass es Leute gibt, die sagen, ich hätt zu große Hoffnungen in dich gesetzt, ich hätt dich zu sehr ans Haus gebunden, ich hätt dir Flausen in den Kopf gesetzt. Aber ich hab immer das gemacht, was ich für gut und richtig gehalten hab.«

Langsam wurde Mattie klar, womit er sich die vergangenen beiden Tage herumgeschlagen hatte. Er brachte es einfach nicht fertig anzuerkennen, dass sie Fehler hatte, und da er jemanden brauchte, den er bestrafen konnte, hatte er sich selbst die Schuld gegeben. Sie sah voller Mitleid, wie dieser stolze Mann an der Last trug. Vergebens beeilte sie sich, ihn davon zu befreien.

»Dad, du hast nichts falsch gemacht. Das …«

Er unterbrach sie. »Vielleicht hätte ich dich diesen jungen Harris heiraten lassen sollen, den du mal gern gehabt hast, aber ich wollt was Besseres für dich als einen umherziehenden Landarbeiter, und dann wollt er dich bis Arkansas mitschleifen, von deiner Familie fort, und überhaupt. Tja, vorbei ist vorbei. Und ich halt Fred Watson immer noch für einen annehmbaren jungen Mann, trotz allem, was er getan hat.« Er räusperte sich wieder und schaute zu ihr hoch. »Ich war auch mal jung. Und ich hab manch einen Fehler gemacht und werd immer wieder welche machen.«

Mattie war wie vor den Kopf geschlagen, dass er denken konnte, es sei Freds Baby. Doch schließlich war er der einzige Mann, den zu treffen er ihr gestattet hatte, und sein Denken war über die Jahre so an ihren blinden Gehorsam gewöhnt, dass für Zweifel einfach kein Raum blieb. Sie hörte voll Entsetzen zu, als er fortfuhr.

»Ich werd also morgen nach dem Frühstück zu ihm rübergehen und das alles klären. Ich weiß, dass er bereit sein wird, alles wieder gutzumachen.«

Fast wäre Mattie erstickt. Sie hatte das Gefühl, als sei die ganze Welt zu einem Ball zusammengepresst und ihr in den Hals gestopft. »Dad, es ist nicht Freds Baby.« Sie spuckte den Ball aus. In einem Wirbelwind fuhr er hoch, ließ das Gesicht ihres Vaters zerfallen und riss ihrer beider Herzen in Stücke. Wild wirbelten sie im Zimmer umher, und der Sog zerrte sie mit allem, was je zwischen ihnen gewesen war, zu den Fenstern hinaus. Sie spürte, dass auch das Baby von dem Wirbel ergriffen wurde, aber sie hielt es heftig zitternd mit aller Kraft fest, denn sie begriff, dass das von nun an das Einzige sein würde, was ihr gehörte.

»Wer war es?«, drang es durch die ersterbenden Wirbel des Sturms, doch die Ohren klangen ihr immer noch, und sie konnte die Geräusche nicht richtig ausmachen.

»Wer es war, hab ich gefragt.« Und er kam zu ihr herüber, packte sie hinten am Haar, riss ihr den Kopf hoch und zwang sie, in seine wutverschleierten Augen zu blicken.

Instinktiv wollte ihr Körper gehorchen – sie wollte sagen, dass es Butch gewesen war, damit er sie losließ, das Gewehr ergriff und hinausging und Butch in so viele Stücke zerschösse wie die Scherben, in die ihre Welt zerfallen war. Butch Fuller war ihr egal, und sie hatten seit jenem Tag kaum mehr ein Wort gewechselt, dieses Baby jedoch gehörte nicht wirklich zu ihm. Es gehörte zu der Hitze eines Augusttages und dem Geruch von Zuckerrohr und moosigen Kräutern. Mattie wusste, dass es dafür keine Worte gab, und sogar wenn es sie gegeben hätte, würde dieser enttäuschte und wütende alte Mann sie niemals verstehen.

»Ich sag's nicht, Dad.« Und sie wappnete sich gegen die Wucht der großen, schwieligen Hand, die auf ihr Gesicht zukam. Er hielt sie immer noch am Haar fest, so fing sie die Gewalt der beiden Schläge mit den Halsmuskeln ab, und ihre Augen wurden dunkel, als Blut ihr von der aufgeplatzten Lippe das Kinn hinunterrann. Der Griff um ihr Haar wurde fester und zwang sie noch näher an sein Gesicht heran, als sie die stumme Frage in seinen sich verengenden Augen beantwortete.

»Ich sag's nicht, Dad«, murmelte sie mit geschwollener Lippe.

»Du wirst!«, flüsterte er heiser und riss sie an den Haaren zu Boden.

Sie hörte ihre Mutter aus der Küche herbeistürzen. »Das reicht, Sam.«

»Halt du dich da raus, Fannie!« Er nahm den Besen, der am Kamin lehnte, und hielt ihn drohend hoch. »Du sagst es mir jetzt, oder ich prügle es aus dir raus!«

Ihr Schweigen machte seine Wut hemmungslos. Er wollte den Mann umbringen, der sich in sein Heim eingeschlichen und seinen Glauben und sein Vertrauen in das eigene Kind zerstört hatte. Doch seine Tochter hatte die Partei dieses Mannes ergriffen, gegen ihn, und in seiner Wut versuchte er, das niederzutrampeln, was ihn am meisten verletzte und jetzt unverfroren verhöhnte – ihren Ungehorsam.

Jedes Mal, wenn der Stock auf ihre Beine und ihren Rücken niedersauste, zog sich Matties Körper in schmerzhaften Krämpfen zusammen, und in dem Versuch, ihren Bauch zu schützen, rollte sie sich fest zusammen. Mit jedem Schlag des Stockes wiederholte er seine Frage, und ihr fortgesetztes Schweigen ließ die Schläge schneller und heftiger werden. Schließlich schwitzte und schnaufte er so stark, dass er kein Wort mehr herausbrachte und einfach nur noch auf das wimmernde Mädchen am Boden eindrosch.

Ihre Mutter schrie: »Sam, um Jesu willen!« Sie sprang ihn von hinten an und versuchte, ihm den Stock zu entreißen.

Er schleuderte sie quer durchs Zimmer, und ihre Bluse riss bis zur Taille auf, als sie bis zur gegenüberliegenden Wand schlitterte.

»O Gott, o Gott«, jammerte Fannie völlig aufgelöst und kam auf die zerschundenen Knie.

Der Besenstiel war zerbrochen, und er kniete jetzt über Mattie und prügelte sie mit dem zersplitterten Ende, das er noch in der Hand hatte.

»O Gott, o Gott«, sagte Fannie ein über das andere Mal, während sie blindlings das Zimmer absuchte. Schließlich fiel ihr Blick auf die Flinte, die an einem Pflock über der Eingangstür hing. Sie mühte sich mit dem schweren Gewehr ab, und ihre Hand zitterte so sehr, dass sie große Schwierigkeiten hatte, die dicken Patronen hineinzustecken; doch endlich gelang es ihr, und sie ließ das Gewehr zuschnappen. Sie krümmte den Finger um den Abzugshahn, zielte und drückte ab. Die Wucht des Schusses warf sie fast um. Die Ecke des Kamins zerbarst, Stücke von Backstein gruben sich in Matties Rücken und zerschnitten ihrem Vater die rechte Gesichtshälfte.

Die Detonation ließ ihn für einen Moment innehalten, er sah zu seiner Frau hinüber, und Schweiß und Blut tropften ihm vom Gesicht.

»So wahr mir Gott helfe, Sam!«, schrie sie. »Schlag du mein Kind noch einmal, und ich werd dich in der Hölle wiedersehn!«

Wieder entsicherte sie das Gewehr, und diesmal zielte sie mitten auf seine Brust.

»Schau doch! Schau dir doch bloß an, was du angerichtet hast!«

Sam wirkte wie ein Mann, der aus einer Trance erwacht. Er starrte blöde auf den Gewehrlauf, dann auf den Stock in seiner Hand und schließlich auf das Mädchen, das sich in Krämpfen auf dem Boden krümmte. Sein Kopf bewegte sich dumpf hin und her wie ein schlecht eingestelltes mechanisches Spielzeug.

»Fannie, ich … Fannie, sie …«, murmelte er verstört.

Aus dem Haufen zerfetzter Kleider und übel zugerichteten Fleisches auf dem Boden drang ein schwacher Jammerlaut. Sam Michael sah hinüber, sah, dass das seine Tochter war, und er ließ den Stock fallen und brach in Tränen aus.

3

Eine Woche später fuhr der Greyhoundbus Richtung Norden über die Staatsgrenze, bog nach rechts auf die Interstate und fuhr seinem ersten Halt entgegen, Asheville, North Carolina. Es war einer aus den Legionen von Bussen, Zügen und rostenden Autos, die die dunklen Kinder des Südens den verlockenden Kriegsjobs und der Freiheit in den städtischen Gebieten oberhalb der Mason-Dixon-Linie entgegenkarrten; Mattie saß auf einem Platz am Gang und versuchte, das Dahinschmelzen der vertrauten Landschaft zu ignorieren. Sie wollte nicht an die fremde Stadt denken, die vor ihr lag, noch nicht einmal an ihre Freundin Etta, die sie am Busbahnhof erwarten würde. Und sie wollte nicht an das Zuhause denken, das jetzt für sie verloren war, weder an die Abschiedstränen ihrer Mutter noch an den schmerzlichen Bruch mit ihrem Vater, der so heftig in ihr pochte wie die wunden Stellen, die sie immer noch an Rücken und Beinen hatte. Sie wollte einfach den Kopf gegen die gepolsterte Lehne legen und die Zeit stillstehen lassen und so tun, als wär sie in ebendiesem Augenblick in diesem Bus zur Welt gekommen, und als gäbe es jetzt und in Zukunft nichts anderes. Doch gerade da rührte das Baby sich, und sie legte die Hände auf den Bauch und wusste, dass sie in sich nährte, was schon vergangen war und was noch kommen würde. Dieses Kind würde sie so unauflöslich mit der Vergangenheit und der Zukunft verknüpfen, wie es in diesem Augenblick mit jedem ihrer Herzschläge verknüpft war.

Und so sorgte sich Mattie um das Kind in ihr und schmiedete Pläne, während der Bus Rock Vale, Tennessee, hinter sich ließ. Wenn ihre Gedanken sich dem zuwenden wollten, was hinter ihr lag, zwang sie sich, nur an den Weg hinterm Haus zu denken, an die Gefühle des Sommers, den Geschmack von Zuckerrohr und den Geruch wilder Kräuter. Und als fünf Monate später ihr Sohn geboren wurde, nannte sie ihn Basil.

»Jetzt schau ihn dir bloß an«, sagte Etta staunend und streichelte die faltige rote Faust des Babys. »Das ist doch schon eine ganze Weile her, dass die alten Leute uns erzählt haben, Babys kämen mit der Post vom Himmel. ›Per Nachnahme oder per Eilboten?‹, haben wir dann gefragt, und sie haben sich ausschütten wollen vor Lachen. Na ja, was es damit auf sich hat, weißt du jetzt ja wohl?«

»O nein, Etta«, Mattie sah zu ihrer Freundin hoch, und die Freude über ihren Sohn spiegelte sich in ihren Augen, »ich glaub das immer noch. Hast du je was so Vollkommenes gesehen?«

»Das kann man nun nicht gerade sagen«, meinte Etta neckend und nahm das Baby von Matties Schoß. »Er ist hässlich und runzlig wie ein Äffchen, wie die meisten Neugeborenen. Doch es ist noch alles drin. Tja, ich denke, aus uns wird mal der erste farbige Präsident.«

Ihr Lachen erschreckte den Säugling, und er fing an zu weinen. »Du lieber Gott, jetzt fängt er an zu plärren! Hier, nimm du ihn. Na, sei schon still, da ist ja deine Mum.«

Sie gab ihn Mattie zurück und sah zu, wie diese ihn mit sanftem Schaukeln und Tätscheln zum Schlafen brachte. »Verstehst du jetzt, warum ich keine Kinder haben will? Für all das hab ich einfach nicht die Geduld.«

»Die hat keiner, Etta, aber mit der Zeit kommt sie – wenn du weißt, dass es deins ist und du's für das Kind tun musst. Und du bist doch meins, nicht wahr?«, flüsterte sie dem schlafenden Baby zu. »Ganz allein meins.«

»Das stimmt, ganz allein deins – und den Kummer für die nächsten zwanzig Jahre kriegst du frei Haus. Also, wenn ich Sorgen von der Stange will, besorg ich mir einen gut aussehenden

Mann. Da gibts keine Windeln zu wechseln, und wenn's mir reicht, kann ich abhauen. Und genau das hab ich jetzt auch vor; Bennett raubt mir langsam den letzten Nerv.« Mattie schaute betroffen auf. »Du gehst weg?«

»Ja, Honey. Ich war schon vor Wochen drauf und dran, aber als du geschrieben hast, dass du kommst, bin ich halt noch geblieben, um dir zu helfen, bis du dich mit dem Kind eingerichtet hast. Aber diese Stadt ist tot.«

»Und wohin jetzt, Etta?«, fragte Mattie mit einem Seufzen. »Honey, New York ist jetzt die Stadt! All die Jungs von der Armee, die im Moment grad im Hafen eintrudeln, die Taschen voller Sold, und die jemanden brauchen, der ihnen hilft, ihr Geld anzulegen. Und dann gibts da einen Ort, der heißt Harlem, mit lauter farbigen Doktoren und Maklern, einer neben dem anderen. Komm doch mit, Mattie. Bei allem, was du zu bieten hast, musst du doch einfach einen reichen Dad für Basil finden.«

Fast hatte sie sich von Ettas Begeisterung mitreißen lassen, doch dann fing sie sich wieder. »Ach nein«, Mattie schüttelte den Kopf, »ich werd mein Baby nicht durchs ganze Land hinter dir herschleifen. Als du damals von zu Hause fort bist, hast du geschrieben, St. Louis sei die Stadt, dann wars Chicago und dann die hier. Jetzt ist es New York. Auf die Weise wirst du nie finden, was du suchst, was immer das ist.«

»Nun, ich werd's auch nicht finden, wenn ich hier hocken bleibe. Und du auch nicht.«

»Ich such ja gar nichts, Etta.« Sie starrte hinunter auf ihren Sohn. »Alles, was ich brauch, hab ich genau hier. Und ich geb mich gern mit dem zufrieden, was Gott mir gegeben hat.«

»Also, soweit ich weiß«, sagte Etta, »ist Gott nach Jesu Geburt aus dem Babygeschäft ausgestiegen, aber vielleicht weißt du da ja mehr als ich.« Und sie zwinkerte ihr zu und ging.

»Ich weiß nur«, sagte Mattie zu der geschlossenen Tür, »dass dieser Junge per Nachnahme gekommen ist, und ich bin bereit, hier zu bleiben und dafür zu bezahlen.«

Etta ließ Mattie sechs Wochen später mit acht Kartons Kondensmilch und Bezugsscheinen für fünfzig Pfund Zucker zurück. Mattie wagte nicht zu fragen, wo die herkamen, denn sie wusste, Etta würde es ihr sagen. In der Einsamkeit, die über sie hereinbrach, musste sie plötzlich an Zuhause denken, und sie hätte zu gerne ihre Mutter gesehen. Sie schrieb ihr und bat sie, herzukommen und das Baby zu hüten, während sie selbst arbeiten ging, denn sie wollte es nicht bei Fremden lassen. Ihre Mutter schrieb zurück, sie würde gerne kommen, doch ihrem Vater gehe es nicht sonderlich, und sie könne ihn nicht allein lassen, aber sie solle doch, bitte, den Kleinen runterschicken, für die Zeit, in der sie arbeitete.

Mattie schaute sich in dem vollgestopften Zimmer der Pension mit den billigen Möbeln und den schmuddeligen Wänden um, die auch nicht durch noch so häufiges Schrubben heller wurden, und sie dachte an die Organdyvorhänge und den großen Vorgarten im Haus ihrer Eltern – die saubere Luft und die frischen Lebensmittel.

Doch von Tag zu Tag sah ihr Baby Butch ähnlicher, es war nicht zu verkennen, und sie dachte an den unbeugsamen alten Mann, der, die Bibel fest in den Fäusten, dasitzen und zuschauen würde, wie das Kind größer wurde.

»Das sollst du nicht durchmachen«, flüsterte sie. »Im Moment kann ich dir nicht viel bieten, aber du bist ja sowieso zu klein, um das Zimmer hier zu sehen. Du siehst doch nur Mum, stimmt's? Und du weißt, dass Mum dich lieb hat und nichts gegen dich hat – ganz egal, wie du hierhergekommen bist.«

Und als ob er antworten wollte, fing Basil an zu wimmern und mit Armen und Beinen zu strampeln. Mattie nahm ihn hoch und presste seinen zarten Körper an ihre Brust, und als er einschlief, war ihr Herz voll.

Sie fand einen Fließbandjob in einer Buchbinderei und bezahlte Mrs Prell, eine alte Frau im ersten Stock, dafür, dass sie tagsüber auf ihn aufpasste. Mattie konnte sich des Eindrucks nicht erwehren, dass die alte Frau leicht senil wirkte, und außerdem hatte sie drei Katzen. Um Fahrgeld zu sparen, lief Mattie die dreißig Blocks zurück zur Pension, um das Baby in der Mittagspause zu sehen. Sie hatte gerade Zeit genug, hineinzustürzen, ihn hochzunehmen, nachzuschauen, ob er nass war oder ihr sonst irgendwas an ihm auffiel, und dann wieder zurück zur Arbeit zu hetzen. Schließlich verfiel sie darauf, ihr Mittagessen zu verzehren, während sie durch die Straßen eilte, weil ihr, wenn sie nüchtern blieb, von der Hitze in der Fabrik und dem Geruch des zähen Leims ganz schwindlig wurde.

Mattie schien nicht genug Geld sparen zu können, um umzuziehen. Der Babysitter kostete sie fast die Hälfte ihres Wochenlohns, und nachdem sie die wöchentliche Miete bezahlt und einige Lebensmittel gekauft hatte, war gerade noch etwas Fahrgeld übrig. Sie ging samstagabends nicht mehr ins Kino und kaufte sich nur noch Kleider oder Schuhe, wenn ihre Sachen einen Zustand erreicht hatten, dass sie sich schämte, so auf die Straße zu gehen. Dennoch wuchs ihr Bankkonto nur quälend langsam. Und dann hatte Basil mit dem Magen zu tun und konnte sein Essen nicht bei sich behalten, sodass ihre dürftigen Rücklagen für einen Facharzt und teure Medizin draufgingen.

Sie dachte daran, Abendkurse zu nehmen, um sich danach einen besseren Job suchen zu können, aber bei sechs Arbeitstagen die Woche sah sie ihr Kind sowieso kaum. Es tat ihr weh, als sie seine ersten Schritte nicht miterlebte, und sie weinte zwei Stunden lang, als sie das erste Mal hörte, dass er Mrs Prell »Mum« nannte.

Eines Freitagnachts war Mattie mit Basil eingeschlafen, und er hatte sich ihrem Arm entwunden und lag ganz nah an der Bettkante auf dem Bauch. Das Fläschchen war ihm aus dem Mund gerutscht und auf den Boden neben die Decke gerollt. Eine Ratte kroch aus dem Loch hinter der Frisierkommode und schnüffelte vorsichtig an der Wand entlang auf der Suche nach Krumen. Sie fand nichts und wurde dreister und näherte sich in einem Bogen langsam dem Bett. Sie hatte den Menschengeruch fürchten gelernt, doch die Reglosigkeit der Körper und der Hunger lockten sie weiter an das Bett heran – sie roch die getrocknete Milch und den Zucker. Mit einem gierigen Quiekser lief sie auf den Geruch zu und stieß auf das Fläschchen des Kindes. Sie leckte die süße klebrige Milch vom Sauger und versuchte, ihn durchzunagen. Dann wehte derselbe Geruch über ihren Kopf, und sie ließ von dem Sauger ab und kroch die Decke hoch, dem frischen Aroma von Milch, Zucker und Speichel entgegen. Sie leckte dem Baby Kinn und Lippen ab, und als es dort nichts mehr gab, wollte sie mehr und grub die langen Zähne in das weiche Fleisch.

Basils Schreien ließ Mattie im Bett hochfahren, und in ihrer schlaftrunkenen Verwirrung zog sie instinktiv beide Arme enger an den Körper, doch die waren leer. Sie spürte, wie etwas vom Bett sprang und über den Holzboden zur Frisierkommode trippelte. Sie tastete blindlings nach dem laut schreienden Jungen, drückte ihn an die Brust und stolperte zum Lichtschalter. Die plötzliche Bewegung und die Helligkeit des Zimmers erschreckten das Kind nur noch mehr, und in seiner Verwirrung und seinem Schmerz trat er nach ihr und versuchte, sich ihrem Griff zu entwinden.

»O Gott!«, schrie sie auf, als sie das Blut sah, das ihm aus zwei kleinen Löchern über die Wange lief. Sie versuchte, den jammernden Jungen an ihrer Brust zu beruhigen, doch er spürte ihre Angst und hörte nicht auf zu schreien. Sie legte ihn aufs

Bett und säuberte seine Wange mit Alkohol und wiegte und tröstete ihn, bis er nur noch vor sich hin wimmerte. Sie griff nach der Flasche, und als sie den angenagten Sauger sah, warf sie sie voll Wut und Abscheu an die Wand. Das zersplitternde Glas erschreckte den Jungen von Neuem, und wieder fing er an zu weinen, und Mattie weinte mit ihm.

Die ganze Nacht wachte sie bei eingeschaltetem Licht, und Basil fiel schließlich in einen unruhigen Schlaf. Am nächsten Morgen brachte sie ihn ins Krankenhaus, um ihm eine Tetanusspritze und Salbe für die Wunde geben zu lassen. Sie kehrte zur Pension zurück, sammelte ihre Kleider zusammen, und mit dem Baby im Arm und dem Koffer in der Hand machte sie sich auf, eine andere Wohnung zu suchen.

»Wir nehmen keine Kinder.«
»Ich zahle, was Sie wollen.«
»Wir nehmen keine Kinder!«

Sie lief den ganzen Tag herum und bekam vom Griff des Koffers schon Blasen an der Hand. Basil wurde allmählich schwer und unruhig auf ihrem Arm, und sein ständiges Jammern und Strampeln stellte ihr Durchhaltevermögen auf eine harte Probe. Sie hatte geglaubt, innerhalb weniger Stunden ein anderes Zimmer zu finden, doch die Auswahl war nicht gerade groß. Nach zahllosen Versuchen hatte sie begriffen, dass sie in weißen Wohngegenden ihre Energie vergeudete, und sie hatte sogar gelernt, gewisse besonders saubere schwarze Viertel zu meiden.

»Wo ist Ihr Mann?«
»Ich hab keinen.«
»Dies ist ein anständiges Haus!«

Als es allmählich Abend wurde, verfluchte sie ihre schmerzenden Füße, die sie nicht mehr tragen wollten, und sie verfluchte die Hast, mit der sie die einzige Zufluchtsstätte aufgegeben hatte, die sie besaß, aber dann dachte sie wieder an den angenagten Sauger und lief weiter. Sie hatte ja ihren Wochenlohn; sie konnte in ein Hotel gehen oder sich eine einfache Fahrkarte nach Hause kaufen. Morgen war Samstag; da konnte sie wieder suchen. Sie konnte nach Hause fahren. Wenn sie am Sonntag nichts fand, konnte sie es am Montag noch einmal versuchen. Sie konnte nach Hause fahren. Wenn sich am Montag nichts ergab, musste sie am Dienstag wieder zur Arbeit. Wer würde auf das Baby aufpassen? Sie könnte nach Hause fahren. Nach Hause. Nach Hause.

In ihrer Verwirrung war Mattie zweimal um denselben Block gelaufen. Sie erinnerte sich, dass sie vor ein paar Minuten an dieser alten weißen Frau vorbeigegangen war. Sie hatte sich wohl wieder in eines ihrer Viertel verirrt. Sie war schon drauf und dran, zu ihr hinüberzugehen und zu fragen, wie man zum Busbahnhof kommt, überlegte es sich dann aber anders. Sie nahm Basil auf den anderen Arm und ging wortlos am Zaun vorbei.

»Wo willste denn hin mit dem süßen kleinen Winzling? Haste dich verirrt, Kind?«

Mattie schaute sich nach der Stimme um.

»Wenn du den Busbahnhof suchst, gehst du falsch, denn keiner, der bei Trost ist, wird zum Depot laufen wollen. Das liegt grad auf der anderen Seite der Stadt.«

Mattie begriff, dass es tatsächlich die alte Frau war, die da mit ihr sprach, doch sie hatte die Stimme einer Schwarzen. Zögernd ging sie zum Zaun und starrte ungläubig in ein Paar wässrig blauer Augen.

»Was glotzt du so? Bist du blöd, oder was? Ich hab gefragt, ob du dich verirrt hast.«

Mattie sah, dass das Abendlicht die gelbliche Tönung des mit feinen Runzeln durchzogenen weißen Gesichts verhüllt und die breiten Konturen der stumpfen Nase und der vollen Lippen der Frau verwischt hatte.

»Ja, Mam. Ich mein, nein, Mam«, stotterte sie. »Ich hab eine Bleibe gesucht, aber ich konnt nichts finden, und da hab ich den Busbahnhof gesucht, glaub ich«, schloss sie verwirrt.

»Was, du willst mit dem Baby da heut Nacht im Busbahnhof schlafen?«

»Nein, ich wollt eine Fahrkarte kaufen und nach Hause fahren, glaub ich, oder ein Hotel finden und es morgen noch mal versuchen, oder vielleicht auf dem Weg zum Depot was finden. Ich weiß nicht, ich ...« Mattie verstummte, denn sie merkte, dass das, was sie sagte, in den Ohren der Frau wahrscheinlich völlig wirr klang, doch sie war so müde, dass sie nicht mehr denken konnte, und ihre Beine fingen jetzt an zu zittern, aus Schlafmangel und von der schweren Last, die sie den ganzen Tag mit sich herumgeschleppt hatte. Sie biss sich auf die Unterlippe, um die Tränen zurückzuhalten, die ihr in den Augenwinkeln brannten.

»Ah, und wo hast du die letzte Nacht geschlafen?«, fragte die Frau weich. »Haben sie dich rausgeschmissen?«

»Nein, Mam.« Und Mattie erzählte ihr von der Pension und der Ratte.

»Und du packst einfach deinen Kram und gehst, ohne zu wissen, wohin? Na, du bist vielleicht 'ne Marke. Warum hast du nicht einfach das Loch mit Stahlwolle zugestopft und bist dageblieben, bis du was Besseres gefunden hast?« Mattie drückte Basil enger an sich und schüttelte den Kopf. Sie hätte dort nicht eine weitere Nacht schlafen können, ohne Albträume von irgendwelchem Getier zu haben, das aus der Wand gekrochen käme und sich über ihr Kind hermachte. Sie konnte ihn einfach nicht an einen Ort zurückbringen, der ihm so viel Schmerzen verursacht hatte.

Die Frau sah, wie fest sie ihr Kind hielt, und verstand.

»Weißt du, du kannst ihn nicht immer fernhalten von allem, was ihm wehtut. Manchmal musst du einfach dableiben und ihm beibringen, das, was kommt, gut oder schlecht, durchzustehen.«

Mattie wurde langsam ungehalten. Sie wollte keinen Vortrag darüber hören, wie sie ihren Sohn zu erziehen habe.

»Wenn Sie mir nur mal den Weg zum Depot zeigen würden, wär ich Ihnen sehr verbunden«, sagte sie kühl. »Oder wenn Sie irgendwo ein freies Zimmer wüssten.«

Die Frau lachte in sich hinein. »Jetzt werd doch nicht gleich schnippisch. Das ist einer der Vorzüge des Alters – du kannst massenhaft gute Ratschläge geben, denn die meisten Leute denken sowieso, dass die alles sind, was dir noch geblieben ist. Tja, vielleicht weiß ich ja, wo was frei ist, vielleicht aber auch nicht«, sagte sie und kniff die Augen zusammen. »Hast du Arbeit?«

Mattie sagte ihr, wo sie arbeitete.

»Wo ist dein Mann?«

Mattie wusste, dass diese Frage kommen würde, und sie war versucht zu sagen, er sei im Krieg gefallen, doch damit hätte sie ihren Sohn verleugnet, und sie schämte sich nicht für ihn.

»Ich hab keinen.« Und sie bückte sich und nahm den Koffer auf.

»Soso«, murmelte die alte Frau, »na, ich hatte fünf – hab sie alle überlebt. Also kann ich dir sagen, du versäumst nicht viel.« Sie öffnete das Tor. »Nachdem du deinen Koffer schon in der Hand hast, kannst du genauso gut reinkommen und den Jungen aus der Nachtluft nehmen. Ich hab jede Menge Platz. Nur ich und mein Großenkelchen. Er kann Lucielia Gesellschaft leisten.«

Sie nahm Basil von Matties Arm. »Gott, ist der schwer. Wie hast du den bloß den ganzen Tag rumgeschleppt? Schau dir nur mal diese dicken Beinchen an, du süßes, rotes Kerlchen. Ich hatt immer eine besondere Vorliebe für rötliche Männer. Mein zweiter Mann hatte so eine Farbe, und was hat der für Wutanfälle gehabt.« Und sie schmuste und schwatzte mit dem Baby und Mattie, als ob sie beide seit Jahren kennen würde. Mattie folgte ihr die steinernen Stufen hoch und versuchte, sich auf diese jähe Wendung des Geschehens und die namenlose alte Frau einzustellen, die ihr Schicksal verändert hatte. Sie betraten das Haus, und Mattie stellte ihren Koffer auf dem dicken, grünen Teppich ab und schaute sich in dem riesigen Wohnzimmer um, das vollgestopft war mit teuren Mahagonimöbeln und Porzellannippes. Durch eine Tür zu ihrer Rechten sah sie einen Kristallkronleuchter aus altem Messing über einem Eichentisch hängen, der groß genug war, um zwölf Leuten Platz zu bieten.

»Stör dich nicht dran, wie's hier aussieht, Kind. Ich weiß, es ist ein Chaos, aber ich hab einfach nicht mehr die Kraft wie früher, es in Ordnung zu halten. Ihr beide seid doch sicher hungrig. Komm mit in die Küche.« Und sie steuerte mit dem Baby den hinteren Teil des Hauses an.

Allmählich fing Mattie sich wieder. »Aber ich weiß doch nicht mal, wie Sie heißen!«, rief sie aus und blieb wie festgenagelt im Wohnzimmer stehen.

Die alte Frau drehte sich um. »Heißt das, dass du mein Essen nicht essen kannst? Na gut, da du's ordentlich vorgestellt haben willst, das da in der Küche heißt Schmorbraten, gebackene Kartoffeln und Stangenbohnen. Und ich glaub, da ist sogar noch ein bisschen Sandkuchen, der nur drauf wartet, deine Bekanntschaft zu machen.« Sie setzte sich wieder Richtung Küche in Bewegung und bemerkte beiläufig über die Schulter: »Und die verrückte Alte, mit der du grade redest, denn dass ich verrückt bin, davon bist du inzwischen sicher überzeugt, ist Eva Turner.«

Mattie eilte hinter Eva und Basil in die Küche.

»Ich wollte Sie nicht beleidigen, Missis Turner. Aber es ging alles so schnell, und Sie sind so nett zu uns gewesen; ich heiße

Mattie Michael, und das ist Basil, und ich weiß noch nicht mal, wie viel Platz Sie für uns haben und was Sie dafür nehmen wollen und so, also Sie verstehen doch, warum ich ein bisschen durcheinander bin?«

Die Frau hörte sich ihre runtergerasselte Vorstellung mit stiller Belustigung an. »Die Leute hier nennen mich Miss Eva.« Sie setzte das Baby auf die gewachsten Fliesen und ging zum Herd hinüber. Sie schien keine Notiz von Mattie zu nehmen und summte vor sich hin, als sie das Essen aufwärmte und umrührte.

Langsam fragte sich Mattie, ob die Frau nicht vielleicht wirklich ein bisschen verrückt sei, und sie schaute sich in der Küche nach irgendwelchen Anzeichen dafür um. Doch sie sah nur Reihen von polierten Kupfertöpfen, riesige Topfpflanzen und noch mehr Porzellannippes. In einer Ecke stand ein Kinderlaufställchen, in dem eine Menge buntes Gummispielzeug lag. Basil hatte die Spielsachen ebenfalls entdeckt und war gerade dabei, auf sie zuzustolpern. Mattie ging hinüber, um ihn festzuhalten, und er protestierte mit lautem Geschrei.

Miss Eva drehte sich zu ihnen um. »Lass ihn nur. Er stört ja keinen. Die Spielsachen gehören Lucielia, und die schläft jetzt.«

»Wer ist Lucielia?«, fragte Mattie.

Miss Eva machte ein Gesicht, als bezweifle jetzt sie, ob Mattie bei Verstand sei. »Das hab ich dir doch schon draußen gesagt – sie ist das Kind von meinem Sohn. Ich hab sie schon, seit sie sechs Monate alt war. Ihre Eltern sind wieder nach Tennessee gegangen und haben das Baby einfach hiergelassen. Die sind beide nicht die Spucke wert, die's braucht, um sie zu verfluchen. Na ja, aber ich kann's ihrem Dad nicht vorwerfen. Er schlägt seinem Vater nach – meinem letzten Mann, den ich nicht hätte heiraten sollen, aber ich hatte schon immer eine Vorliebe für dunkelhäutige Männer.«

Miss Eva brachte Teller mit dem Essen zum Tisch und bestand darauf, Basil zu füttern, während Mattie aß. War es nun das gut gewürzte Essen oder die warme Luft in der Küche, jedenfalls spürte Mattie, dass sie die unerklärliche Freundlichkeit der Frau mit einem Verlangen entgegennahm, dessen sie sich vorher nicht bewusst gewesen war. In der freimütigen Art alter Leute breitete Miss Eva ihr eigenes Leben und ihre stillen Taten vor Mattie aus, und ohne zu merken, dass sie ausgefragt wurde, redete Mattie plötzlich über Dinge, die sie tief in sich vergraben hatte.

Die junge schwarze Frau und die alte gelbe Frau saßen Stunde um Stunde in der Küche und ließen ihre Leben ineinander verlaufen, bis schließlich nicht mehr auszumachen war, was die eine schon hinter sich hatte und was der anderen noch bevorstand.

»Kind, ich weiß, wovon du redest. Mein Daddy war ganz genau so. Ich erinnere mich noch an die Nacht, wo ich mit meinem ersten Mann auf und davon bin, er war Sänger. Drei Monate lang ist Daddy hinter uns her gewesen, und dann hat er mich heimgeschleift und wochenlang im Zimmer eingesperrt, die Fenster waren zugenagelt. Aber kaum hat er mich wieder rausgelassen, ist Virgil zurückgekommen und hat mich geholt, und weg waren wir wieder.« Sie lachte herzlich. »Wir sind dann mit dem Varieté auf Tournee gegangen und aufgetreten. Mein Daddy hat jahrelang nicht mit mir geredet, aber ich konnt einfach nicht die Hände von diesem Virgil lassen. Ich hab schon immer eine Vorliebe für braunhäutige Männer gehabt.«

Mattie war verwirrt. »Aber haben Sie nicht grad gesagt, Sie hätten eine Vorliebe für …«

»Na, stimmt das etwa nicht?« Miss Evas Gesicht verzog sich zu einem schelmischen Grinsen. »Also, um die Wahrheit zu sagen, ich mag sie alle, aber offenbar bekommen sie mir nicht – wie gebratene Zwiebeln. Magst du gebratene Zwiebeln? Ich mach uns morgen als Sonntagsessen Leber und gebratene Zwiebeln.«

»Das wäre nett, Mam, aber Sie haben mir immer noch nicht gesagt, was Unterkunft und Verpflegung hier kosten sollen.«

»Ich führ keine Pension, Kind; das hier ist mein Heim. Aber oben gibt's noch Platz, den kannst du gern belegen, und wenn's drum geht, das Haus in Ordnung zu halten, kannst du dich gern dran beteiligen.«

»Aber ich kann doch nicht bleiben, ohne was zu bezahlen«, beharrte Mattie, »wo Sie mir auch noch anbieten, auf das Baby aufzupassen – ich kann Sie doch nicht so ausnutzen. Bitte, was soll es kosten?«

»Na schön«, sagte Miss Eva und schaute auf das schlafende Kind in ihren Armen, »ich hab mich noch nicht entschieden, aber wenn's so weit ist, sag ich's dir.«

Mattie war zu schläfrig, um weiter zu streiten; sie konnte kaum noch die Augen offen halten. Miss Eva führte sie in das Schlafzimmer nach oben, und bis an ihr Lebensende sollte Mattie diese erste Nacht ihrer dreißig dort verbrachten Jahre mit dem Geruch nach Zitronenöl und dem Gefühl von kühlem, gestärktem Leinen nicht vergessen.

Sie legte sich mit ihrem Sohn hin und versank in einen zeitlosen Schlaf. Die Zeit vergeht in der Erinnerung wie geschmolzenes Glas, das, wann immer man will, entweder opak wird oder kristallisiert: Tausend Tage verschmelzen zu einem Gespräch, zu einem Blick, zu einer Verletzung, und eine Verletzung kann zersplittern und sich über tausend Tage verstreuen. Sie ist stumm und nicht fassbar, lässt sich nicht eindämmen und dazu bringen, Tag für Tag nur ein wenig herzugeben; sie wirbelt durch die Gedanken, und ein ganzes Leben treibt wie Schaum auf den trügerischen, transparenten Wellen und wird nur in unregelmäßigen, unerwarteten Abständen in das Bewusstsein gehoben.

4

Als Mattie am Sonntagmorgen aufstand, waren im Haus der am Wochenende übliche Krach und das übliche Gebrüll zu hören. Miss Eva war in der Küche und schlug sich mit den Kindern herum. »Granny, Basil hat meinen Wachsstift kaputt gemacht. Guck, er hat ihn einfach durchgebissen – und das extra!«, heulte Lucielia.

»Basil, du kleiner roter Teufel, komm hierher! Kann ich denn nicht mal in Ruhe Frühstück machen?«

»Aber Ciel hat mir mein Malbuch weggenommen und alle Seiten rausgerissen, Miss Eva.«

»Hab ich nicht«, protestierte Ciel und trat nach ihm.

Basil fing an zu weinen.

»He, du freches kleines Biest, du. Jetzt setzt's aber was!« Und sie versetzte Ciel mit dem hölzernen Kochlöffel einen Klaps aufs Hinterteil.

Sofort hörte Basil auf zu weinen und freute sich über Ciels Bestrafung. »Prima, prima.« Er streckte ihr die Zunge raus.

»Freundchen, ich geb dir gleich prima, prima.« Miss Eva lief ihm mit dem Löffel nach, »dass du heut früh meinen Porzellanpudel kaputt gemacht hast, hab ich nicht vergessen.« Basil kroch unter den Tisch, wohl wissend, dass sie nicht in der Lage war, sich zu bücken und ihn zu packen.

»Soll ich ihn für dich holen, Granny?«, erbot sich Ciel, die auf diese Weise versuchte, wieder Gnade vor ihr zu finden.

»Nein, ihr sollt bloß eins, nämlich beide aus meiner Küche verschwinden. Raus! Raus!« Sie schlug mit dem Löffel auf den Tisch.

Mattie stand gähnend in der Küchentür. »Kann denn in diesem Haus nicht mal an einem Morgen Ruhe und Frieden herrschen – nur einen Morgen lang?« Ciel und Basil rannten zu ihr hinüber, beide versuchten, ihr die Untaten des anderen zu berichten und sich dabei gegenseitig zu übertönen. »Ich will es überhaupt nicht hören«, Mattie seufzte. »Für diese Mätzchen ist es zu früh. Jetzt geht und wascht euch, gleich gibt's Frühstück – ihr seid ja immer noch im Schlafanzug.«

»Habt ihr nicht gehört? Los, macht zu!« Miss Eva brüllte und drohte mit dem Kochlöffel.

Die Kinder rannten nach oben. Eva lächelte ihnen nach und wandte sich wieder dem Herd zu.

»Tja, guten Morgen«, sagte Mattie und goss sich eine Tasse Kaffee ein.

»Es ist nicht normal. Es ist einfach nicht normal.« Miss Eva grummelte am Herd vor sich hin.

»Sie sind doch noch Kinder, Miss Eva. Alle Kinder sind so.«

»Ich red nicht von den Kindern, ich red von dir. Du hast dich schon wieder das ganze Wochenende hier im Haus verkrochen und bist nirgends hingegangen.«

»Also, das stimmt nicht. Am Freitagabend war ich beim Chor, und am Samstag bin ich mit Basil Schuhe kaufen gegangen, später war ich mit ihm und Ciel im Zoo. Und gestern Abend hab ich mir sogar im Century ein Doppelprogramm angesehen, deswegen hab ich heut Morgen ja auch verschlafen. Da bleibt nur noch Sonntagmorgen, Miss Eva, und an dem ist heut Kirche, und morgen muss ich dann wieder zur Arbeit. Ich weiß also gar nicht, wovon du redest.«

»Ich red davon, dass ich bei all den aufregenden Dingen, die in deinem Leben so passieren, dich nie einen Mann erwähnen höre – Kirche und Kinder und Arbeit. Es ist nicht normal, dass eine junge Frau wie du so lebt. Ich kann mich überhaupt nicht mehr erinnern, wann das letzte Mal ein Mann mit dir ausgegangen ist.«

Auch Mattie konnte sich nicht mehr daran erinnern. Irgendwann hatte sie mit einem Vorarbeiter der Versandabteilung, wo sie arbeitete, eine Busfahrt gemacht, und ein paar Mal war sie mit einem der Platzanweiser in ihrer Kirche ausgegangen – doch das war letztes Frühjahr gewesen, oder vielleicht letzten Winter?

»Hm.« Mattie zuckte die Achseln und schlürfte ihren Kaffee.

»Ich hatte so viel zu tun, ich glaub, mir ist es gar nicht aufgefallen. Es ist schon lange her, aber was solls? Ich hab beide Hände voll zu tun, meinen Sohn großzuziehen.«

»Kinder werden über Nacht groß, Mattie. Und was hast du dann noch? Ich weiß, wovon ich rede. Ich hab sieben großgezogen und vier von meinen Enkeln, und alle sind fort, bis auf Ciel. Aber ich bin eine alte Frau, und mein Leben ist fast vorbei. Du kannst dich damit nicht rausreden. Du liebe Güte, als ich so alt war wie du, da war ich schon mit meinem zweiten Mann zugange, und du tust dich noch schwer, überhaupt den ersten zu kriegen.«

»Ja, Miss Eva, ich hätt wohl zwanzig Jahre früher anfangen sollen, um deinen Rekord zu brechen«, ulkte Mattie.

»Ich mach keine Witze, Kind.« Und ihre wässrigen Augen verdunkelten sich, als sie die junge Frau anstarrte. Mattie kannte diesen Ausdruck genau. Die alte Frau suchte die Konfrontation und würde keinen Schritt zurückweichen. »Hast du nie irgendwelche Bedürfnisse in dieser Richtung gehabt? Keine junge Frau will jahraus, jahrein ein leeres Bett.«

Mattie spürte, wie ihr unter Miss Evas durchdringendem Blick das Blut ins Gesicht stieg.

Sie trank ein paar Schlucke Kaffee, um sich Zeit zum Nachdenken zu verschaffen. Warum empfand sie nicht so? Stimmte tatsächlich etwas nicht mit ihr? Sie konnte diese Fragen im Augenblick nicht beantworten, doch Miss Eva wartete, und irgendetwas musste sie sagen.

»Seit Basils Geburt ist mein Bett nicht leer gewesen«, sagte sie leichthin, »und ich fürchte, außer mir würd sich keiner die Tritte gefallen lassen, die der Junge im Schlaf austeilt.«

Kaum waren die Worte heraus, bereute sie sie schon. Dies war ein alter Streitpunkt zwischen den beiden Frauen.

»Basil braucht sein eigenes Bett. Das sag ich dir schon seit Jahren.«

»Er hat Angst im Dunkeln. Das weißt du doch.«

»Die meisten Kinder haben zuerst Angst, aber sie gewöhnen sich dran.«

»Ich werd mein Kind nicht die ganze Nacht zum Steinerweichen brüllen lassen, nur um dir einen Gefallen zu tun. Er ist noch klein, er schläft nicht gern allein und damit basta!«, sagte sie bockig.

»Fünf Jahre ist nicht klein«, erwiderte Miss Eva. Und dann fügte sie freundlich hinzu: »Bist du dir sicher, dass es Basil ist, der nicht allein schlafen will?«

Das leise Mitleid in den blassblauen Augen ließ Mattie die wütenden Beschuldigungen, die sie der alten Frau ins Gesicht schleudern wollte, weil sie ihr Schuldgefühle machte, hinunterschlucken. Schuldgefühle weshalb? Weil sie ihren Sohn liebte, ihn vor den unsichtbaren Gespenstern, die im Dunkeln auf ihn lauerten, beschützen wollte? Nein, diese mitleidigen Augen hatten sich wie ein blauer Laserstrahl in ihr Unterbewusstsein gebohrt und Geheimnisse aufgedeckt, die Mattie vor sich selbst verborgen hatte. Sie waren zwischen ihren Laken umhergeschlichen und wussten, dass sich ihr Körper manchmal danach gesehnt hatte, dass ihr Innerstes ausgefüllt, liebkost wurde. Aber in jenen unruhigen Momenten hatte sie sich ihrem Kind, ihrem Jungen zugewandt, und dann hatten das weiche, schlafende Fleisch und die Gedanken an all das, was er war und sein würde, all dieses Sehnen auf ihre Lippen, ihre Fingerspitzen konzentriert. Und sie konnte erst schlafen, wenn sie diesen angestauten

Gefühlen freien Lauf ließ, seine feuchte Stirn streichelte und einen Kuss darauf drückte. Den Kuss einer Mutter für ein schlafendes Kind. Doch die verrückten blauen Augen dieser alten Frau hatten das zu etwas gemacht, dessen sie sich schämte.

Am liebsten wäre sie vom Tisch aufgestanden und hätte in diese Augen gespuckt, sie blind geschlagen – diese Augen, die sie gütig angesehen, ihr Baby, während sie arbeitete, vor spitzen Gegenständen und steilen Treppen beschützt und mit ihr den Tod ihrer Eltern beweint hatten –, oder sie mit ihren Fäusten zerquetscht, weil sie es gewagt hatten, in ihr Schamgefühle über die Liebe zu ihrem Sohn aufkommen zu lassen.

»Das muss ich mir nicht bieten lassen«, stammelte Mattie abwehrend. »Nur weil ich in deinem Haus wohne, hast du noch lange nicht das Recht, mir zu sagen, wie ich mein Kind erziehen soll. Ich bin hier Mieterin, oder zumindest wär ich das, wenn du dir von mir Geld geben ließest. Sag mir, was ich dir schuldig bin, und ich werd dich sofort bezahlen, und vor Ablauf der Woche bin ich draußen.«

»Ich hab mich noch nicht entschieden.«

»Das sagst du nun schon seit fünf Jahren!«

»Und du willst jedes Mal ausziehen, wenn ich auch nur das Geringste über deinen kleinen verzogenen Nigger sage. Du bringst doch immer noch die Miete auf die Bank?«

»Natürlich.« Gewissenhaft hatte Mattie jeden Monat Geld zur Seite gelegt, und ihr Bankkonto war beträchtlich angewachsen.

»Gut, du wirst es bald für die Kleider zu meiner Beerdigung brauchen. Das heißt, wenn du überhaupt vorhast, hinzugehen.«

Mattie betrachtete Miss Evas gebeugten Rücken und den runzligen, gelblichen Hals, auf dem graue Haarsträhnen lagen, und kleine Nadeln der Reue durchstachen ihr Herz. Bald würde sie tot sein, und Mattie wollte nicht noch einmal dem Tod einer Mutter entgegensehen müssen.

»Du bist doch ein listiges, altes Weib. Immer versuchst du, einen Streit zu gewinnen, indem du anfängst von irgendwelchen Beerdigungen zu reden. So was Störrisches wie du stirbt nicht so schnell, das weißt du selbst.«

Miss Eva lachte in sich hinein. »Das meinen einige. Um dir die Wahrheit zu sagen, eigentlich hab ich mir vorgenommen durchzuhalten, bis ich hundert bin.«

Bitte, halte durch, dachte Mattie traurig, und sagte dann laut: »Also nein, so lange könnt ich dich nicht ertragen – vielleicht bis neunundneunzigeinhalb.«

Sie lächelten einander an und einigten sich stillschweigend, die Auseinandersetzung ruhen zu lassen.

Die Kinder kamen in die Küche gerannt, geschrubbt und reumütig. »Jetzt will ich mir mal die Ohren ansehn«, sagte Mattie zu Ciel und Basil.

Sie wollte ihn gerade zum Ohrenputzen wieder hochschicken, da legte er ihr die Arme um den Hals und sagte: »Mum, ich hab ganz vergessen, dir einen Gutenmorgenkuss zu geben.« Basil wusste ganz genau, dass er auf diese Weise seine Begnadigung durchsetzen konnte. Auch Miss Eva wusste das, aber sie sagte nichts, als sie schwungvoll die Haferflocken in ihre Schüsseln füllte und langsam den Kopf schüttelte.

Mattie war sich nur der Freude bewusst, die diese unverlangten Akte der Zärtlichkeit ihr bereiteten. Sie sah ihm zu, wie er seine Haferflocken aß, achtete auf jeden Mundvoll, den er hinunterschluckte, denn das hielt ihren Sohn am Leben. Es würde seine Oberarme und Schenkel spannen und die kurzen Beinchen strecken, die jetzt nur bis zur obersten Sprosse seines Stuhles reichten. Und wenn sie die zweite Sprosse erreicht hätten, würde Miss Eva tot sein. Ihre Kinder würden in das schöne Haus einfallen, es aller wertvollen Gegenstände berauben und den Rest Mattie verkaufen. Die Eltern würden ihre laut schreiende Ciel davontragen, und wenn Mattie sich in dem ausgeschlachteten Haus umsähe, würde ihr klar werden, warum die alte Frau sie ihr Geld hatte sparen lassen. Sie hatte gewollt, dass ihre Seele in diesem Haus blieb durch die Erinnerung eines Menschen, der das Haus so lieben konnte wie sie. Während Basils Beine sich zur dritten Sprosse vorkämpften, würde Mattie zwei Jobs annehmen, um die Hypothek auf das Haus abzubezahlen. Ihr Sohn musste Raum haben, um zu wachsen, einen Garten, in dem er umherrennen, eine anständige Wohnung, in die er seine Freunde mitbringen konnte. Ihre eigene Seele musste eines Tages einen Ort zum Ausruhen haben, denn ihr Körper konnte sich nicht ausruhen, solange er kämpfte und sich anstrengte, damit alles um sie herum sicher und behaglich war. Das alles für ihn und für die, die den langen kraftvollen Schenkeln des Mannes entspringen würden, der ihr gegenüber am Tisch saß.

*

Mattie sah den jungen Mann an, der den Kaffee in großen Schlucken hinunterstürzte und Haferflocken in sich hineinschaufelte.

»Warum isst du so schnell? Du wirst dich noch verschlucken.«

»Ich muss wohin.«

»Es ist Sonntag, Basil. Du warst das ganze Wochenende unterwegs. Ich hab gedacht, du würdest mal zu Hause bleiben und mir im Garten helfen.«

»Jetzt hör mal, ich geh nur ein paar Minuten weg. Ich hab dir gesagt, dass ich das Gras mähe, und das werd ich auch, also hör auf, an mir rumzunörgeln.«

Mattie blieb stumm, denn sie wollte nicht mit ihm streiten, während er aß. Er hatte von Kind an einen nervösen Magen gehabt, und sie wollte nicht, dass er Bauchschmerzen bekam oder aus dem Haus rannte und einfach überhaupt nichts aß. Sie glaubte nicht, dass sie ihn an diesem Tag noch einmal zu Gesicht bekommen würde, und sie wollte sichergehen, dass er zumindest einmal am Tag etwas Anständiges aß.

»Ist ja gut, willst du noch Toast oder Kaffee?«, fragte sie als eine Art Entschuldigung.

Eigentlich wollte er nicht, aber um zu zeigen, dass er nicht mehr verärgert war, ließ er sich noch eine Tasse eingießen. Er dankte ihr, indem er blieb und sein Frühstück aufaß.

»Okay, bis bald«, sagte er und schob den Stuhl zurück. »Ach, könntest du mir ein paar Dollar für Benzin leihen?« Er sah, dass sie schon drauf und dran war, Nein zu sagen, und fuhr fort: »Ich brauch's nicht heute, aber morgen muss ich mir einen neuen Job suchen. Ich kann den Scheck von der letzten Stelle erst am Donnerstag abholen, und ich will nicht vier Tage einfach so vertun und mit den Händen im Schoß hier rumsitzen.« Er beugte sich zu ihr hinunter und flüsterte ihr ins Ohr: »Du weißt doch, ich bin nicht der Mann, bloß so rumzuhängen und sich von einer Frau aushalten zu lassen.« Als er ihr Lächeln sah, richtete er sich auf und sagte: »Aber ich würd einen guten Zuhälter abgeben, nicht wahr, Mum?« Und er zog sich pantomimisch einen Hut in die Stirn und stolzierte durchs Zimmer.

Mattie lachte und spottete über seine Faxen, während sie insgeheim zugeben musste, dass ihn wohl viele Frauen attraktiv fanden. Basil sah genau aus wie sein Vater, doch die klaren, natürlich geschwungenen Linien von Butchs Mund schienen auf Basils Gesicht einen leichten Zug ins Verdrossene angenommen zu haben. Seine strahlenden braunen Augen waren von dichten Wimpern umrahmt, und viele junge Frauen hatten genau einen Herzschlag zu spät festgestellt, dass seine leicht gesenkten Lider keine knabenhafte Verführungskunst, sondern tiefgehende Teilnahmslosigkeit signalisierten.

Mattie hatte nie eine von Basils Freundinnen kennengelernt, und er erwähnte sie auch selten. Sie dachte darüber nach, als sie ihm das Geld gab und ihn beobachtete, wie er das Haus verließ. Sie räumte das Frühstücksgeschirr weg, und plötzlich wurde ihr klar, dass sie auch nicht viele seiner Freunde kennengelernt hatte. Wo ging er hin? Sie wusste es wirklich nicht, und inzwischen galt es als abgemacht, dass sie nicht zu fragen hatte. Wie lange war das schon so? Bestimmt war es im Handumdrehen passiert. Es schien, als sei er vor Stunden noch das Kind gewesen, das seine Arme um ihren Hals schlingen und sich aus einer Tracht Prügel herausreden konnte, das ihr mit Buntstiften ausgemalte Valentinsbildchen nach Hause gebracht und das geweint hatte, wenn sie zu ihrer zweiten Arbeitsstelle weggegangen war. Wer war also dieser Fremde, der ihren kleinen Jungen hatte verschwinden lassen und sie ohne irgendjemanden und so einsam zurückgelassen hatte?

Mattie grübelte darüber nach, als ihre Hände in das seifige Spülwasser glitten und sie mechanisch Schalen und Besteck abwusch. Sie versuchte, sich die Jahre ins Gedächtnis zurückzurufen und sie auf die Veränderungen hin genau zu inspizieren, doch sie entglitten ihr, und deshalb bemühte sie sich nicht weiter. Er war erwachsen geworden, das war alles. Sie schaute vom Spülbecken auf, und es verschlug ihr den Atem, als sie plötzlich im Fenster ihr Spiegelbild sah – wann war sie denn so alt geworden?

Jede mögliche Antwort war mit dem verbrauchten Seifenwasser den Abfluss hinunter verschwunden, sie sah es ohne Bedauern und rieb das Porzellan trocken, bis es glänzte. Sie wechselte die frisch gestärkten Küchenvorhänge, wachste die Fliesen noch einmal, ging anschließend durchs Haus und saugte saubere Teppiche und staubte fleckenlose Tische ab – die Zeugen ihrer verlorenen Jahre. Da war ein Bedürfnis zu fühlen und zu riechen und zu sehen, dass alles auf seinem Platz war. Das würde immer da sein, sie zu trösten und zu bestätigen, auch wenn ihr sonst nichts mehr bleiben würde.

Den kleinen Jungen, für den dies alles bestimmt war, konnte sie nicht mehr finden, doch sie fand eine alte Schale aus geschliffenem Glas, die sie auswusch, blank polierte und mit Herbstblumen aus dem Garten füllte. Sie stellte die Schale auf ein Fensterbrett in ihrem Wintergarten und setzte sich erschöpft zwischen die riesigen Kletterpflanzen und Gewächse und sah zu, wie sich das Licht der untergehenden Sonne in den zu Prismen geschliffenen Kanten der Schale brach. Diesen Raum liebte sie mehr als jeden anderen – ein Ort sichtbaren Wachstums. Sie hatte stets das Grün um sie herum beobachtet, ihm gut zugeredet und es gehegt. Miss Eva war dort in den wenigen Porzellanfigürchen gegenwärtig, die Mattie über die Jahre gerettet hatte. Hierher kam sie immer, und hierhin setzte sie sich, wenn es ein Problem gab oder irgendeine schwierige Entscheidung gefällt werden musste. Sie hatte plötzlich ein schlechtes Gewissen, weil sie heute nicht in die Kirche gegangen war, aber wenn Gott überall war, dann gewiss auch hier inmitten so viel natürlicher Schönheit und Ruhe. Also saß Mattie dort und betete, doch manchmal waren ihre demütigen Bitten um Trost an die weise Einsicht einer gelbhäutigen, blauäugigen Seele gerichtet, die diesen Tag vorausgesehen und versucht hatte, sie zu warnen.

Stundenlang saß Mattie dort, und immer noch kam Basil nicht.

Sie betrachtete durchs Fenster das lange Gras und beschloss, es am nächsten Tag nach der Arbeit, wenn ihr Rücken sie nicht allzu sehr plagte, selbst zu schneiden. Es wurde von Jahr zu Jahr schwerer, das Haus alleine instand zu halten. Sie erhob sich steif von der Couch und stieg die Stufen zu ihrem Schlafzimmer hoch.

Ihre Hausschuhe schlurften an den Treppenkanten entlang. Verantwortungslos, hatten seine Vertrauenslehrer in der Schule gesagt. Von heftiger Gemütsart, hatte sie in ihrem Herzen geantwortet. Hatte er nicht gesagt, dass sie ständig an ihm herumnörgelten? Alle waren gegen ihn gewesen, nur sie nicht. Sie war die Zuflucht, wenn er von Schule zu Schule, von Job zu Job Reißaus nahm. Sie erwarteten zu viel von ihm. Sie war so stolz darauf gewesen, dass er sich immer an sie wandte – sich zu ihr flüchtete, wenn er die anderen beschuldigte, dass sie Unmögliches von ihm verlangten. »Verantwortungslos«, das Wort hämmerte plötzlich in ihren Ohren, als ihre Füße sich die dunkle Treppe hochschleppten. All die Jahre hatte sie nichts verlangt und nie daran gezweifelt, dass er da sein würde, wenn sie ihn brauchte. Wie eine Pflanze hatte sie sein Wesen gezogen, so, dass es nur in den Enklaven ihres Willens ruhte, und sie hatte von ihm so wenig ernstlich gewollt, dass er die letzten dreißig Jahre versucht gewesen war, wieder und wieder zurückzukehren, denn sein bloßes Dasein hatte genügt, ihre Bedürfnisse zu befriedigen. Aber jetzt war ihr Rücken morgens verspannt, das Gras wuchs wild und wucherte über den Weg, und sie zog sich mühsam die Treppe hoch, ganz allein.

5

Mattie schlief unruhig in dieser Nacht, und sie träumte: Sie lief vor etwas davon und verbarg sich zwischen hohen Bambusstängeln und fürchterlich ineinander verfilztem Unkraut. Sie hatte schrecklichen Hunger und eine unerklärliche Angst vor dem unsichtbaren Etwas, das nach ihr suchte. Sie hatte ein Stück Zuckerrohr in der Hand, stopfte es in den Mund und kaute und versuchte, den nagenden Hunger in ihrem Magen zu stillen. Verzweifelt versuchte sie, das Rohr zu kauen, bevor dieses heranpirschende Etwas sie fand. Sie spürte, wie es durch das hohe Gras näher kam; seine schweren Tritte dröhnten in ihren Ohren im Takt mit dem Klopfen ihres Herzens. Als es das hohe Gras teilte, das sie verbarg, schrie sie laut auf. Es war Butch. Er lächelte, und sein Gesicht glühte, und seine Augen waren blau und drehten sich wie verrückt in den Augenhöhlen. Er versuchte, ihr den Mund aufzureißen und das zermatschte Klümpchen Zuckerrohr herauszukratzen. Er ergriff ihren Hals, um sie daran zu hindern, den Speichel hinunterzuschlucken, und sie öffnete den Mund und schrie und schrie – schrille Töne, die in ihren Ohren nachklangen und schreckliche Schmerzen durch ihren Körper schickten.

Mattie wachte zitternd auf und lag benommen zwischen den zerwühlten Decken. Sie hielt sich die Ohren zu, um sie vor den schrillen Schreien zu schützen, die immer noch in ihrem Kopf widerhallten. Nach einer Weile stellte sie fest, dass das Geräusch von dem Telefon auf ihrem Nachttisch kam. Ihr Herz klopfte immer noch heftig, als sie blind nach dem Apparat tastete.

»Ja?«

»Mum, ich bin's.«

Sie hielt den harten Bakelithörer ans Ohr und versuchte, einen Sinn in die elektrischen Impulse, die sich zu Worten formten, zu bekommen. Zu seltsamen Worten, die mit der Stimme am anderen Ende der Leitung unmöglich etwas zu tun haben konnten.

Eine Bar. Eine Frau. Eine Schlägerei. Ein Protokoll. »Basil?« Zweifellos war das Basils Stimme.

Fingerabdrücke. Totschlag. Rechtsanwalt.

Mattie setzte sich im Bett auf, umklammerte den Hörer und versuchte, diesen neuen Worten zu folgen, die aus dem Hörer geflogen kamen und bizarre Muster in ihrem Kopf entwarfen. Sie versuchte krampfhaft, sie zu Sätzen, zu Redewendungen zu verbinden – zu irgendetwas, das sie in ihre Welt einordnen konnte –, doch es ergab alles keinen Sinn. »Wovon redest du überhaupt?«, schrie sie ins Telefon.

»… und die Scheißkerle haben mich verprügelt! Sie haben mich verprügelt, Mum!« Die Stimme begann zu weinen.

Das verstand sie. Konditioniert durch die Jahre des instinktiven Reagierens auf seine Tränen, bekam Mattie unverzüglich einen klaren Kopf, und sie sprang aus dem Bett.

»Wer hat dich verprügelt? Wo bist du?«

Als der Spätnovemberwind ihr schneidend um die Beine fuhr und unter den Mantel blies, zitterte Mattie heftig, und es kam ihr zu Bewusstsein, dass sie ohne Unterhose und Strümpfe aus dem Haus geeilt war. Sie zog den Tweedmantel am Hals enger zusammen, damit der Wind nicht mehr darunter konnte und ihr Körper aufhörte zu zittern, und ging weiter Richtung Polizeirevier. Das Gebäude aus Backstein und Glas strahlte in der dünnen Morgenluft ein geisterhaftes Licht aus. Vor den über der Tür eingelassenen Eisenlettern hielt sie einen Moment lang inne, um wieder zu Atem zu kommen, dann gab sie der schrägen Metallstange einen Stoß und ging hinein.

Die warme Luft in dem Raum roch wie abgestandene Tinte und eingetrocknete Spucke. Bis auf ein paar zerschrammte Holzbänke und Reihen geschlossener Rauchglastüren war er leer. Sie hatte erwartet, Basil zu sehen, und dass er nicht da war, entsetzte sie zutiefst. Sie wandte sich wütend an den Polizisten am Schreibtisch.

Sie hatten ihren Sohn. Wo war ihr Sohn?

Wer ihr Sohn denn sei, fragte das müde Gesicht zurück.

Basil Michael. Er hatte sie gerade eben von hier aus angerufen. Sie hatten ihn verprügelt und hielten ihn hinter einer dieser Türen versteckt. Er war verletzt, und sie verlangte zu wissen, wieso. Sie war gekommen, ihn mit nach Hause zu nehmen.

Das müde Gesicht seufzte, blätterte langsam Papiere auf einem

Klemmbrett durch und las ihr eines davon vor. Niemand hatte ihren Sohn verprügelt; er hatte sich der Verhaftung widersetzt, und die beteiligten Beamten hatten nur die angemessene Gewalt ausgeübt, um den Verdächtigen in Schach zu halten. Er war wegen Totschlags und Tätlichkeiten gegenüber einem Sicherheitsbeamten inhaftiert. Morgen Nachmittag würde er vor dem Strafgericht, Raum IVA, zur Anklage vernommen werden.

Noch mehr Wörter – kalte Worte, die für sie nur eins bedeuteten – sie konnte nicht zu Basil, aber er war irgendwo in diesem Gebäude und brauchte sie. Wie konnten sie es wagen?

Wo war ihr Sohn? Sie musste ihren Sohn sehen.

Sie könne ihn morgen, vor der Vernehmung, sehen.

Sie müsse ihn jetzt sehen. Vielleicht hatten sie ihm einen Schlag in den Magen versetzt. Er hatte es mit dem Magen und brauchte vielleicht einen Arzt. Sie würde nicht gehen, bevor sie nicht ihren Sohn zu sehen bekäme.

Sergeant Manchester massierte die Verspannung zwischen seinen schläfrigen Augen und betrachtete matt die verzweifelte Verwirrung, die da vor ihm stand. Alles Mitleid, das er vielleicht für diese alte schwarze Frau hätte empfinden können, lag unter der Erinnerung an Hunderte solcher Gesichter verborgen, die er an zahllosen Morgen ähnlich dem heutigen gesehen hatte. Es nahm einfach kein Ende – immer marschierte jemand für irgendjemanden hartnäckig hier herein, um sich den Kopf an den starren Mauern des ordnungsgemäßen Laufs der Dinge blutig zu schlagen.

»Lady«, sagte er mit einem Anflug wirklichen Betrübtseins, »da liegt ein Mann in der Leichenhalle, weil er in einer Bar Streit mit Ihrem Sohn gehabt hat, und ein Polizeibeamter hat ein gebrochenes Handgelenk. Verstehen Sie? Wenn Sie ihm also helfen wollen, schlage ich vor, dass Sie sich einen Anwalt besorgen oder am Nachmittag wiederkommen und mit dem Pflichtverteidiger reden. Das wäre das Beste, was Sie im Augenblick für ihn tun können. Okay? Gehen Sie nach Hause, bitte. Hier sind die Vorschriften und die Besuchszeiten.« Und er beugte den Kopf wieder über seine Berichte.

Mattie betrachtete die farbig markierten Bestimmungen auf dem Zettel, die vorschrieben, unter welchen Bedingungen sie Basil wiedersehen würde. Sie studierte die feinen Linien und Schleifen, die Kommas und Bindestriche dazwischen, und sie gruben sich in ihr Gedächtnis ein. Sie knüllte das Papier zusammen und ließ es zu Boden fallen.

»Danke«, sagte sie, drehte sich um und ging zur Tür. Sergeant Manchester blickte ihr nach, sah das Papier auf dem Boden und rief ihr hinterher: »Lady, Sie haben die Besuchszeiten vergessen.«

»Nein, habe ich nicht«, sagte sie, ohne sich umzudrehen, und ging zur Tür hinaus.

Es gebe überhaupt keinen Grund zur Beunruhigung, sagte die Bifokalbrille zu ihr später an diesem Tag, nachdem sie Basil gesehen hatte. Der Freispruch war sicher. Dies war seine erste größere Straftat, und die andere Partei hatte die Prügelei provoziert. Es gab mehrere Zeugen dafür, auch dafür, dass der Tod eingetreten war, als der Kopf der anderen Partei auf die Kante der Bar geschlagen war. Der Angriff auf den Polizeibeamten würde wohl etwas heikel werden, doch wenn man anführen würde, der Beklagte habe sich in einem Zustand extremer Aufregung befunden, würde das Gericht sicherlich auf Bewährung plädieren. Der Fall sei wirklich nicht kompliziert; wenn es erst einmal zur Verhandlung käme, würde die ganze Sache höchstens zwei Tage dauern. Wann das wäre? Morgen bei der Vernehmung werde der Termin festgesetzt. Natürlich könne sie ihren

Sohn jetzt besuchen. Und bitte, es gebe überhaupt keinen Grund zur Beunruhigung.

Cecil Garvin setzte die Brille ab und klopfte mit dem Bügel gegen seine Zähne, während er nachdenklich Matties sich entfernenden Rücken betrachtete. Er fragte sich, warum sie einen derart simplen Fall nicht dem Pflichtverteidiger überlassen hatte. Er selbst würde ein gewaltiges Honorar für etwas erhalten, das, wäre es im angrenzenden Bundesland passiert, noch nicht einmal ein Schwurgerichtsverfahren erfordert hätte. Tja, seufzte er und setzte die Brille wieder auf. Gott sei Dank gab es die Unkenntnis der Gesetze und verzweifelte Mütter.

»Liebling, du brauchst dir überhaupt keine Gedanken zu machen«, sagte sie zu Basil, während sie seine Hand streichelte und versuchte, seine angstvollen Augen zu besänftigen. »Ich war bei Reverend Kelly, und der hat mir einen guten Strafrverteidiger empfohlen. Der wiederum hat gesagt, es würde alles in Ordnung kommen, und das wird es auch.«

»Wann komm ich hier raus? Das möchte ich wissen.« Er zog seine Hand abrupt zurück und schlug nervös auf den Tisch.

»Morgen, nach einer Art Anhörung werden sie uns sagen, wann du zur Verhandlung musst.«

»Ich versteh das nicht!«, explodierte er. »Warum muss es denn eine Verhandlung geben? Es war ein Unfall! Und dieser Kerl hat mich wegen irgendeines Weibsstücks ständig angemacht. Ich weiß noch nicht mal, wie er heißt.«

»Ich weiß, Schatz, aber ein Mann ist tot, und irgendein Verfahren muss es deswegen ja geben.«

»Also, der ist besser dran als ich. Das ist ein Höllenloch hier, und sieh nur, was diese Saukerle mit meinem Gesicht gemacht haben.«

Mattie zwang sich, sein zerschundenes Gesicht genau anzusehen, und zuckte zusammen. »Sie haben gesagt, du hättest dich der Verhaftung widersetzt, Basil, und einem Polizisten das Handgelenk gebrochen«, sagte sie leise.

»Na und?« Er funkelte sie an. »Sie wollten mich für etwas in den Knast stecken, was nicht meine Schuld war. Sie hatten nicht das Recht, das mit mir zu machen, und jetzt hältst du ihnen auch noch die Stange.«

»Ach, Basil«, Mattie seufzte, sie spürte plötzlich die Anstrengung der letzten zwölf Stunden, »ich halte niemandem die Stange, aber wir müssen uns dem stellen, was passiert ist, damit wir sehen können, wie wir da wieder rauskommen.«

»Es sind nicht ›wir‹, Mum, ich bins. Ich sitze hier fest – nicht du. Es ist schmutzig und stinkig, und letzte Nacht habe ich sogar Ratten unter meinem Bett gehört.« Matties Magen krampfte sich zusammen.

»Also, wann komm ich hier raus?«

»Morgen bei der Vernehmung, wenn sie uns sagen, wie hoch die Kaution ist. Ich bezahle sie, und dann kannst du raus.«

»Kannst du ihnen die Kaution nicht heute geben? Noch eine Nacht hier halt ich nicht aus.«

»Basil, ich kann heute nichts machen. Wir müssen warten.« Mattie presste eine zitternde Hand gegen die Augen, um die Tränen zurückzuhalten. In ihrem ganzen Leben war sie sich noch nie derart machtlos vorgekommen. Es gab keine Möglichkeit, gegen die farbigen Markierungen anzugehen, die jetzt ihr Leben kontrollierten. Sie würde alles geben, um ihn von diesem schrecklichen Ort fortzubringen – wusste er das nicht? Aber diese blauen Schleifen, Kommas und Gedankenstriche hatten ihr die Hände gebunden.

»Okay, ist gut. Wenn du es nicht kannst, kannst du's nicht«, sagte er bitter und stand auf.

»Schatz, wir haben noch Zeit, willst du dich nicht wieder hinsetzen und noch mit mir reden?«

»Da gibts nichts mehr zu reden, Mum, es sei denn, ich soll dir von den kaputten Toiletten mit drei Tage alter Scheiße erzählen oder von den Wanzen, die mir den ganzen Rücken zerbissen haben, oder von dem fettigen Essen, das ich immer wieder auskotze. Was anderes hab ich dir nicht zu sagen.«

Er ließ Mattie dort sitzen; sie verstand zwar seine Frustration, wünschte aber, er hätte eine freundlichere Art gewählt, ihr wehzutun, indem er sie einfach ins Gesicht geschlagen hätte.

Am nächsten Tag setzte der Richter die Kaution fest, und Basil bekam einen frühen Verhandlungstermin. Cecil Garvin versuchte, gegen die Kaution Einspruch zu erheben, doch das Gericht lehnte diesen Antrag ab.

»Tut mir leid, Missis Michael, ich habe mein Bestes getan. Aber es ist wirklich nicht nötig, dass Sie versuchen, so viel Geld aufzubringen. In nur zwei Wochen kommt der Fall vor Gericht, und es wird nicht sonderlich kompliziert werden. Ich habe mit dem Staatsanwalt geredet, und wenn wir darauf verzichten, hinsichtlich der Gewaltanwendung bei der Verhaftung zu insistieren, werden sie den Anklagepunkt Tätlichkeiten nicht allzu energisch verfolgen. So wird das für alle Seiten gut laufen. Und in kaum fünfzehn Tagen wird Ihr Sohn frei sein.«

»Ich möchte aber trotzdem die Kaution stellen«, beharrte Mattie.

Garvin machte ein besorgtes Gesicht. »Es ist sehr viel Geld, Missis Michael, und Sie haben nicht genug flüssiges Kapital für so etwas.«

»Ich habe mein Haus; es gehört mir und ist schuldenfrei. Kann ich das nicht als Kaution stellen?«

»Nun ja, aber Sie verstehen doch, dass die Kaution nur erhoben wird, um sicherzugehen, dass der Beklagte auch zur

Verhandlung erscheint. Bei Nichterscheinen erlässt das Gericht einen Haftbefehl für die unentschuldigt ferngebliebene Partei, und Sie verlieren Ihre Bürgschaft. Verstehen Sie das?«

»Ich verstehe.«

Der Anwalt schaute nachdenklich zu Basil hinüber. »Es ist doch nur eine Sache von zwei Wochen, Missis Michael. Es gibt Angeklagte, die müssen monatelang auf ihre Verhandlung warten. Vielleicht sollten Sie es sich noch einmal überlegen.«

Mattie starrte ihn an, und sie dachte an das blonde Mädchen in dem Silberrahmen auf seinem Schreibtisch. »Wenn Ihre Tochter an so einem Ort eingesperrt wäre«, sagte sie ärgerlich, »könnten Sie dann da stehen und so etwas sagen?«

Röte stieg ihm ins Gesicht, und er überlegte einen Moment. »Das hab ich nicht gemeint, Missis Michael. Es ist nur, bei manchen Menschen ist es besser zu … na ja, wie Sie wollen. Es ist schließlich Ihr Sohn. Kommen Sie mit, ich gebe Ihnen die nötigen Papiere, die Sie brauchen, um sich eine Schuldverschreibung ausstellen zu lassen.«

In diesem Jahr fiel früh Schnee. Als Basil und Mattie die Behörde verließen, schwebten die dicken, weichen Flocken in feinen Lagen in der Novemberluft. Basil streckte die Hände aus und versuchte, eine zu greifen, um sie ihr zu geben, und er lachte, als sie ihm in der Hand schmolz.

»Weißt du noch, wie ich immer geweint habe, wenn ich versuchte, dir eine Schneeflocke zu bringen, und sie sich immer auflöste?« Er hielt das Gesicht zum Himmel und ließ den Schnee auf die geschlossenen Augenlider fallen. »Gott, Mum, ist das nicht wunderschön?«

»Wunderschön? Du hast Schnee doch immer grässlich gefunden.«

»Jetzt nicht, jetzt ist er wunderschön. Er ist hier draußen und frei, wie ich. Ich liebe ihn!« Und er umschlang sich mit seinen eigenen Armen.

Matties Innerstes wurde weit von seiner Freude.

»Und ich liebe dich, Mum.« Er legte ihr den Arm um die Schultern und drückte sie. »Danke dir.«

Mattie zog scharf die Luft durch die Zähne und schubste ihn spielerisch weg. »Danke für was? Junge, geh und hol das Auto, bevor ich mir den Tod hole in deinem schönen Schnee.«

Mattie sah zu, wie er über den Parkplatz lief, fast hätte er gesungen. Sie nahm sein Glück in sich auf und machte es zu ihrem eigenen, so wie sie es mit allen Gefühlen gemacht hatte, die er je gehabt hatte. Sie nahm die Süße seiner Freiheit in sich auf und ließ sie langsam auf der Zunge zergehen, sie genoss den köstlichen Geschmack und ließ die sirupartige Flüssigkeit langsam ihren Gaumen überziehen und die Kehle hinunterrinnen.

Während der nächsten beiden Wochen ergötzte sie sich an dieser Süße. Basil war wieder zu ihr zurückgekehrt, und sie schwelgte in seiner Gegenwart.

Morgens fuhr er sie zur Arbeit, und oft wartete er bereits auf sie, wenn sie Feierabend hatte. Sie brachten zusammen den Garten in Ordnung und deckten die Sträucher mit Sackleinen ab. Sie stellten die Möbel um und räumten den Dachboden auf, und er putzte sogar für sie Fenster – eine Arbeit, die er seit jeher gehasst hatte. Die Dinge, die er für sie tat, wollten kein Ende nehmen, und er blieb immer in der Nähe des Hauses. Es war so gut, ein schönes Heim zu haben, in das man zurückkehren konnte, sagte er zu ihr. Und sie trank von diesem Nektar und erlaubte sich wieder, von der Frau zu träumen, die er nach Hause bringen würde, und von den Enkelkindern, die Matties Seele dort bewahren würden.

Gegen Ende der zweiten Woche rief der Anwalt an, um sie

an den Gerichtstermin zu erinnern, und Basil wurde nervös. Er sagte zu ihr, er finde es grässlich, an diesen Ort auch nur zu denken. Er habe versucht, so zu tun, als gäbe es ihn nicht, und sei so glücklich gewesen. Und jetzt das. Was wäre, wenn etwas schiefginge und sie ihn wieder dortbehalten würden? Diesen miesen Weißenanwälten sei nicht zu trauen – was kümmerte er die schon? Diese Leute in der Bar waren auch keine Freunde von ihm – wenn sie nun ihre Geschichte abänderten? Und wenn das Mädchen ihn jetzt hasste und sich entschloss, zu lügen? Er erinnerte sich sehr wohl, wie sie an der Leiche des Mannes laut geschrien hatte. Jawohl, sie würde lügen, um es ihm heimzuzahlen. Das wusste er genau. »Lieber jag ich mir eine Kugel durch den Kopf, als noch einen Tag im Knast zu verbringen«, sagte er zu Mattie, als er sie zur Arbeit fuhr.

»Basil, rede nicht so dummes Zeug!« Ihr Ton war scharf.

Sie hatte die letzten beiden Nächte nicht sonderlich gut schlafen können; sie hatte dagelegen und gehört, wie er in seinem Zimmer auf und ab lief: »Ich hab in den letzten paar Tagen nur Unsinn zu hören bekommen, mir reicht's.«

»Unsinn!« Er wandte ihr ruckartig den Kopf zu.

»Jawohl, verdammten Unsinn! Du wirst nicht ins Gefängnis kommen, weil du nichts angestellt hast, wofür man ins Gefängnis kommt. Am Dienstag gehen wir vor Gericht; da werden alle aussagen, und dann bist du aus allem raus. Mehr wird's nicht geben. Der Anwalt hat das gesagt, und der muss es wissen.«

»Der würde doch alles sagen, Mum, um an dein Geld ranzukommen. Wenn ihm einer auch nur einen Cent mehr anbieten würde als du, würde er mich doch mit eigenen Händen in den Knast werfen und noch den Schlüssel runterschlucken. Du kennst diese Burschen nicht so, wie ich die kenne, und du weißt nicht, wie's in diesen Zellen ist. Und sie werden mich in einen übleren Ort als irgendein Bezirksgefängnis stecken.« Er sah sie kummervoll an. »Ich könnte es nicht aushalten, Mum. Ich könnt es einfach nicht.«

Mattie seufzte, drehte den Kopf weg und sah zum Fenster hinaus. Es gab nichts mehr zu sagen. Was ihm fehlte und was es ihm unmöglich machte, sich mit den Schwierigkeiten des Lebens auseinanderzusetzen, konnte nicht mit Worten herbeigeredet werden. Sie sah es jetzt ganz klar. Es gab ein Vakuum in seinem Wesen, das über die Jahre in Watte gepackt und vor Stößen geschützt worden war, und jetzt war diese Schutzhülle undurchdringlich geworden. Sie biss sich auf die Unterlippe und schluckte ein Schluchzen hinunter. Gott hatte ihr das gegeben, worum sie ihn angefleht hatte – einen kleinen Jungen, der sie immer brauchen würde.

Sie spürte, dass er hin und wieder zu ihrem abgewandten Gesicht herüberschaute, und wusste, dass ihr Schweigen ihn verwirrte. Er erwartete, überredet und gehätschelt und aufgemuntert zu werden, doch sie zwang sich dazu, weiter aus dem Fenster zu starren.

Als sie bei ihrer Arbeitsstelle ankamen, murmelte sie ein »Auf Wiedersehen!« und langte nach dem Türgriff. Basil packte ihre Hand, beugte sich herüber und küsste sie auf die Wange.

»Auf Wiedersehen, Mum.«

Sie war gerührt von der Sanftheit seiner Liebkosung und bereute unverzüglich ihre Haltung im Auto. Im Lauf des Tages beschloss sie, das wieder gutzumachen. Schließlich stand er unter einem gehörigen Druck, und es war nicht fair, dass er ihn allein aushielt. War es denn so falsch, dass er anscheinend ihre ständige Unterstützung brauchte? War ihm nicht beigebracht worden, darauf zu rechnen? Und er hatte sich in den letzten beiden Wochen doch solche Mühe gegeben; sie konnte ihn jetzt nicht im Stich lassen. Sie würde nach Hause gehen und ihm etwas Besonderes zum Abendessen kochen – Sahnehühnchen mit Reis, das hatte er immer so gemocht. Dann würden sie dasitzen und reden, und sie würde ihm noch einmal, oder so oft, wie er es nötig hatte, sagen, dass alles gut werden würde.

Basil erwartete Mattie nicht, als sie Feierabend hatte, daher fuhr sie mit dem Bus nach Hause und ging schnell noch in einen Laden und besorgte die Sachen, die sie für das Abendessen brauchte. Sie eilte die Straße hoch und sah, dass sein Wagen nicht vor dem Haus geparkt war. Das Haus war dunkel. Einen Augenblick blieb sie vorn am Tor stehen und schaute erst zu dem Platz, wo das Auto hätte stehen sollen, und dann hoch zu den dunklen Fenstern. Normalerweise wäre sie durch die Eingangstür hineingegangen, hätte den Mantel ausgezogen und ihn im Flur in den Schrank gehängt. Heute betrat sie das Haus durch die hintere Tür, die direkt in die Küche führte. Sie zog den Mantel aus und legte ihn auf einen der Küchenstühle. Eine zweite Jacke von ihm hing vorne im Schrank im Flur, und die würde nicht da sein.

Sie wusch sich die Hände am Spülstein und fing sofort an, das Hühnchen zu zerteilen und das Gemüse zu putzen und zu schneiden. Die Füße taten ihr weh, doch ihre Hausschuhe standen im Wohnzimmer, unter dem Tisch, auf dem sein Kofferradio nicht stehen würde, und so hinkte sie in der Küche umher, während sie sein Abendessen zubereitete. Sie ließ das Wasser länger als nötig laufen, stellte die Töpfe heftiger als sonst auf den Herd und machte so viel Lärm, wie sie konnte, um sich der Stille des Schlafzimmers oben zu erwehren, die immer wieder versuchte, in ihre Küche einzudringen, um sie an leere Schubladen und Schränke, einen fehlenden Koffer und Zahnpasta zu erinnern. Sie knallte mit dem Topfdeckel und schlug in Aluminiumschüsseln Soßen, bis ihr die Arme lahm wurden. Sie überwachte sein Essen, öffnete und schloss den Backofen ein Dutzend Mal – tat alles, um die Stille zurückzuhalten, bis er vorfahren und sagen würde, er sei wieder zurückgekommen, und sich hinsetzen und ihr Sahnehühnchen essen und ein Leben voller Arbeit retten würde, das in den Steinen ihres Heims steckte.

Das Gemüse war gar, das Hühnchen fast verbrannt, und die Brötchen mussten aus dem Ofen. Sie drehte das Gas ab, öffnete die Backofentür und knallte das Blech mit den Brötchen auf die Anrichte. Sie blickte gehetzt zu den herankriechenden Schatten über der Küchentür und eilte zum Hängeschrank und nahm Teller und Besteck heraus. Sie schlug die Schranktüren wieder zu und deckte den Tisch für zwei Personen. Sie schaute sich flehentlich in der Küche um, doch es gab nichts, was sie noch hätte tun können. Also zog sie einen Küchenstuhl hervor und ließ seine metallenen Beine über die Fliesen kreischen. Zitternd setzte sie sich, legte den Kopf in die Hände und wartete auf die beharrlich heranschleichende Stille, die hinter der Küchentür lauerte.

*

Eine Hand berührte ihre Schulter, und Mattie stieß einen leisen Schrei aus.

»Ich wollte Sie nicht erschrecken, Mam, aber es schneit ziemlich, und wir müssen das Zeug hier hochschaffen. Würden Sie bitte hochgehn und die Tür aufschließen?«

Zuerst starrte Mattie leeren Blicks in das Gesicht des Mannes, dann war sie schlagartig wieder da, zurückgekehrt von der langen Reise durch die Zeit. Das Taxi war gerade rückwärts aus Brewster Place gefahren, und sie beobachtete, wie es in die große Straße einbog und davonfuhr. Ihre Augen tasteten langsam die schadhaften Aufgänge und die Rinnsteine voller Schnee ab, bis sie ihr Haus erreichten. Sie schaute zur Wand hinüber, und mit einem inneren Seufzen erinnerte sie sich wieder ihrer Pflanzen.

Der Möbelpacker, der sie angesprochen hatte, starrte sie verlegen an.

»Ach ja, entschuldigen Sie«, sagte sie verwirrt. »Ich hab die Schlüssel hier, oder?« Und sie öffnete ihre Handtasche und fing an, danach zu suchen.

Die beiden Männer warfen sich einen Blick zu, und der eine zuckte die Achseln und tippte sich mit dem Finger an die Stirn.

Mattie packte den kalten, metallenen Schlüssel mit der einen Hand, legte die andere auf das Eisengeländer und stieg die Stufen zur Eingangstür hoch. Als sie die Tür aufschloss und in die schmuddelige Halle trat, fiel eine Schneeflocke in ihren Kragen, schmolz und rollte ihr wie eine eisige Träne den Rücken hinunter.

Etta Mae Johnson

Die ungestrichenen Wände des langen, rechteckigen Raums verströmten einen Geruch von fettigem Hähnchen und warmem, abgestandenem Bier. Wie körperlose Kirmesballons schwebten die rosa und braunen Gesichter über den Schwaden alten Zigarettenrauchs. Die rundliche, gelbe Frau, die sich weiße Gardenien seitlich ins Haar gesteckt hatte, stand mit dem Rücken gegen die abblätternde Seite des Stutzflügels gepresst und versuchte, das anschwellende Gemurmel im Raum mit ihrer schwachen, kratzigen Stimme zu durchdringen. Unberührt davon, dass kaum jemand auf sie achtete, gab sie dem Klavierspieler das Zeichen zum Beginn.

Es war nicht die Melodie oder der Text oder die Frau, nichts davon schnürte dem Raum gleichsam die Kehle zu, bis er kaum mehr Luft bekam – es war das Leid.

Da saß ein junges Mädchen aus den Südstaaten, Etta Johnson, an einen Ecktisch gedrückt, und sie würde das alles nie vergessen. Nicht die Melodie, nicht die Frau, nicht den Text.

I love my man
I'm a lie if I say I don't
I love my man
I'm a lie if I say I don't
But I'll quit my man
I'm a lie if I say I won't

My man wouldn't give me no breakfast
wouldn't give me no dinner
Squawked about my supper
Then he put me out of doors
Had the nerve to lay
A matchbox to my clothes
I didn't have so many
But I had a long, long way to go

Im Juli und August blühten die Kinder in Brewster Place auf; in ihren bunten Shorts und T-Shirts über gold-, ebenholz- und nussfarbenen Armen und Beinen schmückten sie die Straße und machten den Geranien und dem Efeu auf dem hypergepflegten Boulevard in der Innenstadt Konkurrenz. So wie sie ihnen winzige Schweißtröpfchen auf die Stirn und Rücken trieb, schien die Sommerhitze auch die Menschen aus ihren engen Wohnungen auf die Hausaufgänge hinauszutreiben. Der apfelgrüne Cadillac mit dem weißen Vinyldach und dem Nummernschild aus Florida bog in Brewster ein wie eine geschmeidige Kobra. Da Etta an einer drei Blocks entfernten Mobil-Tankstelle angehalten hatte, um die Spuren einer heißen, staubigen 1200-Meilen-Odyssee abzuwaschen, fing der Chrom die Strahlen der noch hoch stehenden Nachmittagssonne ein und warf sie ihr zurück ins Gesicht. Etta hatte sich einen guten Moment ausgesucht.

Die Kinder, frei von der anerzogenen Zurückhaltung ihrer älteren Ebenbilder, rannten den Bürgersteig entlang und gaben dieser merkwürdigen, langsam dahinfahrenden Ergänzung ihrer Welt das Geleit. Alle Augen im Block waren, ob offen oder versteckt, auf die Tür des Wagens gerichtet, die sich jetzt öffnete. Sie wurden durch das Erscheinen eines Paars weißer Ledersandalen belohnt, die an schmalen Knöcheln und leicht gebogenen, wohlgerundeten Beinen befestigt waren. Das weidengrüne

Sommerkleid, an der untersetzten, kastanienbraunen Frau erst zehn Minuten alt, umschloss einen Körper, der in seinem Wettlauf mit der Zeit nur knapp geschlagen worden war. Eine große, zweifarbig getönte Sonnenbrille verbarg die Abgespanntheit, die die frisch aufgetragene Wimperntusche und den Elfenbein-Lidschatten Lügen gestraft hätte. Sie reckte sich doppelt so lange wie eigentlich nötig, dann langte sie auf den Rücksitz des Wagens und zog den Plastikkleidersack und die Billie-Holiday-Platten heraus.

Die kurzlebige Neugierde der Kinder war bald erloschen, und sie vertieften sich wieder in ihre verschiedenen Spiele. Die Erwachsenen stießen enttäuscht die Luft durch die Zähne, und die Neidischeren unter ihnen spürten, wie die Selbstgerechtigkeit ihre Mundwinkel verzog. Es war nur Etta. Sie sah aus, als sei sie alleine unterwegs ganz gut zurechtgekommen – diesmal wenigstens.

Langsam schritt sie über die Straße – erhobenen Hauptes, die Augen fest entschlossen auf ihr Ziel geheftet. Das halbe Dutzend Schallplatten hielt sie vor die Brust gepresst wie einen Panzer aus Karton.

There ain't nothing I ever do
Or nothing I ever say
That folks don't criticize me
But I'm going to do
Just what I want to, any way
And don't care just what people say
If I should take a notion
To jump into the ocean
Ain't nobody's business if I do …

Keiner, der sich überhaupt die Mühe machte, sie zu grüßen, nannte sie je beim Vornamen. Niemand nannte Etta Mae »Etta«, es sei denn leise für sich; und wenn sie untereinander über sie redeten, hieß sie Etta Johnson; aber wenn sie sie direkt ansprachen, sagten sie immer »Miss Johnson«. Das wunderte Etta, denn sie wusste, was die Leute über sie dachten, und sie nannte sie immer beim Vornamen und forderte sie auf, das doch auch zu tun. Doch nach ein paar linkischen Versuchen fielen sie dann wieder in das alte Verhaltensmuster zurück, mit dem sie sich irgendwie wohlfühlten. Etta wusste nicht, ob man sie damit auf Distanz halten wollte, die Distanz jedenfalls war da. Und sie hatte so gut gelernt, ihre Schritte durch diese widrigen Strömungen zu lenken, dass sie sich für einen zufälligen Beobachter auf die biblische Kunst verstand, auf dem Wasser zu laufen.

Mattie saß in ihrem zerschlissenen Brokatlehnstuhl, den sie ans vordere Fenster gerückt hatte, und beobachtete durch das Fliegengitter den tapferen Anmarsch ihrer Freundin. Immer noch schleppt sie diese übergroßen Platten mit sich herum, dachte sie. Die Frau ist mir ein Rätsel.

Mattie stand auf, um die Tür zu öffnen, damit Etta mit ihren vollen Armen nicht klopfen musste. »Mein Gott, Kind, ich danke dir«, stieß sie hervor. »Je jünger ich werde, desto höher wird offenbar diese Treppe.«

Sie ließ ihre Last aufs Sofa fallen und nahm schwungvoll die Sonnenbrille ab. Sie atmete tief die Freiheit, die sie in Matties Gegenwart fand. Hier blieb ihr gar nichts anderes übrig, als einfach sie selbst zu sein. Die sorgfältig aufrechterhaltenen Fassaden, hinter denen sie sich je nach Situation verbarg, waren hier unnütz. Etta und Mattie, das reichte weit zurück, war ein Begriff, in dem der Anspruch auf das Mitwissen aller wichtigen und fast aller unwichtigen Ereignisse im Leben der anderen begründet lag. Und aufgrund dieses Anspruchsrechts gab es keine Geheimnisse zwischen ihnen.

»Setz dich hin und verschnauf erst mal. Muss eine anstrengende Reise gewesen sein. Als du mir gesagt hast, dass du kommst, hab ich nicht damit gerechnet, dass du mit dem Auto fährst.«

»Um ehrlich zu sein, ich hab selbst nicht damit gerechnet, Mattie. Aber Simeon ist ziemlich pampig geworden, als ich gesagt habe, ich hätte vor, nach Hause zu fahren, und hat sich geweigert, mir das Geld zu geben, das er mir fürs Flugticket versprochen hatte. Also hab ich gesagt, dann gib mir die Hälfte, und ich nehm den Zug. Tja, und noch nicht mal das wollte er. Und weißt du, Mattie, es wäre das Letzte für mich, in einem klapprigen alten Greyhoundbus in diese Stadt einzufahren. Also hab ich ihm eines Nachts, als er völlig besoffen bei mir zu Hause war und schnarchte, heimlich, still und leise die Autoschlüssel und die Papiere abgenommen, und hier bin ich.«

»Um Gottes willen, Liebes! Du hast dem Mann das Auto geklaut?«

»Geklaut? Keineswegs. Das ist er mir schuldig, und noch einiges mehr.«

»Ja, aber der Polizei ist das egal. Ein Wunder, dass man dich auf dem Highway nicht angehalten hat.«

»Die haben mich nicht angehalten, weil Simeon mich nicht angezeigt hat.«

»Woher weißt du das?«

»Der Bezirkssheriff ist der Vater seiner Frau.« Das Gelächter hing gefährlich in den Augen- und Mundwinkeln der beiden Frauen.

»Ja, aber er könnte sagen, du hättest ihm die Schlüssel aus der Tasche gestohlen.«

Etta ging an ihren Kleidersack und zog eine rosa, mit rotem Monogramm bestickte Männerunterhose hervor. »Ich musste eine verdammt gute Taschendiebin sein, um mich bei alledem nicht erwischen zu lassen.« Und das unterdrückte Gelächter in den Augen- und Mundwinkeln der beiden Frauen brach sich endlich Bahn, sprang wie ein Ball gegen die Wände des Wohnzimmers.

Them that's got, shall get
Them that's not, shall lose
So the Bible says
And it still is news

Immer, wenn das Gelächter verebben wollte, sahen die beiden Frauen einander an, und wieder entluden sich neue Salven.

Mama may have
Papa may have
God bless the child
That's got his own
That's got his own

»Mein Gott, Tut, du bist vielleicht 'ne Marke.« Mattie wischte sich mit dem Handrücken die Tränen von den Wangen.

Etta wusste nicht mehr, wie viele Jahre vergangen waren, seit sie jemand so genannt hatte. »Jetzt schaut euch bloß dieses kleine Mädchen an, stolziert hier rum wie ein Bantamhähnchen. Man könnte meinen, sie ist die Frau von König Tut.« Der Name war geblieben, denn ihren stolzen Gang hatte sie nie verloren. Auch wenn sich der Schmutz und rote Schlamm des hinterwäldlerischen Rock Vale, Tennessee, auf ihre nackten Füße gelegt und ihr die starken, festen Beine hinten verkrustet hatte, Etta hatte immer die Schultern gespannt und das Kinn dem Horizont entgegengereckt, der ihr mit der Zeit all das verhieß, was Rock Vale nicht war.

Etta verbrachte ihre Teenagerjahre in ständigen Schwierigkeiten. In Rock Vale gab es keinen Platz für eine schwarze Frau, die nicht nur nicht willens war, sich an die Regeln zu halten, sondern die in Gedanken sogar die Existenzberechtigung des Spiels selbst infrage stellte. Die Weißen in Rock Vale wurden immer wieder schmerzhaft auf diese Rebellion hingewiesen, etwa wenn sie im Kurzwarenladen ihres Vaters ihnen beim Abgeben des Bestellzettels direkt ins Gesicht schaute, wenn sie das »Sir« und »Mam« nur für die reservierte, die es ihrer Meinung nach auch verdienten, und wenn sie nur lächelte, wenn es ihr angenehm war, ganz egal, mit wem sie zusammen war.

Diese kleine Johnson war kein Niggermädchen, das sich Gott weiß was einbildete, wie es immer hieß; sie war ganz einfach sie selbst.

Southern trees bear strange fruit
Blood on the leaves and blood on the root
Black bodies swinging
In the southern breeze
Strange fruit hanging
From the poplar trees.

Aber der Bezirk Rutherford war für Ettas blühenden Unabhängigkeitssinn nicht bereit, und so ging sie in einer regnerischen Sommernacht auf und davon, dem Morgengrauen und Johnny Bricks wütenden Verwandten, die sie verfolgten, ungefähr drei Stunden voraus. Mattie schrieb ihr, sie hätten zwei Tage lang an der Bezirksgrenze auf der Lauer gelegen, seien dann wieder zurückgekehrt und hätten ihrem Vater den Schuppen angezündet. Der Sheriff sagte zu Mr Johnson, wenn man es recht bedenke, sei er ja noch verdammt gut dabei weggekommen. Mr Johnson teilte seine Meinung. Nachdem sie Matties Brief gelesen hatte, bereute Etta, dass sie den geilen weißen Scheißkerl nicht umgebracht hatte, solange sie noch die Gelegenheit dazu hatte. Rock Vale war ihr nach Memphis, Detroit, Chicago und sogar nach New York gefolgt. Etta merkte bald, dass ganz Amerika nicht bereit für sie war – nicht 1937. Und so trug sie, zusammen mit den unzähligen anderen desillusionierten, rastlosen Kindern Hams, die so viel zu geben hatten, aber nicht wussten, wo, ihre Talente auf die Straße. Und sie lernte, sich durchzuschlagen, sich irgendeinen aufgehenden schwarzen Stern zu angeln, und wenn er ausbrannte, fand sie einen anderen.

Unter dem ständigen Druck der sich ändernden Zeiten war ihre Jugend schnell vergangen, doch sie lebte, wie sie es immer getan hatte. Sogar wenn jemand es der Mühe wert gefunden hätte, stehen zu bleiben und ihr zu berichten, dass die Welt für sie – nur wenige Zentimeter – weiter geworden war, als Stern für sich alleine zu leuchten, hätte sie nicht vermocht.

Etta und Mattie hatten völlig verschiedene Wege eingeschlagen, die sie beide mit all ihren in die Irre führenden Windungen letztendlich nach Brewster Place gebracht hatten. Ihr Gelächter vereinte sie jetzt in einem gegen alle Simeons außerhalb dieser Sackgasse verschworenen Kreis, und es hörte erst auf, als sie von den Tränen, die ihnen übers Gesicht liefen, ganz schwach waren.

»Und«, sagte Mattie und putzte sich die Nase in ein großes Baumwolltaschentuch, »was hast du jetzt so vor, angenommen, du kommst nicht ins Gefängnis?«

»Kind, ich kann es dir nicht sagen.« Etta ließ sich wieder auf die Couch zurückfallen. »Ich könnte wohl für das Auto ein paar Tausend Dollar bekommen, um mich über Wasser zu halten, bis sich mir eine andere geschäftliche Gelegenheit bietet.«

Mattie zog eine Augenbraue den Bruchteil eines Millimeters hoch. »Wär es nicht an der Zeit, dass du dir einen festen Job suchst? In den letzten Jahren waren diese *geschäftlichen Gelegenheiten* schließlich ziemlich dünn gesät.«

Etta atmete einige Male tief durch. »Ein Job als was? Also komm, Mattie, was hab ich denn schon für Berufserfahrung? Sechs Monate hier, drei Monate da. Ich sollt mir einen guten Mann suchen und mich häuslich niederlassen und in Ruhe und Frieden alt werden.« Sie fuhr sich mit den Fingern durch das dichte, strohblonde Haar, das nur an den Wurzeln leicht nachgefärbt werden musste und ihr, wie sie dachte, noch fünfzehn Jahre gab, bevor sie sich über ihr endgültiges Schicksal Gedanken zu machen brauchte. Mattie, die die schleichende Müdigkeit in ihren Augen sah, gab ihr noch fünf. »Du bist doch schon über das eine oder andere einigermaßen vielversprechende Exemplar gestolpert, Etta.«

»Nein, Honey, das hat immer nur so ausgesehen. Seien wir doch ehrlich, Mattie. Die guten Männer sind entweder tot oder warten noch darauf, geboren zu werden.«

»Komm doch heute Abend mit zum Gottesdienst. Es gibt einige passable Männer in unserer Gemeinde, ein paar Witwer und so. Und ein bisschen Beten könnte deiner Seele auch nicht schaden.«

»Ich wär dir sehr dankbar, wenn du meine Seele aus dem Spiel lassen würdest, Mattie Michael. Und wenn deine Kirche so voller aufrechter, christlicher Männer ist, warum hast du dir nicht schon längst einen geschnappt?«

»Ich hab schon längst Asche auf dieses Feuer geschüttet, Etta, aber da ich sehe, dass du immer noch dampfst …« Ihr Blick war voller Ironie und Freundlichkeit.

»Mit Müh und Not, Mattie, mit Müh und Not.«

Und wieder schallte das Gelächter durch die Wohnung 2 E.

»Etta, Etta Mae!« Mattie hämmerte an die Badezimmertür. »Jetzt komm raus. Ich komm deinetwegen noch zu spät zum Gottesdienst.«

»Nur noch eine Sekunde, Mattie. Die Kirche wird schon nicht davonlaufen.«

»Mein Gott«, maulte Mattie, »so klein, wie du bist, solltest du nicht mehr als 'ne Minute brauchen, dich fertig zu machen.«

Etta kam in übertriebener Eile aus dem Bad gestürzt. »Du meine Güte, du bist die ungeduldigste Christin, die ich kenne.«

»Wahrscheinlich die einzige Christin, die du kennst.« Mattie gab nicht so schnell nach; sie bückte sich nach Strickjacke und Handtasche. Dann drehte sie sich um – und war sprachlos angesichts einer Farbexplosion: Ein riesiger weißer Strohhut thronte über Lagen von gold- und perlmuttfarbenen Perlschnüren, die über zu viel Busen und zu wenig Kleid drapiert waren.

»Du willst wohl dem Herrn den Kopf verdrehn, Etta?«

»Na, hör mal, Süße«, sagte Etta und kontrollierte die Rückseite ihres Strumpfbeins auf mögliche Laufmaschen, »das Letzte, was ich gehört habe, ist, dass *Er* nicht zu haben ist. Weißt du da was Neues?«

»Hm, hm, hm.« Mattie presste die Lippen zusammen und schüttelte langsam den Kopf, um das Lachen runterzuschlucken, das sie in sich aufsteigen fühlte. Sie begriff, dass ihr das nicht gelingen würde, wandte sich schnell von Etta ab und eilte auf die Tür zu. »Jetzt schaff bloß deine gotteslästerliche Person nach unten. Vor lauter Warten auf dich habe ich heut schon den Morgengottesdienst versäumt.« Die Canaan-Kirche der Baptisten, eine aschfarbene Riesin, lag inmitten eines Blocks heruntergekommener Wohnhäuser. Ihre vielfarbigen Fenster glühten wie vorgewölbte Augen in der Dunkelheit. Heftiges Händeklatschen und donnernde Orgeltöne quollen aus ihrem Bauch. Der Abendgottesdienst hatte begonnen.

Die Canaan-Gemeinde, die Armen, die in einem Gebiet von etwa dreißig Blocks um Brewster Place herum wohnten, verehrten Gott noch mit lauter Stimme. Sie konnten sich die vergeistigten, gedämpften Dankgebete der wohlhabenderen Schwarzen nicht leisten, die die Sinai-Baptistenkirche im Norden der Stadt besuchten, und da jede einzelne ihrer Bitten um Trost so dringlich war, ließen sie es gar nicht erst darauf ankommen, dass Er sie nicht hörte.

When Israel was in Egypt's land
Let my people go
Opressed so hard, they could not stand
Let my people go

Die Worte waren so alt wie der Ursprung des Elends, das aus ihnen sprach, doch das Tempo hatte sich, seit sie in den Baumwollfeldern erstmals gesungen wurden, verdreifacht. Jetzt klang aus ihnen die verzweifelte Entschlossenheit eines Volkes, das feststellte, dass die Welt sich rasch änderte, aber ihre Bürde aus irgendwelchen mysteriösen Gründen nicht.

God said to go down
Go down
Brother Moses
Brother Moses
To the shore of the great Nile River

Der Chor klatschte und stampfte jede Silbe in eine niederschmetternde Realität hinein, und genau als er das tat, griff die Gemeinde die Phrase auf und versuchte, sie wieder in Vergessenheit zu klatschen und zu stampfen.

Go to Egypt
Go to Egypt
Tell Pharaoh
Tell Pharaoh
Let my people go

Etta betrat den hinteren Teil der Kirche wie eine widerwillige reuige Sünderin, höchstens bereit, das Ganze unterhaltsam zu finden. Das exotische Stampfen und die Hitze und die dunklen, glänzenden Leiber zerrten sie weit, weit hinter die kalte Asche ihrer Unschuld zurück in eine Zeit, als man dem Schmerz an den scharfen Kanten eines eisenbeschlagenen Glaubens den Stachel nehmen konnte. Das Blut strömte ihr in die Schläfen und fing an, im Einklang mit den musikalischen Bitten um sie herum zu pulsieren.

Yes, my God is a mighty God
Lord, deliver
And he set old Israel free
Swallowed that Egyptian army
Lord, deliver
With the waves of the great Red Sea

Etta schaute zu Mattie hinüber, die sich hin und her wiegte und mitsummte, und ihr fiel auf, dass die Falten in ihrem Gesicht fast völlig verschwunden waren. In ebendiesem Moment hatte sie Etta verlassen und war jetzt an einem Ort, an dem sie frei war. Traurig betrachtete Etta Mattie, dann die anderen, und war sehr neidisch. Nicht an die irritierende Struktur des Zweifels gewöhnt, hatte sie Tränen in den Augen, als der kratzend die zarte Haut ihres Lebens zerschrammte. Hätte sie einen andern Weg einschlagen können?

Das Lied endete mit einem gewaltigen Atemstoß, und dann setzte sich die Gemeinde hin wie ein einziger Körper.

»Komm, wir suchen uns einen Platz.« Mattie zog sie am Arm mit sich fort.

Der grauhaarige Diakon, dem der Anzug um die gebeugten Schultern schlotterte, stieg auf die Kanzel und las die Gemeindetermine vor.

»Das ist einer von den Witwern, von denen ich dir erzählt habe«, flüsterte Mattie und stieß Etta an.

»Hmmm.« Der Druck auf ihren Arm brachte Etta in der unbequemen, hölzernen Kirchenbank wieder zu sich. Doch dort wollte sie nicht bleiben, und ihre Gedanken stiegen daher wieder zum Fenster hinaus, durch die gläsernen Augen des zwei Meter hohen Guten Hirten; sie versuchte noch einmal vergeblich, unsichtbare Wenns und aus den Händen gleitende Vielleichts zu einer gleichermaßen unerreichbaren Vergangenheit zu verweben.

Die Szenen ihres Lebens spulten sich mit denselben alten Texten vor ihr ab; doch nun saß die Einsicht-im-Nachhinein als allwissender Regisseur da und ließ die junge Hauptdarstellerin ihr Epos mit einem anderen brillanten Text sprechen, ließ sie die Art von verblüffenden Entscheidungen treffen, die sie in die gepolsterten Kirchenbänke vorne rechts von der Kanzel des Geistlichen katapultierte. Dort saß sie nun mit den Frauen der Diakone, den Vorsitzenden des Damenklubs und obersten Platzanweiserinnen. Und auch auf ihren Rücken waren nun hundert respektvolle Augenpaare geheftet, die sie sich redlich verdient hatte, nicht wie das rote Sommerkleid, das sie jetzt verschämt über der Brust zurechtzog. War es zu spät?

Nach Abschluss der geschäftlichen Dinge rückte der Kassenwart seine ausgefransten Rockaufschläge zurecht, räusperte sich und kündigte den Gastredner des heutigen Abends an.

Der Mann war großartig.

Er glitt mit der Mühelosigkeit einer wohlgeölten Maschine zum Rednerpult und stand einen endlosen Moment lang still da. Selbstsicher musterte er die Gemeinde. Er brauchte ihre Aufmerksamkeit nur für diesen Bruchteil einer Sekunde, denn wenn er sie erst einmal hatte, würde er ihre Seelen mit seiner Stimme umschlingen und zudrücken, bis sie schreien würden, er solle sie freigeben. Sie wussten, was kommen würde, und warteten gespannt, unisono atmend, wie ein Körper. Zuerst spielte er mit ihnen und warf feine seidene Fäden aus, die ihre Herzen sanft, ganz sanft umschmeichelten. Sie erschauerten verzückt und baten um mehr. Die Fäden vervielfältigten sich und umschlangen sie fest, sie, die zu einem einzigen pulsierenden Organ zusammengewachsen waren, und dann zogen sich die Fäden kaum merklich zusammen, um zu prüfen, wie sie reagierten.

Das »Amen, Brüder« und das »Jawohl, Jesus« war die Erlaubnis für ihn, sich nunmehr ihrer Seelen anzunehmen und allen Anschein von Sanftheit fahren zu lassen. Jetzt würde er mit geballten Fäusten stoßen und dreschen müssen, um zu ihnen durchzudringen, und er wagte nicht, den leidenschaftlichen Rhythmus seiner Stimme zu unterbrechen, bevor ihre Antworten nicht den fiebrigen Ton der Befriedigung hatten. Ja, Herr – zermalme diese ungeheizten Wohnungen zu Staub! Barmherziger Jesus – schleudre den Boss, der nur Niedriglöhne zahlt, von dir. Vollkommener Vater – erfülle mich, erfülle mich, bis kein Raum mehr bleibt, kein Raum für irgendetwas anderes, noch nicht einmal für diese große, weite Welt dort draußen, die mich so seltsam dafür bestraft, dass ich schwarz geboren bin.

Es war harte Arbeit. Es war so viel in ihnen, das er aus ihnen herausbekommen musste. Die Brust des Geistlichen hob sich krampfhaft, und der Schweiß lief ihm in Strömen die grauen Schläfen hinab bis unters Kinn. Seine Stimme war jetzt heiser, und seine Beine und die ausgestreckten Arme zitterten, wie kurz vor dem Zusammenbruch. Und wie immer waren sie einen halben Atemzug, bevor er nicht mehr konnte, zufriedengestellt. Sie lehnten sich zurück, schlaff und ausgelaugt, aber für den Augenblick ruhig. Für diesen Gottesdienst war kein Preis zu hoch. In diesem Augenblick wären sie ihm in den Kampf gegen den Herrscher der Welt gefolgt, und er würde sie doch nur um Geld für die »Gottesarbeit« bitten. Bereitwillig würden sie die Hälfte des wenigen, was sie hatten, hergeben, um diesem Mann sein angenehmes Leben zu erhalten.

Etta hatte nicht auf die Botschaft gehört; sie beobachtete den Mann. Sein Körper bewegte sich wie der eines Menschen, dem es an nichts mangelte. Die Spannkraft seiner Haut und die Fülle seiner Kinnpartie sagten ihr, dass es ihm finanziell gut ging, noch bevor sie ihn nahe genug sah, um die manikürten Hände und den Diamantring am kleinen Finger zu sehen.

Die Techniken, die er benutzte, um sich ins Gedächtnis der Gemeinde einzubrennen, waren ihr nicht neu. Sie kannte solche Talente – aus Billardlokalen, Nachtclubs, schmuddeligen Versicherungsbüros, Wettlokalen und Dutzenden Straßenecken. Aber das hier besaß eine andere Art Macht. Die dschungelgeschärften Instinkte dieses Mannes konnten sie in der Kirche nach vorne rücken lassen, vor die Frauen der Diakone und vor den Damenklub, ein für alle Mal weg von Brewster Place. Sie würde nicht nur Luxus, sondern auch einen Platz finden, der genau von dem Typ Frau ausgefüllt werden musste, zu dem sie all die Jahre hatte werden wollen.

»Mattie, ist das euer regulärer Geistlicher?«

»Wer, Reverend Woods? Nein, der kommt nur ab und zu, aber predigen kann er, nicht wahr?«

»Was weißt du über ihn, ist er verheiratet?«

Mattie sah Etta scharf an. »Ich hätt mir doch denken können, dass es nicht die Predigt war, die dich so hingerissen hat. Jetzt warte zumindest das Gebet ab, bevor du dich in die Angelegenheiten des Mannes einmischst.«

Während des abschließenden Liedes und des Gebets plante Etta, wie sie Mattie nach vorne manövrieren und dazu bringen könnte, sie Reverend Woods vorzustellen. Das würde nicht so schwierig werden, wie sie dachte. Etta war Moreland T. Woods aufgefallen, kaum dass sie die Kirche betreten hatte. Sie hob sich wie ein leuchtend roter Vogel von der grauen Tugendhaftigkeit ab, die die Brüste all der andern frommen Schwestern eintrocknen und den Hüftspeck wachsen ließ. Dieser Frau sah man immer noch das erfüllte fleischliche Leben an – die Art von Leben, die er bald, wenn er aufstünde, für den Rest der Gemeinde verdammen würde – ihr aber stand es gut. Er musste den vielen Speichel in seinem Mund hinunterschlucken, bevor er aufstand, um zu predigen. Danach hatte er das Problem, den hinteren Teil der Kirche zu erreichen, bevor sie gegangen war, und zwar ohne dass man ihm die Eile anmerkte. Ein halbes Dutzend anerkennende Schulterklopfer, geschüttelte Hände und »Danke, Schwester«, und er war erst ungefähr drei Meter den Gang weitergekommen und wurde langsam ungeduldig. Er wagte jedoch nicht, sich umzudrehen und in die Richtung zu schauen, wo er sie zuletzt gesehen hatte. Er spürte eine Hand an seinem Oberarm und drehte sich um, da erblickte er eine grimmig dreinschauende Mattie und neben ihr die Frau in dem feuerroten Kleid.

»Mir hat Ihre Predigt ja so gut gefallen, Reverend Woods«, sagte Mattie.

»So, vielen Dank, Schwester – Schwester?«

»Schwester Michael, Mattie Michael.« Obwohl er die Worte an Mattie richtete, galt das Lächeln, das er über ihre Schultern warf, unverkennbar Etta.

»Besonders der Teil«, Mattie hob die Stimme ein wenig, »wo

es darum ging, die Versuchung von sich zu weisen, um die Seele zu retten. Das haben Sie wunderbar gesagt.«

»Der Herr ergreift mich, und ich rede, Schwester Michael. Ich bin nur ein bescheidenes Instrument für Seine Stimme.«

Richtung und Absicht seines Lächelns entgingen Etta nicht. Langsam schob sie sich vor Mattie. »Auch mir hat es sehr gut gefallen, Reverend Woods. Ich hab schon lange nicht mehr so eine Predigt gehört.« Sie verstärkte den Druck ihrer Finger auf Matties Arm.

»Oh, wie unhöflich von mir. Reverend Woods, das ist eine alte Freundin, Etta Mae Johnson. Etta Mae, Reverend Woods.« Etta sprach, als trüge sie einen Lobgesang vor.

»Sehr erfreut, Schwester Johnson.« Er strahlte auf die kleine Frau hinunter und hielt ihre Hand absichtlich einen Moment länger fest als üblich. »Sie müssen ein neues Gemeindemitglied sein – ich kann mich nicht erinnern, Sie bei meinen früheren Besuchen hier gesehen zu haben.«

»Nun, nein, Reverend. Ich gehöre nicht zur Gemeinde, aber ich bin kirchlich erzogen worden. Sie wissen ja, wie das ist; wenn man älter wird, kommt man manchmal vom rechten Weg ab. Aber nach Ihrer Predigt denk ich wirklich daran, wieder zurückzukommen.«

Mattie erstarrte und hoffte, dass der Blitz, den Gott gewiss auf Etta schleudern würde, nicht aus Versehen sie träfe.

»Nun ja, Sie wissen, was die Bibel sagt, Schwester. Die Engel frohlocken mehr über einen Sünder, der umkehrt, denn über neunundneunzig Gerechte.«

»Ja, wahrhaftig, und ich bin mir sicher, ein guter Hirte wie Sie hat schon vielen zur Rückkehr in die Herde verholfen.« Sie blickte auf und ließ ihn in den Genuss ihrer dunklen Augen kommen; zum Glück hatte sie die dritte Lage Wimperntusche nicht aufgetragen.

»Ich tue mein Möglichstes, Schwester, mein Möglichstes.«

»Jammerschade, dass Mrs Woods Sie heut Abend nicht hören konnte. Sie muss doch gewiss furchtbar stolz auf Ihre Arbeit sein.«

»Meine Gattin ist in das Himmelreich eingegangen, Schwester Johnson. Ich begreife mich jetzt als alleinstehend – ihre Seele ruhe in Frieden.«

»Ja, sie ruhe in Frieden«, wiederholte Etta und seufzte.

»Ja, Herr, bitte«, murmelte Mattie, die Einzige von den dreien, die dieses Ersuchen wirklich ernst meinte. Die Intensität ihrer Bitte verblüffte die anderen, und sie drehten sich um und schauten sie an. »Wenn man bedenkt, wie schwer dieses Leben ist, geht es ihr in Jesu Armen besser.«

»Ja.« Etta blickte Mattie mit zusammengekniffenen Augen an und wandte sich dann wieder dem Geistlichen zu, »das kann ich nur bestätigen. Und als alleinstehende Frau kommt es dir noch viel schwerer vor. Manchmal weißt du nicht, wohin du dich wenden sollst.«

Moreland Woods war sich sicher, dass Etta der Typ Frau war, die nicht nur wusste, welche Richtung sie einzuschlagen hatte, sondern sich im Zweifel selbst die Wege ebnete, wenn es nicht anders ging. Doch er genoss dieses Spiel über die Maßen – fast so sehr wie die zunehmende Hitze, die zwischen seinen Lenden aufstieg.

»Nun, wenn ich Ihnen irgendwie behilflich sein kann, Schwester Johnson, zögern Sie nicht, sich an mich zu wenden. Ich könnte nicht ruhig schlafen, wenn ich wüsste, dass eines der Schafe des Herrn in Schwierigkeiten ist. Und wenn Sie irgendetwas haben, das Sie heute Abend gerne mit mir besprochen hätten, wäre es mir eine Freude, Sie nach Hause zu begleiten.«

»Ich hab keine eigene Wohnung. Wissen Sie, ich komme nämlich von außerhalb und wohne hier bei meiner Freundin Mattie.«

»Nun, vielleicht können wir alle irgendwo eine Tasse Kaffee trinken.«

»Vielen Dank, Reverend, aber ich werde wohl ablehnen müssen«, bot Mattie schon freiwillig an, bevor Etta das für sie tat. »Die Predigt hat mich vollständig erschöpft, aber wenn Etta mitgehen will, soll sie das gerne tun.«

»Ich würde gerne«, sagte Etta.

»Gut, gut. Lassen Sie mich nur noch schnell ein paar Leuten hier Auf Wiedersehen sagen, wir treffen uns dann draußen«, sagte er wohlwollend und wandte ihr seinen Mund voller goldüberkronter Zähne zu.

»Alle Achtung, Etta Johnson, du solltest dir dieses Tempo patentieren lassen und es an die Fluggesellschaften verkaufen«, sagte Mattie draußen. »›Nach dieser Predigt, Reverend, denke ich daran zurückzukommen‹ … also wirklich!«

»Ach, jetzt reg dich nicht so auf.«

»Ich muss schon sagen, wenn du noch ein bisschen schneller mit den Wimpern geklimpert hättest, hätt es da drinnen einen Sandsturm gegeben.«

»Du hast gesagt, du willst, dass ich ein paar nette Männer kennenlerne. Na, ich hab einen kennengelernt.«

»Etta, ich hab einen Mann mit ernsten Absichten gemeint.« Mattie war erbost. »Also, du führst dich auf wie ein Schulmädchen. Siehst du denn nicht, was der vorhat?«

Etta drehte sich mit empörter Miene zu Mattie um. »Das Einzige, was ich sehen kann, ist, dass du mir gerade sagst, ich sei nicht gut genug für einen Mann wie ihn. O nein, nicht Etta Johnson. Kein aufrechter, anständiger Mann könnte in der je was anderes sehen als ein Amüsement auf die Schnelle. Also, ich will dir mal was sagen, Mattie Michael. Ich bin immer erster Klasse gefahren, vielleicht nicht auf die Art und Weise, die du mit deinen feinen christlichen Prinzipien gutgeheißen hättest, aber für mich war's okay. Und ich werd's weiter vom Feinsten haben, bis ich diese Erde verlasse. Glaubst du denn, ich hab keinen Spiegel? Jedes Jahr muss ich eine neue Falte zukleistern. Ich leg mich mit diesem Körper hin und steh jeden Morgen mit ihm auf, und jeden Morgen schreit er nach ein bisschen mehr Ruhe als am Tag zuvor. Na, und diese Ruhe werde ich schließlich auch bekommen, und zwar mit einem Mann wie Reverend Woods. Und du und die übrigen großmäuligen Klatschtanten von Brewster, ihr könnt euch zum Teufel scheren!« Hinter ihren letzten Worten lauerten die Tränen. »Die werden sich noch umschauen, wenn ich als Frau von einem großen Prediger aufkreuze. Ich hab immer gewusst, was sie hinter meinem Rücken über mich reden, aber dass du in das gleiche Horn tutest, hätte ich nicht gedacht!«

Mattie war wie erschlagen von Ettas Tirade. Wie hatte Etta ihre Worte so völlig missverstehen können? Was war denn in der Kirche bloß passiert, dass sie jetzt derartig vernagelt war und das Offensichtliche nicht sah? Sie konnte doch nicht glauben, dass die Erregung, die von dieser gottlosen Scharade im Kirchengang ausgelöst worden war, zu etwas Dauerhaftem wie einer Ehe führen konnte? Schließlich waren das nichts weiter als die einleitenden Schritte zu einem Paarungstanz gewesen. Mattie hatte diese Verrenkungen mindestens einmal in ihrem Leben selbst mitgemacht, und Etta musste ein Dutzend Variationen kennengelernt haben, auch wenn die ihr offenbar selbst noch ein Rätsel waren. Und dennoch, irgendwie war dort in der Kirche zu einer Musik getanzt worden, die ihrer Freundin die Schritte völlig durcheinandergebracht hatte. Mattie empfand plötzlich die Hilflosigkeit eines Menschen, der etwas erklären muss, wofür es keine Worte gibt.

Sie drehte sich schweigend um und ging langsam die Treppe hinunter. Es gab keinen Grund, sich gegen Ettas Anschuldigungen zu verteidigen. Sie hatten mindestens hundert gemeinsame

Erinnerungen, die diese grausamen Worte Lügen straften. Sollten die doch für sie sprechen.

Eine Freundin sein bedeutet mitunter, sich in der Kunst des rechten Augenblicks zu üben. Es gibt Augenblicke, da ist es besser zu schweigen, loszulassen und dem anderen zuzubilligen, sich Hals über Kopf ins Verhängnis zu stürzen. Und es gibt Augenblicke, in denen man bereit sein sollte, die Scherben aufzusammeln, wenn alles vorüber ist. Mattie erkannte, dass dies so ein Augenblick war.

»Ich seh dich zu Hause«, rief sie leise über die Schulter. Etta beobachtete, wie die massige Figur langsam von den Schatten eingehüllt wurde. Ihre wütenden Worte hatten einen Kloß in ihrem Hals gebildet, den sie nicht hinunterschlucken konnte. Sie wollte gerade in die Dunkelheit hineinrennen, in der sie Mattie hatte verschwinden sehen, doch da kam Moreland Woods mit strahlendem Lächeln aus der erleuchteten Kirche.

Er nahm ihren Arm und half ihr auf den Beifahrersitz seines Wagens. Ihr Rücken versank in dem weichen Leder der Polsterung, und der Geruch eines frisch gesaugten Autoteppichs stieg ihr angenehm in die Nase. Die dicken, getönten Fensterscheiben und das Summen der Klimaanlage hielten die natürlichen Geräusche der Stadt ab, die sich jedoch an das auf Hochglanz polierte Heck des Wagens hefteten, als er wendete und den langen grauen Boulevard hinabfuhr.

Smooth road
Clear day
But why am I the only one
Traveling this way
How strange the road to love
Can be so easy
Can there be a detour ahead?

Moreland Woods war bezaubert von der schönen Frau an seiner Seite. Ihr festes, braunes Fleisch und die leuchtenden Augen hatten etwas Duftendes, wie ein Parfüm aus dem Nektar einer wilden exotischen Blume, und dieser Wohlgeruch verursachte ihm ein angenehmes Kribbeln im Bauch. Er bewunderte, wie ausgezeichnet sie dieses Spiel beherrschte. Ein weniger aufmerksamer Beobachter wäre vielleicht darauf hereingefallen, doch sein Überleben hing davon ab, dass er sich mit Menschen auskannte, genau wusste, wie viel zu geben und wie wenig er zu nehmen hatte. Es war dieser rasiermesserscharfe Instinkt, der ihn an die vorderste Front seines Berufs katapultiert hatte und der dafür verantwortlich war, dass er sich dort halten konnte.

Und obwohl sie die Karten mit unbekümmertem Selbstvertrauen abhob, ihre Chips in die Mitte des Tisches schob, als sei der Vorrat unerschöpflich, und als könne sie das Spiel bis zum Morgengrauen durchhalten, wusste er Bescheid. O ja, soll sie doch ein paar Mal gewinnen, dann würde er ein paar Mal mehr gewinnen, und sie würde bankrott sein, lange vor Sonnenaufgang. Und dann gäbe es nur noch eines, was sie auf den Tisch legen konnte – und sie würde es hinlegen, denn der Einsatz, um den sie spielten, war sehr hoch. Doch dieses letzte Mal würde sie verlieren. Sie würde verlieren, denn als sie sich ins Auto gesetzt hatte, hatte sie alles auf die eine Karte gesetzt, dass er das Spiel nicht kannte. Und so geschah es denn auch. Den ganzen Abend befand sich Etta in einer anderen Welt und wob aus seinem Maßanzug und dem Geruch seines teuren Eau de Cologne eine maßgeschneiderte Zukunft für sich selbst. Erst seine letzten, zappelnden Stöße in ihren Körper brachten sie wieder in die Wirklichkeit zurück. Sie kam gerade rechtzeitig zu sich, um zu spüren, wie er sich wie ein sterbendes Walross gegen sie warf, wie er erbebte und dann still dalag.

Sie hielt die Augen geschlossen, denn sie wusste, wenn sie sie öffnete, würde sie die altvertrauten Dinge um sich sehen. Zu ihrer Rechten würde ein Nachtschränkchen mit Resopalplatte stehen, das zu dem billig gearbeiteten Kopfteil des Bettes, in dem sie lag, passte. Sie fühlte die verwaschene, grobe Struktur des Lakens unter ihrem schweißnassen Rücken und konnte jetzt schon sagen, wie rau der abgeschabte Pfad der Auslegeware war, der vom Bett zu dem weiß gekachelten Bad mit den hellen fluoreszierenden Lampen, den sterilisierten Handtüchern und den in Seidenpapier gewickelten Zahnputzgläsern führte. Dort würden zwei oder drei dünne Seifenrechtecke in einer bunten Wachspapierhülle liegen, auf der der Name des Hotels stand.

Diesen Namen versuchte sie sich nicht vorzustellen. Er war nicht von Bedeutung. Sie waren alle gleich, alle zu einem dicken Klumpen miteinander verschmolzen, der ihr wie eine Eisenkugel auf der Brust lag. Und der Ausdruck auf dem Gesicht dieser atmenden Maske links neben ihr würde genau derselbe sein wie bei all den anderen. Sie könnte sich jetzt umdrehen und das Ritual abspulen, das den Abend für sie beide zu Ende bringen würde, doch sie brauchte noch eine Sekunde dieser tröstlichen Dunkelheit, bevor sie das Echo zufallender Türen ertragen konnte, das Ende, das, wie sie wusste, von seinen Augen abzulesen sein würde.

Etta ließ sich beim Aussteigen nicht helfen und machte sich nicht die Mühe, sich umzudrehen und den Rücklichtern nachzuschauen, als der Wagen die menschenleere, an Brewster Place grenzende Straße hinunterfuhr. Sie hatte ihn gebeten, sie an der Ecke rauszulassen, denn es war nicht nötig, ihn in der Sackgasse wenden zu lassen, es waren ja nur hundert Meter zu ihrer Haustür. Moreland war erleichtert, dass sie es ihm so leicht gemacht hatte, denn es war ein langer Tag gewesen, und er wollte möglichst schnell nach Hause fahren und schlafen. Aber zweifellos, die ganze Sache war ziemlich glattgegangen, nachdem sie das Hotel verlassen hatten. Er hatte noch nicht einmal auf eine der Entschuldigungen, warum er sie eine ganze Weile nicht würde treffen können, die er schon parat hatte, zurückgreifen müssen. Ein leichter Ausdruck des Missfallens glitt über sein Gesicht, als ihm klar wurde, dass sie offenbar genauso bestrebt gewesen war, von ihm wegzukommen, wie er von ihr. Nun, er zuckte die Achseln und tröstete sein leicht angeschlagenes Ego, das ist das Nette an diesen weltlich gesinnten Frauen. Sie haben Verständnis für die vorübergehenden Schwächen des Fleisches und machen nicht viel Getue darum. Sie können sich amüsieren, ohne sich gleich an einem Mann festzukrallen und hängen bleiben zu wollen. Vielleicht sollte ich mal wieder vorbeischauen.

Er blickte in den Rückspiegel und stellte fest, dass Etta immer noch an der Ecke stand und vor sich hin sah, direkt in Brewster Place hinein. Etwas an dem in sich zusammengesackten Profil ihres Körpers, der sich gegen das trübe Licht der Straßenlaterne abhob, ließ ihn fester aufs Gaspedal treten. Etta stand da und betrachtete die Mauer, die Brewster von den weiter nördlich gelegenen Vierteln abschnitt, und sie konnte kaum glauben, dass sie die Straße erst heute Nachmittag zuletzt gesehen hatte. Da hatte sie so anders gewirkt; die Augustsonne ließ die Braun- und Rottöne der Backsteine aufleuchten, und die kleinen Kinder hatten ihre Gummibälle gegen die Mauern prallen lassen. Jetzt, im spärlichen Licht kurz vor der Morgendämmerung, duckte sie sich wie ein zuckendes Maul, das auf sie wartete. Etta schüttelte heftig den Kopf, um dieses Trugbild abzuschütteln, doch eine unheimliche Furcht ergriff sie, und ihre Füße waren wie Blei. Wenn ich in diese Straße hineingehe, so dachte sie, werde ich es nie wieder hinausschaffen. Ach, lieber Gott, ich bin so müde – so furchtbar müde.

Etta nahm den Hut ab und massierte ihre verspannte Stirn. Dann, mit einem resignierten Seufzer, begann sie langsam, die Straße hinunterzugehen. Wären ihre Nachbarn draußen auf den Hausaufgängen gewesen, sie hätte so anonym wie der Nachtwind durch die durcheinanderwimmelnden Menschen streichen können. Einmal hatten sie sie in einem heruntergekommenen Chevy die Straße entlangfahren sehen, in dessen Kofferraum sich geschmuggelter Schnaps im Wert von etwa fünfhundert Dollar befand; einmal war sie mit gebrochener Nase nach Hause gekommen, die sie sich bei irgendeiner haarsträubenden Eskapade in St. Louis geholt hatte; aber nie war sie mutlos gewesen. Diese Frau in mittleren Jahren in dem zerknitterten Kleid und dem schlaff gewordenen Strohhut, sie hätten sie nicht erkannt.

Als Etta den Hausaufgang erreicht hatte, bemerkte sie Licht unter Matties Fensterladen, und sie horchte angestrengt, ob da tatsächlich Musik hinter den Fliegengittern zu hören war. Mattie spielte ihre Platten! Etta stand still da und versuchte, die akustischen Wellen zu bekannten Klängen zusammenzusetzen, doch sie konnte die Worte nicht ausmachen. Sie hörte auf, angestrengt zu lauschen, als ihr plötzlich klar wurde, dass es nicht weiter von Bedeutung war, welches Lied da ertönte – jemand wartete auf sie. Jemand, der heftig abstreiten würde, dass er sich irgendwelche Sorgen gemacht hatte – nur ein leichtes Magendrücken von den gebratenen Zwiebeln, das mich nicht hat schlafen lassen. Ich hab gedacht, ich vertreib mir mal die Zeit damit, herauszufinden, was du an dieser liederlichen Musik wohl findest.

Etta lachte leise in sich hinein, als sie die Treppe hochstieg, dem Licht und der Zuneigung und dem Trost entgegen.

Kiswana Browne

Vom Fenster ihrer Einzimmerwohnung im sechsten Stock konnte Kiswana über die Mauer am Ende der Straße auf die belebte Allee hinunterschauen, die direkt nördlich an Brewster Place grenzte. Die spätnachmittäglichen Einkäufer sahen wie bunt gekleidete Marionetten aus, wie sie sich so durch den sich stauenden Verkehr schoben, ihre Pakete an den Leib gepresst, um sie vor den plötzlichen Böen des kalten Herbstwindes zu schützen. Ein beleibter Briefträger hatte seine Karre stehen lassen und rempelte entrüstete Schaufensterbummler an, als er der Mütze hinterherschnaufte, die der Wind ihm vom Kopf gerissen hatte. Kiswana beugte sich vor, um zu sehen, ob er wohl Erfolg haben würde, doch die Hausecke entzog ihn ihrem Blick.

Eine Taube glitt am Fenster vorbei, und Kiswana bestaunte ihre segelnden Bewegungen in den Wellen der Luft. Sie legte ihre Träume auf den Rücken des Vogels und stellte sich vor, dass er auf ewig in durchsichtigen, silbernen Kreisen dahinschweben würde, bis er zum Mittelpunkt der Welt hinabtauchen und dort verschlungen werden würde. Doch der Wind legte sich, und sie beobachtete mit einem Seufzer, wie der Vogel in ungelenken, hektischen Bewegungen mit den Flügeln schlug, um auf dem verrotteten Ende einer Feuerleiter am gegenüberliegenden Haus zu landen. Das brachte sie wieder zurück auf die Erde.

Hm, wahrscheinlich sitzt sie jetzt dort drüben und scheißt den Leuten die Feuerleiter voll. Aber, das ist doch ein Sicherheitsrisiko … Und wieder war ihre Fantasie beschäftigt, erschuf

Flammen und Rauch und verzweifelte Mieter, die an der Flucht gehindert wurden, weil sie auf Taubenscheiße ausrutschten. Sie beobachtete ihren unter Fluchen angetretenen Abstieg die Feuerleiter hinunter, bis sie alle den Boden erreicht hatten. Blind für ihre brennenden Wohnungen, wirbelten sie durcheinander und planten aufgebracht, wegen der Tauben eine Demonstration bis vor die Stadtverwaltung zu veranstalten. Kiswana ließ Plakate und Spruchbänder für sie entstehen, und gerade hatten sie die Straßenecke erreicht, waren entschlossen über Feuerwehrschläuche und zerborstene Scheiben gestiegen, da verschwanden sie alle.

Eine große kupferfarbene Frau war an der Straßenecke auf diese Geisterparade gestoßen, und vor ihren weit ausgreifenden, selbstbewussten Schritten hatte sie sich aufgelöst. Es dauerte ein paar Sekunden, bis Kiswana diesen Wechsel von einer Welt in die andere registrierte, doch dann erkannte sie die Frau plötzlich.

»O Gott, das ist ja Mum!« Sie schaute schuldbewusst auf die vergessene Zeitung in ihrem Schoß hinunter und strich eilig irgendwelche Stellenangebote an.

Inzwischen hatte Mrs Browne die Vorderseite des Gebäudes erreicht, in dem Kiswana wohnte, und verglich die Hausnummer mit der auf einem Stück Papier in ihrer Hand. Bevor sie hineinging, inspizierte sie sorgfältig den Zustand der Straße und des angrenzenden Grundstücks. Kiswana verfolgte diese peinlich genaue Bestandsaufnahme mit zunehmendem Unmut, doch unwillkürlich folgte sie dem sich langsam drehenden Kopf ihrer Mutter und zwang sich dabei, ihre neue Straße mit deren Augen zu sehen.

Der Himmel war wolkenlos, und das gleißende Licht schien sich mit ihrer Mutter zu verbünden: Jedes zerbrochene Geländer an den Aufgängen, jeder fehlende Ziegelstein war deutlich hervorgehoben. Die Nachmittagssonne glitzerte noch in der winzigsten Flaschenscherbe, und genau diesen Moment suchte sich der Wind aus, um sich wieder zu erheben und Unrat in die Luft zu wirbeln, während eine einsame Blechbüchse, von achtlosen Müllmännern dort liegen gelassen, mit lautem Geschepper auf die Straße hinausrollte.

Erleichtert stellte Kiswana fest, dass zumindest Ben nicht an seinem gewohnten Platz auf der an die Mauer geschobenen Mülltonne saß. Er war nur ein harmloser alter Säufer, doch Kiswana wusste, dass es für ihre Mutter im Umkreis von zwanzig Häuserblocks nur einen Säufer oder einen kiffenden Teenager brauchte, und schon stand fest, dass ihre Tochter in einem Haus voller Rauschgiftküchen und heruntergekommener Subjekte wohnte. Hätte sie Ben gesehen, es hätte sie nichts davon überzeugen können, dass praktisch jede Wohnung hier eine Familie, eine Bibel und den Traum beherbergte, eines Tages genügend Geld von jenen mageren freitagabendlichen Lohnschecks übrig zu behalten, um Brewster Place zu einer vagen Erinnerung zu machen.

Als sie den Kopf ihrer Mutter im Haus verschwinden sah, bedankte sich Kiswana im Stillen, dass der Aufzug nicht funktionierte. Das würde ihr mindestens fünf Minuten Aufschub verschaffen, um die Wohnung aufzuräumen. Sie rannte zu der Bettcouch und klappte sie hastig zu, ohne die zerknitterten Laken und die Wolldecke glatt zu ziehen oder ihr Nachthemd zu verstauen. Sie hatte das Gefühl, irgendwie könnten die zerknäulten Decken verraten, dass sie letzte Nacht nicht alleine geschlafen hatte. Sie entschuldigte sich stillschweigend bei der Erinnerung an Abshu, als sie alles herzlos zwischen die stählernen Sprungfedern der Couch quetschte. Mein Gott, war der Mann lieb. Unwillkürlich krampften sich ihre Zehen zusammen, als ihr der flüchtige Gedanke an seine vollen Lippen, die langsam über ihren Spann glitten, durch den Kopf schoss. Abshu stand auf Füße, und wenn sie miteinander schliefen, fing er immer ganz unten an. Aus diesem Grund wechselte Kiswana wöchentlich die Farbe des Nagellacks auf den Zehen. Im Lauf ihrer Beziehung war sie erst von Rot zu Braun übergegangen und jetzt bei Violetttönen angelangt. Bald werd ich sie mischen müssen, dachte sie laut, als sie sich von der Couch abwandte und ins Bad eilte, um auch dort jede Spur von Abshu zu entfernen. Sie nahm seine Rasiercreme und seinen Rasierapparat und warf sie in die unterste Schublade der Frisierkommode, wo schon ihr Diaphragma lag. Mum würde es nicht wagen, direkt vor meiner Nase in den Schubladen herumzuwühlen, dachte sie, als sie die Schublade zuknallte. Na ja, zumindest nicht in der *alleruntersten.* Sie würde vielleicht irgendeinen Vorwand finden, um die oberste Schublade aufzuziehen, aber nie die unterste.

Als sie ihre Mutter zum ersten Mal kurz an die Tür klopfen hörte, warf sie noch einen letzten Blick auf das kleine Apartment und suchte fieberhaft nach irgendeinem geringfügigen Vergehen, für das sie sich möglicherweise rechtfertigen musste. Nun, bezüglich des Risses in der Wand über dem Tisch war sie schuldlos. Sie hatte den Vermieter nun schon zwei Monate lang gedrängt, ihn ausbessern zu lassen. Die Zeit, schnell den Teppich zu kehren, hatte sie auch nicht gehabt, aber alle Welt wusste ja, dass Anthrazit immer schmutziger aussah, als es wirklich war. Das mit der Küche war natürlich zu blöd.

Man konnte ja nicht von ihr erwarten, tagaus, tagein auf Jobsuche zu sein und gleichzeitig noch die Zeit zu haben, die Küche so in Ordnung zu halten, wie ihre Mutter das tat, die nicht mal arbeiten ging und trotzdem zweimal im Monat eine Putzhilfe fürs gründliche Saubermachen hatte. Und außerdem …

Ihre im Geist geführte Auseinandersetzung wurde von einem zweiten Klopfen, begleitet von einem alles durchdringenden »Melanie, Melanie, bist du zu Hause?«, abrupt unterbrochen.

Kiswana eilte zur Tür. Sie fängt schon an, bevor sie überhaupt hier drin ist. Sie weiß doch, dass ich nicht mehr so heiße.

Sie riss die Tür auf und stand ihrer leicht erhitzten Mutter gegenüber. »Oh, hallo, Mum. Ich hab doch gedacht, dass es geklopft hat, aber weil mich kaum mehr jemand Melanie nennt, war ich der Meinung, es gelte den Leuten nebenan.« Die erste Runde geht an mich, dachte sie.

»Also, das ist doch wirklich seltsam, dass du einen Namen vergessen kannst, auf den du dreiundzwanzig Jahre gehört hast«, sagte Mrs Browne, während sie an Kiswana vorbei in das Apartment ging. »Du meine Güte, war das ein Aufstieg. Wie lange ist euer Aufzug denn schon kaputt? Liebes, wie kommst du nur mit deiner Wäsche und den Einkäufen die Treppen hoch? Na ja, du bist ja noch jung, und vermutlich macht es dir nicht so viel aus wie mir.« Die lange Kette von Fragen sagte Kiswana, dass ihre Mutter nicht die Absicht hatte, den Besuch mit einem weiteren Streit über ihren afrikanischen Namen zu eröffnen.

»Du weißt, ich hätte angerufen, bevor ich einfach so komme, aber du hast ja noch kein Telefon. Ich wollte nicht, dass du das Gefühl hast, ich spioniere dir nach. Übrigens hab ich gar nicht damit gerechnet, dich zu Hause anzutreffen. Ich dachte, du bist sicher unterwegs auf Jobsuche.« Während sie redete und ihren Mantel ablegte, hatte Mrs Browne im Stillen bereits das ganze Apartment inspiziert.

»Na ja, ich bin heute spät aufgestanden. Da habe ich gedacht, ich kauf die Nachmittagszeitung und fang morgen früh gleich an.«

»Das hört sich vernünftig an.« Ihre Mutter ging zum Fenster hinüber, hob die dort abgelegte Zeitung auf und überflog die hastig angestrichenen Anzeigen. »Seit wann hast du Erfahrung im Fahren eines Gabelstaplers?«

Kiswana hielt den Atem an und verfluchte sich stumm für ihre Dummheit. »Oh, da bin ich in der Zeile verrutscht – ich wollte Bürohilfe ankreuzen.« Schnell nahm sie die Zeitung an sich, bevor ihre Mutter sehen konnte, dass sie auch Vertreter für Stahlwaren und Chauffeur angestrichen hatte. »Und du hast wirklich nicht hier rumgesessen und wieder Trübsal geblasen und vor dich hin geträumt?« In Mrs Brownes Augenwinkeln blitzte bernsteinfarben der Schalk auf.

Kiswana richtete sich auf und versuchte vergebens, ihre Verlegenheit unter Entrüstung zu verbergen.

»*Good Lord*, Mum! Das hab ich seit Jahren nicht mehr getan – das ist nur was für Kinder. Wann siehst du endlich ein, dass ich jetzt eine erwachsene Frau bin?« Sie überlegte angestrengt, was sie wohl Frauliches tun könne, und entschied, sich auf die Couch fallen zu lassen und die Beine in einem, wie sie hoffte, lässigen Bogen übereinanderzuschlagen.

»Bitte nimm doch Platz«, sagte sie und versuchte sich in dem Tonfall und mit den Gesten, die sie Bette Davis in ihren späten Filmen hatten einsetzen sehen.

Mrs Browne, die den Blick senkte, um ihre Belustigung zu verbergen, kam der Aufforderung nach und setzte sich ans Fenster. Auch sie schlug die Beine übereinander. Sofort erkannte Kiswana, wie es eigentlich hätte aussehen müssen. Ihre Zelluloidgelassenheit stand in grellem Widerspruch zu der stillen Würde ihrer Mutter, und schnell brachte sie ihre Beine wieder in eine andere Position. Mrs Browne drehte den Kopf zum Fenster und tat so, als merke sie nichts.

»Zumindest hast du von hier einen ordentlichen Blick. Ich hab mich schon gefragt, was wohl hinter dieser grässlichen Mauer liegt – es ist ja der Boulevard. Hast du gewusst, Liebes, dass man von hier aus die Bäume von Linden Hills sehen kann?«

Das wusste Kiswana nur zu gut, denn es gab viele einsame Tage, an denen sie in ihrem grauen Apartment saß und diese Bäume anstarrte und an zu Hause dachte, doch sie wäre lieber daran erstickt, als das vor ihrer Mutter zuzugeben.

»Ach ja, das ist mir noch gar nicht aufgefallen. Und wie geht es Daddy, und wie steht's zu Hause?«

»Ganz gut. Wir überlegen, ob wir nicht eins von den Schlafzimmern neu tapezieren, die jetzt, wo ihr Kinder weg seid, leer stehen. Nun besteht Wilson aber darauf, die ganze Arbeit alleine zu machen. Ich hab ihm gesagt, dass er wirklich nicht genug Zeit und Energie dafür hat. Wie die Dinge liegen, ist er, wenn er vom Büro heimkommt, so fertig, dass er sich kaum mehr rühren kann. Aber du weißt ja, dein Vater lässt sich einfach nichts sagen. Immer wenn er anfängt, darüber zu lamentieren, wie stur du doch bist, sag ich zu ihm, ich weiß genau, wo das Kind das herhat. Ach ja, dein Bruder war übrigens gestern kurz da«, fügte sie hinzu, als sei ihr das gerade erst wieder eingefallen.

Das ist es also, dachte Kiswana. Darum ist sie hier.

Kiswanas Bruder Wilson hatte sie vor zwei Tagen besucht, und sie hatte sich zwanzig Dollar bei ihm geliehen, um den Wintermantel abholen zu können, den sie sich hatte zurücklegen lassen. Dieser Scheißer ist wahrscheinlich sofort damit zu Mum gerannt – und das, nachdem er fest versprochen hatte, nichts zu sagen. Ich hätte es wissen sollen, dachte sie, er war schon immer eine alte Petze.

»So?«, sagte sie laut. »Mich hat er auch besucht, Anfang der Woche. Ich hab mir was von ihm geliehen, weil mein Arbeitslosengeld noch nicht auf dem Konto war, aber jetzt ist es da, und alles ist in bester Ordnung.« Na also, damit legst du mich nicht rein.

»Ach, das wusste ich nicht«, log Mrs Browne. »Er hat dich gar nicht erwähnt. Er hatte gerade erfahren, dass Beverly wieder schwanger ist, und ist schnell rübergekommen, um uns das zu erzählen.«

Verdammt, Kiswana hätte sich die Zunge abbeißen können. »So, da hat er sie also wieder mal angebumst?«, sagte sie gereizt.

Ihre Mutter zuckte zusammen. »Warum musst du bloß immer so grob sein?«

»Ich kann mir überhaupt nicht vorstellen, wie sie mit Willie schlafen kann. Er ist ein solcher Schlaffsack.«

Kiswana verübelte ihrem Bruder immer noch die Haltung, die er im College eingenommen hatte. Als alle anderen Studenten dort ihr Schwarzsein entdeckt und auf dem Campus demonstriert hatten, hatte Wilson nie mitgemacht; er hatte sich sogar geweigert, einen Afro zu tragen. Das hatte Kiswana empört, denn im Gegensatz zu ihr hatte er eine dunkle Haut und die Sorte Haar, das dick und gekräuselt genug war für einen guten »Fro«. Kiswana hatte sich damals nicht davon abhalten lassen, ihr Haar abzuschneiden, aber es war so dünn und fein, dass es einfach keine Fülle bekam, auch wenn sie es frisch gewaschen hatte. Also musste sie es toupieren und mit Haarspray besprühen, damit es nicht so flach am Kopf lag. Sie verzieh Wilson nie, dass er einmal gesagt hatte, sie sähe nicht afrikanisch aus, sondern wie ein Huhn, das einen elektrischen Schlag bekommen hat.

»Also, wie kann man nur so reden. Ich weiß gar nicht, was du gegen deinen Bruder hast. Er hat mir nie schlaflose Nächte bereitet, und jetzt hat er sich etabliert, hat eine Familie und einen guten Job.«

»Er ist Assistent bei einem zweiten Juniorpartner in einem Rechtsanwaltsbüro. Was ist daran denn so toll?«

»Der Job hat Zukunft, Melanie. Und zumindest hat er die Schule abgeschlossen und sein Juraexamen gemacht.«

»Mit anderen Worten, er ist nicht so ein Versager wie ich, hm?«

»Jetzt leg mir nichts in den Mund, was ich nicht gesagt habe, mein Fräulein. Ich bin sehr wohl fähig, das auszudrücken, was ich meine.«

Amen, dachte Kiswana.

»Und ich möchte mal wissen, warum du, kaum dass ich zur Tür herein war, versucht hast, mit mir Streit anzufangen. Ich bin nicht hergekommen, um mich mit dir rumzustreiten. Das ist deine erste eigene Wohnung, und ich wollte einfach mal sehen, wie du so lebst und ob es dir gut geht. Und ich muss sagen, du hast dieses Apartment wirklich hübsch hergerichtet.«

»Wirklich, Mum?« Die mütterliche Anerkennung ließ sie gegen ihren Willen weich werden.

»Nun ja, wenn man bedenkt, woran du arbeiten musstest.« Diesmal ließ sie den forschenden Blick offen durch das Apartment schweifen.

»Ja, schon, ich weiß, dass das nicht Linden Hills ist, aber man kann doch einiges draus machen. Wenn erst mal die Maler da waren, hänge ich meinen Ashanti-Druck über die Couch. Und ich hab mir gedacht, dass sich dort in der Ecke ein großer Farn gut machen würde, was meinst du?«

»Das wäre sehr schön, Kleines. Du hast immer einen guten Sinn für Proportionen gehabt.«

Kiswana fing langsam an, sich zu entspannen. Wenig von dem, was sie tat, fand die Anerkennung ihrer Mutter. Die war wie ein seltener Vogel, und sie musste die Schritte vorsichtig um ihn herum setzen, damit er nicht davonflog. »Diese Statue dort, lässt du sie so da stehen?«

»Warum, was ist los damit? Würde sie woanders besser aussehen?«

Auf dem Couchtisch stand die kleine Holzreproduktion einer Yorubagöttin mit ausladenden Brüsten.

»Nun«, Mrs Browne errötete ein wenig, »es ist nur, sie ist doch ein bisschen zweideutig, meinst du nicht auch? Du wohnst ja jetzt allein, und ich weiß, dass du auch mal Männerbesuch bekommst, und du willst doch nicht, dass er auf irgendwelche

Gedanken kommt. Ich meine, hm, also weißt du, es ist doch nicht nötig, dass du dich in irgendwelche unangenehmen Situationen bringst, weil du vielleicht einen falschen Eindruck erweckst, und, hm, weißt du, ich meine, nun ja …«, Mrs Browne stotterte unbeholfen vor sich hin.

Kiswana genoss es unmäßig, wenn ihre Mutter von Sex redete. Nur dann war sie um Worte verlegen.

»Jetzt mach dir mal keine Sorgen, Mum«, Kiswana lächelte. »Die Männer, mit denen ich mich verabrede, würde das nicht stören. Ja, wenn sie vielleicht große Füße hätte …« Und sie brach beim Gedanken an Abshu in hysterisches Gelächter aus.

Ihre Mutter schaute sie scharf an. »Was ist das für ein Gerede über Füße? Ernsthaft, Melanie.«

»Entschuldige, Mum.« Sie wurde wieder sachlich. »Ich stell sie in den Schrank«, sagte sie und wusste, dass sie das nicht tun würde.

»Gut«, sagte Mrs Browne, die das ebenfalls wusste. »Vermutlich bin ich da zu heikel, aber wir machen uns Sorgen, wie es dir wohl ergeht. Und du weigerst dich ja, ein Telefon legen zu lassen, damit wir dich anrufen und uns um dich kümmern können.«

»Ich hab mich nicht geweigert, Mum. Aber die wollen eine Anzahlung von fünfundsiebzig Dollar, und die hab ich im Augenblick einfach nicht.«

»Ich könnte dir das Geld doch geben, Melanie.«

»Ich will aber nicht, dass du mir Geld gibst – das habe ich dir doch schon gesagt. Bitte, lass es mich alleine schaffen.«

»Nun, dann kann ich es dir doch leihen.«

»Nein!«

»Aha, von deinem Bruder kannst du dir also Geld leihen, aber nicht von mir.«

Kiswana wandte den Kopf ab, um die Kränkung in den Augen ihrer Mutter nicht zu sehen. »Mum, wenn ich mir von Willie

Geld leihe, muss ich es ihm zurückzahlen. Du lässt dir Geld nie zurückgeben.«

»Mach doch, was du willst. Aber ich finde es trotzdem ausgesprochen rücksichtslos von dir, hier so ohne Telefon zu hocken, und manchmal höre ich zwei Wochen nichts von dir – es könnte doch Gott weiß was passieren – besonders hier unter diesen Leuten.«

Kiswanas Kopf fuhr hoch. »Was meinst du mit *diese Leute?* Sie sind mein Volk, und deines auch. Aber vielleicht habt ihr da drüben in Linden Hills das ja vergessen.«

»Davon rede ich ja gar nicht, das weißt du genau. Aber diese Straße – dieses Haus – es ist so schäbig und so heruntergekommen, Liebes, so musst du doch nicht wohnen.«

»Tja, so wohnen arme Leute nun mal.«

»Melanie, du bist nicht arm.«

»Nein, Mum, *du* bist nicht arm. Und was du hast und was ich habe, das sind zwei ganz verschiedene Dinge. Ich habe keinen Mann im Maklergeschäft mit einem fünfstelligen Einkommen und einem Haus in Linden Hills – aber *du.* Was ich habe, ist mein wöchentliches Arbeitslosengeld und ein überzogenes Konto bei der United Federal Bank. Und daher kann ich mir auch nur dieses Einzimmerapartment in Brewster leisten.«

»Nun, du könntest dir einiges mehr leisten, wenn du nicht vom College abgegangen wärst und auf diese Bürojobs ohne jede Zukunft zurückgreifen müsstest.«

»Gott im Himmel, ich wusste es doch, dieses Thema musste ja über kurz oder lang kommen.« Kiswana konnte spüren, wie Wut in ihr aufstieg; sie schnellte auf der Couch vor. »Du wirst das nie verstehen, nicht wahr? Diese bourgeoisen Schulen waren konterrevolutionär. Mein Platz war auf der Straße bei meinem Volk, das für Gleichheit und für eine bessere Gesellschaft kämpfte.«

»Konterrevolutionär!« Mrs Browne hob die Stimme. »Wo ist

denn deine Revolution jetzt, Melanie? Wo sind denn all die schwarzen Revolutionäre, die mit dir auf dem Campus rumgebrüllt und demonstriert und eine Menge Staub aufgewirbelt haben? Hm? Sie sitzen in holzgetäfelten Büros, in denen ihre mahagonigerahmten Examensurkunden hängen, und sie würden noch nicht mal mit dem Auto durch diese Straße fahren, da die Verwaltung in dem Teil der Stadt die Schlaglöcher nicht ausbessern lässt.«

»Mum«, sagte Kiswana und schüttelte ungläubig den Kopf, »wie kannst du, eine Schwarze, so dasitzen und mir erzählen, dass alles, wofür wir in der Bewegung gekämpft haben, unwichtig war, nur weil ein paar Leute sich haben kaufen lassen?«

»Melanie, ich sage ja nicht, dass es unwichtig war. Es war verdammt wichtig, aufzustehen und zu sagen, dass du stolz auf das bist, was du bist, und das Wahlrecht und andere gesellschaftliche Möglichkeiten für jeden in diesem Land zu erkämpfen. Aber ihr jungen Leute habt gedacht, ihr würdet die ganze Welt auf den Kopf stellen, und das habt ihr nicht. Nachdem sich der Rauch gelegt hatte, standet ihr mit einer Handvoll neuer Bundesgesetze in einem Land, das für Schwarze immer noch voller Schwierigkeiten ist, durch die sie sich durchbeißen müssen, um ihren Weg zu machen – und zwar nur, weil sie schwarz sind. Es hat keine Revolution gegeben, Melanie, und es wird keine Revolution geben.«

»So, und was denkst du, was ich jetzt tun soll, hm? Einfach kapitulieren und mich nicht darum kümmern, was mit meinem Volk geschieht? Ich soll wohl nicht weiter drum kämpfen, dass die Dinge sich bessern?«

»Natürlich kannst du das. Aber du wirst innerhalb des Systems kämpfen müssen, denn das und diese sogenannten bourgeoisen Schulen wird es noch eine ganze Weile geben. Und das heißt, du sollst endlich gescheit werden, wie eine Menge deiner alten Freunde, und dir einen vernünftigen Job besorgen, wo du einen gewissen Einfluss ausüben kannst. Du musst dich nicht verkaufen, wie du sagst, und für irgendeinen großen Konzern arbeiten, aber du könntest Abgeordnete werden oder Anwältin und dich für die Bürgerrechte einsetzen, oder du könntest hier im Viertel eine freie Schule gründen. Auf diese Weise könntest du wirklich der Gemeinschaft helfen. Aber was kannst du den Leuten in Brewster denn nützen, solange du von der Hand in den Mund und von irgendwelchen Büroaushilfejobs lebst und auf eine Revolution wartest? Du vergeudest dein Talent, mein Kind.«

»Nun, ich glaube nicht, dass ich es vergeude. Zumindest bin ich hier in täglichem Kontakt mit den Problemen meiner Leute. Wofür wäre ich nach vier oder fünf Jahren ständiger weißer Gehirnwäsche in irgendeiner aufgeblasenen Prestigeinstitution denn noch gut, hm? Ich wäre wie du und Dad und diese anderen gebildeten Schwarzen, die da drüben in Linden Hills hocken und an Mittelklasse-Gedächtnisschwund im Endstadium leiden.«

»Du musst nicht im Slum wohnen, Melanie, um dich für die gesellschaftlichen Verhältnisse zu interessieren. Dein Vater und ich sind seit fünfundzwanzig Jahren eingetragenes Mitglied bei der NAAP*.«

»O Gott!« Kiswana warf in übertriebenem Abscheu den Kopf zurück. »Das nennst du interessiert? Diese ja-nicht-zu-weit-links-ja-nicht-zu-weit-rechts Onkel-Tom-Deponie für schwarze Republikaner!«

»Du kannst spotten, soviel du willst, mein Fräulein, aber diese Organisation hat seit Anfang des Jahrhunderts für schwarze Menschen gearbeitet und tut das immer noch. Wo sind denn all deine radikalen Gruppen geblieben, die einen Cadillac in jede Garage und Dick Gregory ins Weiße Haus bringen wollten? Ich kann dir sagen, wo.«

* National Association for the Advancement of Colored People

Wie hätte es auch anders sein können, dachte Kiswana wütend.

»Sie haben sich aufgerieben, weil sie zu schnell zu viel gewollt haben. Ihre Ziele waren nicht an der Realität ausgerichtet. Und das ist immer schon auch dein Problem gewesen.«

»Was meinst du mit *mein Problem?* Ich weiß genau, was ich will.«

»Nein, das weißt du nicht. Du lebst ständig in einer Fantasiewelt, fällst ständig von einem Extrem ins andere, machst einen Schmetterling zum Adler, als ob es im Leben darum ginge. Es geht darum, zu akzeptieren, was da ist, und mit seiner Arbeit dort anzusetzen. Mein Gott, ich weiß doch noch, was du mir für Sorgen gemacht hast, als du dir dieses Haarspray auf den Kopf gesprüht hast. Ich hab schon gedacht, du würdest Lungenkrebs bekommen – bei dem Versuch, etwas zu sein, was du nicht bist.«

Kiswana sprang von der Couch auf. »*Good Lord*, jetzt reicht's mir aber! Bei dem Versuch, etwas zu sein, was ich nicht bin – Mum! Bei dem Versuch, stolz auf mein Erbe und die Tatsache zu sein, dass ich von Afrikanern abstamme. Wenn das heißt, das zu sein, was ich nicht bin, bitte schön. Aber lieber wäre ich tot, als so zu sein wie ihr – der Nigger eines weißen Mannes, der sich schämt, schwarz zu sein!«

Kiswana sah einen Blitz aus Gold und Ebenholz aus dem Stuhl fahren, als ihre Mutter aufsprang. Sie wurde an den Schultern herumgerissen und gezwungen, der tödlichen Stille im Blick der aufgebrachten Frau zu begegnen. Sie war zu verblüfft, um vor Schmerz aufzuschreien, als sich die langen Fingernägel in ihre Schultern gruben, und sie wurde so nahe an das Gesicht ihrer Mutter herangezogen, dass sie in den Tränen, die in ihren Augen standen, verzerrt und flackernd ihr eigenes Spiegelbild erkennen konnte. Und in dieser Stille hörte sie eine Geschichte, die sie von Kindheit an kannte.

»Meine Großmutter«, begann Mrs Browne langsam und mit kaum hörbarer Stimme, »war eine reinblütige Irokesin, und mein Großvater war ein freier Schwarzer aus einer alten Familie von Handwerksgesellen, die seit Gründung der Kolonien in Connecticut gelebt hat. Und mein Vater war ein Bajan, der als Schiffsjunge auf einem Handelsschiff in dieses Land gekommen ist.«

»Das weiß ich alles«, sagte Kiswana und versuchte zu verhindern, dass ihre Lippen zitterten.

»Dann sollst du auch das wissen«, und die Fingernägel gruben sich tiefer in ihr Fleisch. »Ich lebe, weil in mir das Blut stolzer Menschen fließt, die nie gegeizt oder gebettelt oder sich für das entschuldigt haben, was sie waren. Sie haben gelebt und nur um eines auf dieser Welt gebeten – dass man sie einfach leben lässt. Und das Blut dieser Menschen hat mich gelehrt, dass Schwarz nicht schön oder hässlich ist – Schwarz ist einfach Schwarz. Schwarz heißt weder, krauses Haar zu haben, noch glattes – Schwarz ist Schwarz.

Es hat mir das Herz gebrochen, als du einen anderen Namen angenommen hast. Ich habe dir den Namen meiner Großmutter gegeben, einer Frau, die neun Kinder geboren und sie alle großgezogen hat, die sechs weiße Männer mit einer Flinte in Schach gehalten hat, als sie versuchten, einen ihrer Söhne ins Gefängnis zu schleppen, weil er nicht wusste, wohin er gehörte. Und trotzdem musstest du in einem afrikanischen Wörterbuch nach einem Namen suchen, der dich stolz machen sollte.

Als ich meine Babys aus dem Krankenhaus nach Hause brachte, meinen ebenholzfarbenen Sohn und meine goldene Tochter, schwor ich bei allen Göttern, die es hören wollten – bei denen der Familie meines Vaters und denen der Familie meiner Mutter –, dass ich alles, was ich hatte und je haben würde, dazu nutzen würde, dafür zu sorgen, dass meine Kinder einmal in der Lage wären, dieser Welt zu deren Bedingungen zu begegnen, sodass niemand sie übers Ohr hauen oder sie dazu bringen könnte, sich dessen, was sie waren oder wie sie aussahen, zu schämen. Und, Melanie, das heißt nicht weiß, rot oder schwarz sein – das heißt eine Mutter sein.«

Kiswana verfolgte ihr Spiegelbild in den zwei einsamen Tränen, die nun die Wangen ihrer Mutter hinabrollten, bis es sich in ihrer Kupferhaut verlor, zusammen mit den Tränen. Es gab nichts und dann doch wieder so vieles, was sie sagen wollte, doch jedes Mal, wenn sie zum Sprechen ansetzte, brachte sie kein Wort heraus. Sie ließ den Kopf hängen und hielt die Augen geschlossen und dachte: O Gott, lass mich bitte tot umfallen. Wie kann ich ihr jetzt noch in die Augen sehen.

Mrs Browne hob sanft Kiswanas Kinn an. »Und eines solltest du lernen, du solltest lernen, keine Angst zu haben, wem auch immer ins Gesicht zu schauen, auch wenn es ein listiges altes Weib ist wie ich, das dich in Grund und Boden reden kann.« Und sie lächelte und zwinkerte ihr zu.

»Ach, Mum, ich …« Und sie umarmte die Frau fest.

»Ist ja schon gut, Kleines.« Mrs Browne tätschelte ihr den Rücken. »Ich weiß.«

Sie küsste Kiswana auf die Stirn und räusperte sich. »Tja, nun, ich geh besser wieder. Es wird langsam spät, das Abendessen will gemacht sein, und ich kann nicht ewig auf den Beinen sein – diese neuen Schuhe bringen mich noch um.« Kiswana sah auf die beigen Lederpumps hinunter. »Die sind wirklich spitze. Es sind englische, nicht wahr?«

»Ja, aber, du lieber Gott, wie sie am Spann drücken.« Sie zog den Schuh aus und setzte sich auf die Couch, um ihren Fuß zu massieren.

Leuchtend roter Nagellack glänzte Kiswana durch den Strumpf entgegen. »Seit wann lackierst du dir denn die Fußnägel?« Sie schnappte nach Luft. »Das hast du doch noch nie getan?«

»Nun …« Mrs Browne zuckte die Achseln, »dein Vater hat mich irgendwie dazu überredet, und, tja, weißt du, es gefällt ihm halt, und da hab ich gedacht, tja, weißt du, warum nicht, und da …« Und sie lächelte Kiswana verlegen an.

Also so was, dachte die junge Frau und spürte, wie ihr das Gesicht brannte. Daddy steht auf Füße! Und sie sah die errötende Frau auf der Couch an und erkannte plötzlich, dass ihre Mutter dasselbe Universum durchquert hatte, das sie jetzt gerade durchquerte.

Kiswana fand Wege und würde letztendlich nur einen halben Meter weiter auf dieser Couch landen. Sie starrte die Frau an, die sie gewesen war und die sie noch werden sollte. »Aber ich werde niemals Republikanerin«, das laut zu sagen, konnte sie sich gerade noch verkneifen.

»Was brummelst du da vor dich hin, Melanie?« Mrs Browne schlüpfte wieder in ihren Schuh und stand von der Couch auf.

Sie holte ihrer Mutter den Mantel. »Nichts, Mum. Es ist wirklich nett von dir, mich zu besuchen. Du solltest das öfter tun.«

»Nun, da heute nicht Sonntag ist, ist dir wahrscheinlich mindestens eine Lüge erlaubt.«

Beide lachten.

Als Kiswana die Tür geschlossen hatte und sich umdrehte, entdeckte sie einen Umschlag, der zwischen den Couchkissen steckte. Sie ging hinüber und öffnete ihn; fünfundsiebzig Dollar waren drin.

»Ach, Mum, verdammt noch mal!« Sie eilte zum Fenster und wollte der Frau, die gerade aus dem Haus kam, etwas zurufen, doch dann überlegte sie es sich anders und setzte sich laut seufzend in den Sessel. Der Seufzer wurde von einem herbstlichen Windstoß mitgerissen und verlor sich über dem Dach des Hauses.

Lucielia Louise Turner

Als Ben durch Brewster Place gestapft kam, war das Sonnenlicht noch wässrig blass, und die Straße hatte gerade begonnen zu gähnen und sich zu strecken. Er ließ sich vorsichtig auf seiner Mülltonne nieder, die gegen die durchsackende Backsteinmauer lehnte, die Brewster zu einer Sackgasse machte. Die metallene Kälte des Tonnendeckels kroch durch seine dünne Hose. An einem Stück Frühstücksspeck saugend, das sich in seinen Backenzähnen verfangen hatte, begann er, vor sich hin zu träumen. Ganz schön kalt, diese Frühjahrsmorgen heutzutage. Früher, da konnte man sich in einem von den Fässern da ein prima Müllfeuerchen anzünden und hatte es schön warm. Tja, aber ich will mich ja nicht strafbar machen, bloß, tot frieren will ich mich auch nicht. Nach diesem seinem täglichen Selbstgespräch griff er in die Manteltasche und zog eine verknüllte braune Papiertüte hervor, die seine Morgensonne enthielt. Die billige rote Flüssigkeit rann ihm langsam die Kehle hinunter und lieferte ihm die unmittelbare Rechtfertigung fürs Trinken, indem sie sofort das Blut in seinem Körper erwärmte. Eine hagere, dunkle Figur lief in dem diesigen Licht langsam den Häuserblock entlang. Sie zögerte vor dem Aufgang zu 316, doch als sie sich umschaute und Ben sah, kam sie schnell herüber.

»Tag, Ben.«

»Grüß dich, Eugene, hab ich mir doch gedacht, dass du das bist. Hab dich ja schon ein paar Tage nicht mehr hier gesehen.«

»Hmhm.« Der junge Mann steckte die Hände in die Taschen, sah stirnrunzelnd zu Boden und trat gegen Bens Abfalltonne. »Heut ist nämlich die Beerdigung.«

»Hmhm.«

»Gehst du hin?« Er schaute hoch und sah Ben an.

»Nee, hab nix anzuziehen für so was. Und ich kann so was einfach nicht ausstehn – ist mir zu traurig –, dass sie noch so klein war und so.«

»Hmhm. Ich wollt ja hingehen, weißt du, die Leute erwarten das von einem.«

»Hmhm.«

»Aber, wie Ciels Freunde mich immer ansehn, mein lieber Mann – als ob ich ein Haufen Scheiße wär. Also, ich hab sogar versucht, Ciel im Krankenhaus zu besuchen, ich hab gehört, sie ist ganz durchgedreht und so.«

»Hmhm, es war ein schwerer Schlag für sie.«

»Hm, und für mich erst, verdammt noch mal. Es war ja auch mein Kind, verstehst du. Aber Mattie, das fette schwarze Weibsstück, die steht da einfach im Krankenhaus im Flur und sagt zu mir – sagt doch wahrhaftig zu mir: ›Was willst du denn hier?‹ Als wenn ich so eine Scheißbazille oder so was wär. Mann, ich hab mich einfach umgedreht und bin weg. Ein bisschen Respekt kann man doch erwarten, oder?«

»Hmhm.«

»Ich mein, heute sollt ich doch eigentlich mit meiner Frau da in der Limousine sitzen und alles machen, wie es sich gehört. Aber wie soll ein Mann da noch Mann bleiben, wenn diese Scheißweiber jedem erzählen, ich sei daran schuld, und es wär besser, ich wär tot? Ach, Scheiße!«

»Hmhm, ein Mann muss Mann bleiben.« Ben verspürte das Bedürfnis, seine Antwort mit einem weiteren Schluck anzufeuchten. »Willst du ’nen Schluck?«

»Nee, muss mich auf die Socken machen – Ciel braucht mich heut ja nicht. Wetten, die fette Mattie hockt im vordersten Wagen und hat die Hosen an. Scheiße – na, sollen sie doch.« Er sah wieder auf. »Verstehst du?«

»Klar.«

»Mach's gut, Ben.« Er wandte sich zum Gehen.

»Du auch, Eugene.«

»He, gehst du hin?«

»Nee.«

»Ich auch nicht. Bis dann.«

»Bis dann, Eugene.«

Komisch, dachte Ben, Eugene ist schon lange nicht mehr so auf einen Schwatz stehen geblieben – fast ein Jahr lang nicht, ja, ein gutes Jahr. Er nahm noch einen Schluck, der ihm helfen sollte, sich das Gespräch vor einem Jahr zu vergegenwärtigen, aber umsonst; auch der zweite und der dritte nutzten nichts. Doch er erinnerte sich sehr wohl, dass es an einem frühen Frühlingsmorgen wie diesem gewesen war, und Eugene hatte dieselben engen Jeans angehabt. Und er war auch draußen vor der 316 stehen geblieben. Aber damals war er reingegangen …

Lucielia hatte gerade Wasser in den Kessel laufen lassen und war dabei, ihn auf den Herd zu stellen, da hörte sie, wie sich der Schlüssel im Schloss drehte. Er musste nicht an die Tür klopfen; sein Schlüssel passte immer noch. Ihre mageren Knöchel umklammerten den Henkel des Kessels, aber sie drehte sich nicht um. Sie wusste Bescheid. Die letzten elf Monate ihres Lebens hingen komprimiert in der Luft, zwischen dem Klicken des Schlosses und seinem »Hi, Baby«.

Die Vibrationen dieser Worte hafteten wie Parasiten an den Luftwirbeln, die sie in ihre Küche fegten, erzeugten einen schwindelerregenden Wirbelsturm von ununterscheidbaren

Tagen und Stunden. Alles war plötzlich wieder da: die Frustration, allein und krank zu sein, sitzen gelassen mit einem einen Monat alten Baby; ihre Demütigung, die sich in den blauen, lächelnden Augen der Sozialarbeiterin widerspiegelte, die unwiderlegbar der Meinung war, »Sie können einen finden, um eins zu bekommen, aber Sie können ihn nicht dazu bringen, dass er sich drum kümmert«; das unbezwingbare Verlangen, das sie in zahllosen Nächten zwischen ihren Schenkeln spürte; die ewigen Warums, verquickt mit dem erklärlichen Hass und der unerklärlichen Liebe. All das umschwirrte sie, umkreiste sie in einem so verwirrenden Muster, dass sie nicht einmal eins davon packen konnte, um ihm damit zu antworten. Und so war nichts in Lucielias Gesicht, als sie es Eugene zuwandte, der in ihrer Küchentür stand, einen lächerlichen rosa Osterhasen in der Hand, nichts als schiere Erleichterung …

»So, er ist wieder da.« Mattie saß an Lucielias Küchentisch und spielte mit Serena. Es kam selten vor, dass Mattie über irgendetwas mehr als zwei Sätze zu irgendwem äußerte. Das brauchte sie auch nicht. Sie wählte ihre Worte mit der knirschenden Drillbohrer-Präzision eines Diamantschneiders.

»Du hältst mich für verrückt, nicht?«

»Das hab ich nicht gesagt.«

»Ich versteh es auch so!«, fuhr Ciel sie an.

»Warum schnauzt du mich so an, Ciel? Es ist dein Leben, Honey.«

»Ach Mattie, du verstehst das nicht. Diesmal hat er sich wirklich gefangen. Er hat einen neuen Job im Hafen, wo er ganz ordentlich verdient, und damals, mit dem neuen Baby und ohne Arbeit, ging's ihm einfach schlecht. Du wirst schon sehen. Er ist sogar Farbe und Zeug kaufen gegangen, um die Wohnung wieder in Schuss zu bringen. Und – und Serena braucht einen Dad.«

»Mich musst du nicht überzeugen, Ciel.«

Nein, sie sagte das nicht zu Mattie, sie sagte es zu sich selbst. Sie überzeugte sich selbst davon, dass es der neue Job und die Farbe und Serena waren, was ihn wieder in ihr Leben eingelassen hatte. Die eigentliche Wahrheit aber überstieg ihr Begriffsvermögen. Wenn sie den Kopf in seine Halskuhle legte, war da ein intensiver Moschusgeruch an seinem Körper, der die Geister der Erde ihrer Kindheit in Tennessee zurückbrachte. Der stieg auf und setzte sich in ihren Nüstern fest, sodass sie seine Gegenwart beinah in jedem Augenblick ihres Lebens inhalierte. Das Gefühl seines rußfarbenen Fleischs drang durch die Haut ihrer Finger, jagte durch ihr Blut und vereinte sich irgendwo, wo immer das war, mit ihrem eigentlichen Ich. Aber wie kannst du dir selbst, geschweige denn dieser praktisch gesonnenen alten Frau, die dich gernhat, klarmachen, dass er deswegen wieder da war? Also lässt du's.

Du stehst auf und gießt euch noch eine Tasse Kaffee ein, beruhigst das quengelnde Baby auf deinem Schoß mit seinem Schnuller und betest stumm – sehr stumm – hinter verhangenen Augen, dass der Mann bleiben wird.

Ciel versuchte, sich zu erinnern, wann genau es wieder angefangen hatte schiefzulaufen. Ihr Verstand suchte nach Anhaltspunkten, die sie zurückverfolgen konnte zu etwas, das sie möglicherweise gesagt oder getan hatte. Sie hatte die Stirn in gespannter Aufmerksamkeit gerunzelt, während sie Handtücher zusammenlegte und die Falten wieder und wieder glatt strich, als läge die Antwort verborgen in den widerspenstigen Knitterfalten des Frottees.

Die Monate seit Eugenes Rückkehr begannen sich langsam vor ihr abzuspulen, und sie prüfte jeden genau, um den Punkt zu treffen, an dem das Flüstern des nagenden Zweifels eingesetzt hatte. Der Druck auf die Handtücher wurde stärker, als sie zu dem Monat kam, in dem sie wieder schwanger geworden war, doch das konnte es nicht sein. Jetzt lagen die Dinge anders. Sie musste sich nicht übergeben, wie damals mit Serena, er hatte immer noch Arbeit – nein, das Baby war es nicht. Es ist nicht das Baby, es ist nicht das Baby – der Rhythmus dieser Worte trieb ihre Hände an, und sie hatte sie gewalkt und gefaltet und fast schon zu einer Tatsache zusammengepresst, da stellte sie verblüfft fest, dass keine Handtücher mehr da waren.

Ciel fuhr zusammen, als die Haustür zuschlug. Nervös wartete sie auf das metallische Peng seiner Schlüssel auf dem Beistelltisch und das Dröhnen der Stereoanlage. Seit Neuestem verkündete Eugene auf diese Weise, dass er wieder zu Hause war. Wie ein Schwimmer, der in einen kalten See steigt, ging Ciel ins Wohnzimmer.

»Du bist früh zu Hause, Eugene, hm?«

»Siehst du sonst noch wen hier sitzen?« Er redete, ohne sie anzusehen, und stand auf, um die Anlage lauter zu drehen.

Er will Streit anfangen, dachte sie, verwirrt und verletzt. Er weiß, dass Serena schläft, und jetzt soll ich sagen: Eugene, die Kleine schläft, bitte stell die Musik leiser. Dann wird er sagen: Man kann sich also noch nicht mal in seinem eigenen Haus entspannen, ohne dass an einem rumgenörgelt wird? Ich nörgel nicht an dir rum, aber du weckst die Kleine auf.

Was dann immer in folgender Aussage gipfelte: Ich bin dir doch scheißegal. Alle sind wichtiger als ich – das Kind, deine Freunde, alle. Ich bin dir doch nicht mehr wert als ein Haufen Scheiße, gibs doch zu!

Das alles ging Ciel durch den Kopf, als sie zusah, wie er von der Anlage wegging und sich wieder herausfordernd auf die Couch fallen ließ. Ohne ein Wort zu sagen, drehte sie sich um und ging ins Schlafzimmer. Sie schaute auf das friedliche Gesicht ihrer Tochter hinunter und streichelte ihr sanft die kleinen

Wangen. Das Herz ging ihr über, als ihr klar wurde, dies ist das Einzige, was ich je ohne Schmerzen geliebt habe. Sie zog sachte das Laken über die winzigen Schultern und schloss fest die Tür, um sie vor der Musik zu schützen. Dann ging sie in die Küche und fing an, den Reis für das Abendessen zu waschen.

Als er merkte, dass sie ihn allein gelassen hatte, stellte Eugene die Stereoanlage ab und kam hinüber und stand dann in der Küchentür.

»Ich bin heut meinen Job losgeworden«, schleuderte er ihr an den Kopf, als sei sie der Grund dafür gewesen.

Das Wasser im Reistopf trübte sich, und die Wucht des Strahls aus dem Wasserhahn ließ schaumige Blasen an die Oberfläche steigen. Sie platzten und versprühten winzige Stärkepartikelchen auf der schmutzigen Wasseroberfläche. Jede Blase, die platzte, schien die Lautstärke des hartnäckigen Geflüsters zu steigern, das sie in den letzten Monaten ignoriert hatte. Sie goss das schmutzige Wasser vom Reis ab, um das Flüstern zum Schweigen zu bringen und zu zerstören, und beobachtete dann mit hämischer Freude, wie es den Abfluss hinunter verschwand.

»Und was jetzt? Wie zum Teufel soll ich es ohne Geld schaffen, hm? Wo noch so ein Balg unterwegs ist, hm?«

Das zweite Wasser war etwas klarer, aber die stärkegesprenkelten Blasen waren immer noch da, und diesmal war es unmöglich, sich gegenüber ihrer Botschaft taub zu stellen. Sie hatte schon unzählige Male hier am Spülstein gestanden und Reis gewaschen, und sie wusste, dass das Wasser nie völlig klar werden würde. Sie konnte nicht ewig hier stehen bleiben – ihre Finger wurden langsam kalt, und das übrige Abendessen musste noch gerichtet werden, und bald würde Serena aufwachen. Schnell goss sie das Wasser ab und versuchte es noch einmal.

»Ich hab es so verdammt satt, es nie zu was zu bringen. Kinder und Rechnungen, für mehr bist du nicht gut.«

Die Blasen waren jetzt fast durchsichtig, doch wenn sie platzten, kräuselten sich noch immer Stärkespuren um ihre Finger. Sie wusste, es war nutzlos, es ein weiteres Mal zu versuchen. Geschlagen stellte Ciel den nassen Topf auf den Gasring, die Flammen sprangen leuchtend rot und orange auf und verwandelten die Wassertropfen außen am Topf in Dampf.

Sie wandte sich zu ihm, fügte sich in das Unvermeidliche. »Also gut, Eugene, und was soll ich jetzt tun?«

So leicht würde er sie nicht davonkommen lassen. »Heh, Schatz, pass mal auf, was du machst, ist mir wurscht. Nur grad jetzt kann ich das ewige Rumhacken auf mir nicht haben, verstehst du.«

»Ich such mir eine Arbeit. Mir macht das nichts aus, nur hab ich keinen, der Serena nimmt, und dass Mattie auf sie aufpasst, willst du ja nicht.«

»Mattie – auf keinen Fall. Das fette Weibsstück wird die Kleine gegen mich aufhetzen. Die hasst mich doch von Grund auf, das weißt du genau.«

»Nein, das tut sie nicht, Eugene.« Ciel erinnerte sich, dass sie Mattie das einmal entgegengeschleudert hatte. »Du hasst ihn, nicht wahr?«

»Nein, Honey«, und sie hatte Ciels Gesicht zwischen beide Hände genommen. »Vielleicht liebe ich dich zu sehr.«

»Scheißegal – jedenfalls passt die nicht auf mein Kind auf.«

»Also, sieh mal, wenn das Baby da ist, kann ich mir ja die Eileiter abbinden lassen – das macht mir gar nichts.« Sie schluckte heftig, um die Lüge unten zu halten.

»Und was zum Teufel geben wir ihm zu essen, wenn es da ist, hm – Luft? Mit zwei Kindern und dir auf dem Buckel werd ich es nie zu was bringen.« Er kam herüber und packte sie bei den Schultern und schrie ihr ins Gesicht. »Zu nichts, hörst du, zu gar nichts!«

»Es ist nicht weiter schlimm, Missis Turner.« Das Gesicht, das sich über sie beugte, war so kühl und aseptisch wie der Raum, in dem sie lag. »Bitte entspannen Sie sich. Ich gebe Ihnen jetzt eine örtliche Betäubung, und dann führe ich eine einfache Curettage, wie man das auch nennt, eine Ausschabung, durch, um die Gebärmutter auszuräumen. Dann ruhen Sie sich hier etwa eine Stunde lang aus und können gehen. Es wird noch nicht einmal besonders bluten.« Die Stimme leierte ihren einstudierten, mit steriler Freundlichkeit gewürzten Monolog herunter.

Ciel hörte nicht hin. Es war wichtig, dass sie sich völlig vor dieser Umgebung verschloss. All die Unternehmungen dieser letzten Woche ihres Lebens hatte sie zusammengerollt und in ihre rechte Gehirnhälfte gepresst, so als gehörten sie zu einer anderen Frau. Und wenn sie auch noch dieses Letzte durchgestanden hätte, würde sie das ebenfalls dort hineinpressen und ihr dann eines Tages alles überreichen – Ciel wollte nichts damit zu tun haben.

In den folgenden Tagen fiel es Ciel schwer, sich wieder in ihre eigene Welt einzuklinken. Alles schien eine neue Beschaffenheit und neue Farben angenommen zu haben. Wenn sie das Geschirr spülte, fühlten sich die Teller seltsam an, und sie war sich ihrer Glätte und der Hitze des Wassers deutlich bewusst. Wenn jemand etwas zu ihr sagte, dauerte es den verwirrenden Bruchteil einer Sekunde, bis die Worte in genügendem Maß zu ihr durchdrangen, um ihr eine Reaktion zu entlocken. Die Nachbarn verließen sie mit leicht verwundertem Stirnrunzeln, und Eugene konnte man »Launisches Weibsstück!« vor sich hin murmeln hören.

Sie nahm Serena schrecklich in Beschlag. Sie weigerte sich, sie alleine zu lassen, sie ließ sie noch nicht einmal bei Eugene. Das kleine Mädchen begleitete Ciel überallhin und tapste auf rundlichen, unsicheren Beinchen neben ihr her. Wenn jemand mit ihr spielen wollte, setzte Ciel sich ganz in die Nähe und beobachtete jede Bewegung. Sie ertappte sich dabei, dass sie, wenn das Kind schlief, mehrmals ins Schlafzimmer ging, um nachzuschauen, ob es noch atmete. Jedes Mal schalt sie sich für diese unvernünftige Dummheit, doch innerhalb der nächsten Minuten trieb sie irgendein eigenartiger Zwang wieder dazu.

Allmählich kündigte sich in Brewster Place das Frühjahr an. Die Arthritiskälte sickerte langsam aus den verwitterten grauen Backsteinen, und die Mieter, deren Fenster auf die Straße gingen, wurden von der Sechsuhrsonne geweckt. In 3 C dröhnte nicht länger die Musik, und mit der Friedlichkeit ihres Haushalts kam Ciel zu Kräften. Das muntere Lachen ihrer Tochter, das jetzt öfters zu hören war, brachte eine Art Erlösung.

»Ist sie nicht fabelhaft, Mattie? Weißt du, sie versucht schon ganze Sätze. Komm schon, Kleine, sag was für Tante Mattie.« Serena, völlig uninteressiert daran, den stolzen Behauptungen ihrer Mutter zu entsprechen, versuchte gerade, einen goldfarbenen Knopf von Matties Kleid abzureißen.

»Sie ist so süß. Sie weiß sogar, wie ihr Vater heißt. Sie sagt, mein Da Da ist Gene.«

»Bring ihr lieber deinen Namen bei«, erwiderte Mattie und spielte mit der Hand der Kleinen. »Den wird sie öfter benutzen.«

Ciel hatte schon den Mund geöffnet, um sie zu fragen, was sie damit meine, doch sie hielt sich zurück. Es hatte keinen Sinn, sich mit Mattie zu streiten. Du konntest ihre Worte so oder so auffassen. Dass du dich von ihnen getroffen fühltest, lag an dir selbst, nicht an ihr.

Eugene kam zur Haustür herein und hielt inne, als er Mattie sah. Er versuchte, ihre Gegenwart, so gut es ging, zu meiden. Sie war immer höflich zu ihm, doch auch hinter ihren harmlosesten Worten spürte er eine stumme Missbilligung. Er hatte ständig den Eindruck, er müsse sich vor ihr beweisen. Seine Minderwertigkeitsgefühle drückten sich oft in Grobheit aus.

Serena wand sich von Matties Schoß herunter und lief zu ihrem Vater und zog an seinem Bein, damit er sie hochnahm. Er beachtete das Kind nicht und unterbrach die Begrüßung der Frauen kühl, als er sagte: »Ciel, ich möchte mit dir reden.«

Mattie, die Ärger ahnte, stand auf, um zu gehen. »Soll ich Serena nicht für ein Weilchen mit nach unten nehmen, Ciel? Ich hab Eis für sie da.«

»Sie kann sehr gut hierbleiben«, mischte sich Eugene ein. »Wenn sie Eis braucht, kann ich ihr welches kaufen.«

Ciel, die sich beeilte, seine Schroffheit wieder gutzumachen, sagte: »Schon gut, Mattie, es ist schon fast Zeit für ihren Mittagsschlaf. Ich bring sie später – nach dem Abendessen.«

»Ist recht. Na, dann macht's gut.« Ihr Ton war herzlich. »Du auch, Eugene«, rief sie noch von der Wohnungstür her.

Das Klicken des Schlosses stellte sein inneres Gleichgewicht wieder her. »Warum zum Teufel ist sie immer hier oben?«

»Grad hast du doch die Gelegenheit gehabt – warum hast du sie nicht selbst gefragt? Wenn du nicht willst, dass sie hier ist, dann sag ihr doch, dass sie fortbleiben soll«, gab Ciel selbstsicher zurück; sie wusste, dass er das nie tun würde.

»Also pass mal auf, ich hab keine Zeit, mich mit dir über diese alte Hexe rumzustreiten. Ich hab Großes in der Mache, und du musst mir packen helfen.« Ohne auf Antwort zu warten, ging er eilig ins Schlafzimmer und zog seinen alten Lederkoffer unter dem Bett hervor.

Ein harter, eiskalter Knoten bildete sich tief in Ciels Bauch und fing schnell an zu schmelzen, verdünnte ihr das Blut in den Beinen, sodass sie sich fast weigerten, sie zu tragen. Sie zog Serena zurück, die Eugene folgen wollte, und setzte sie mitten auf den Wohnzimmerboden.

»Hier, Liebling, sei lieb und spiel mit deinen Bauklötzen – Mummy muss mit Daddy reden.« Sie stapelte einige Plastikklötze mit aufgedruckten Buchstaben vor dem Kind, und auf dem Weg aus dem Zimmer blickte sie sich schnell noch um und nahm die Glasaschenbecher vom Beistelltisch und stellte sie auf ein Regal über der Stereoanlage.

Dann, mit einem tiefen Atemzug, um ihr wie rasend klopfendes Herz zu beruhigen, setzte sie sich Richtung Schlafzimmer in Bewegung.

Serena liebte die lustigen bunten Würfel und saß manchmal eine gute halbe Stunde da, stapelte sie immer wieder auf und trat sie dann mit dem Fuß um. Das hohle Geräusch ihres Fallens faszinierte sie, und oft schlug sie zwei Klötze gegeneinander, um diesen wunderbaren Ton noch einmal zu erzeugen. Damit beschäftigt, saß sie zufrieden da, als eine langsame, dunkle Bewegung entlang der Fußleiste ihren Blick einfing.

Eine runde schwarze Küchenschabe kam hinter der Couch hervor und war unterwegs zur Küche. Serena warf einen der Bauklötze nach dem Insekt, und die Küchenschabe, die die Vibration der Wand über sich spürte, sauste um die Tür in die Küche. Serena hatte ein völlig neues Spiel zu ihrer Unterhaltung entdeckt und verfolgte jetzt das Insekt, in jeder Hand einen Bauklotz. Als sie sah, wie ihr neues bewegliches Spielzeug versuchte, sich unter das Linoleum beim Abfalleimer zu bohren, warf sie noch ein Klötzchen, und die verzweifelte Küchenschabe raste die Wand entlang und fand in der Wandsteckdose unter dem Küchentisch Sicherheit.

Wütend über den Verlust ihres Spielzeugs, schlug Serena mit dem Klötzchen gegen die Steckdose und versuchte, es dazu zu bewegen, wieder herauszukommen. Als das nichts nutzte, versuchte sie vergebens, den molligen Finger in den dünnen, waagrechten Schlitz zu stecken. Frustriert und des Spiels überdrüssig, setzte sie sich unter den Tisch und stellte fest, sie hatte einen ganz neuen Ort im Haus zum Spielen gefunden. Das glänzende Chrom der Tisch- und Stuhlbeine fesselte sie, und sie experimentierte mit dem Klang, der entstand, wenn das Klötzchen gegen ihre glatte Oberfläche schlug.

Dies hätte sie bis zu Ciels Rückkehr unterhalten, doch die Küchenschabe, die sich jetzt sicher glaubte, wagte sich aus der Steckdose hervor. Serena jauchzte begeistert auf und versuchte, ihre verloren gegangene Spielgefährtin einzufangen, doch diese war zu schnell und flitzte zurück in die Wand. Serena versuchte noch einmal, den Finger in den Schlitz zu stecken. Da fiel ihr Blick auf einen blitzenden, schmalen Gegenstand, der zu Boden gefallen und vergessen worden war. Serena hob die Gabel auf und schaffte es schließlich, die dünnen, abgeflachten Zinken in die Steckdose zu schieben.

Eugene mied Ciels Blick, während er packte. »Weißt du, Schatz, das ist wirklich *das* Geschäft, nachdem ich so lange arbeitslos gewesen bin.« Er ging um Ciel herum, die reglos dastand, und zog die Schublade auf, in der er seine T-Shirts und Socken aufbewahrte. »Ach, zum Teufel, Maine ist nicht weit. Wenn ich erst mal da in den Docks zu Potte gekommen bin, werd ich ganz oft nach Haus kommen können.«

»Warum kannst du uns nicht mitnehmen?« Sie folgte jeder seiner Bewegungen mit den Augen und sah, wie sie selbst unter dem wachsenden Kleiderhaufen in dem Koffer begraben wurde.

»Weil ich erst alles abchecken muss, bevor ich dich und die Kleine da hinschleife.«

»Auf mich musst du keine Rücksicht nehmen. Wir werden es schon schaffen. Ich hab gelernt, mit wenig auszukommen.«

»Nein, das geht jetzt einfach nicht. Ich muss erst selbst rausfinden, wo's langgeht.«

»Eugene, bitte.« Mit wachsendem Entsetzen hörte sie, wie sie leise bettelte.

»Nein, und dabei bleibt's!« Er warf seine Schuhe in den Koffer.

»Also gut, wie weit ist es? Wo, hast du gesagt, gehst du hin?« Sie ging zum Koffer hinüber.

»Ich hab dir doch gesagt – die Docks in Newport.«

»Das ist nicht Maine. Du hast gesagt, du gehst nach Maine.«

»Dann hab ich mich eben geirrt.«

»Wie hast du denn von dem Job gehört, wo der so weit weg ist? Wer hat dir den Job besorgt?«

»Ein Freund.«

»Wer?«

»Das geht dich einen Scheißdreck an!« Seine Augen funkelten zornig, wie die eines gefangenen Tieres. Er knallte den Deckel des Koffers zu und zerrte ihn vom Bett.

»Du lügst, stimmt's? Du hast gar keinen Job, hab ich recht? Hab ich recht?«

»Also pass mal auf, Ciel, jetzt glaub, was zum Teufel du glauben willst. Ich muss weg.« Er versuchte, sich an ihr vorbeizudrängen.

Sie packte den Koffergriff. »Nein, du kannst nicht gehen.«

»Warum nicht?«

Ihre Pupillen weiteten sich langsam. Sie begriff, dass sie, um das zu beantworten, diese Woche ihres Lebens auseinanderfalten musste, die sie sicher hinten im Kopf versteckt hatte, nachdem sie all diese schrecklichen Dinge für jene andere Frau getan hatte, die unbedingt abtreiben wollte. Sie, nur sie alleine würde jetzt die Verantwortung dafür übernehmen müssen. Er musste verstehen, was diese Schritte für sie bedeutet hatten, aber irgendwie hatte er ihr sogar noch mehr bedeutet. Verzweifelt suchte sie nach den richtigen Worten, doch heraus kam –

»Weil ich dich liebe.«

»Tja, das reicht nicht.«

Ciel hatte den Koffer losgelassen, bevor er ihn ihr entreißen konnte. Sie blickte Eugene an, und das Gift der Realität fing an, sich in ihrem Körper auszubreiten wie Wundbrand. Es entfernte seinen Geruch aus ihren Nüstern und kratzte den Schleier von ihren Augen, und er stand vor ihr, wie er wirklich war – ein großer, dünner schwarzer Mann, der den Mund arrogant und selbstsüchtig verzog. Und, dachte sie, jetzt fühle ich überhaupt nichts. Aber bald, sehr bald werde ich anfangen, dich zu hassen. Ich verspreche dir – ich werde dich hassen. Und ich werde mir nie verzeihen, dass ich damit nicht früher begonnen habe – früh genug, um mein Baby zu retten. Ach, lieber Gott, mein Baby.

Eugene dachte, die Tränen, die anfingen, ihre Augen zu überschwemmen, galten ihm. Aber sie erlaubte sich diesen einen letzten Luxus einer kurzen Trauer um den Verlust von etwas, das ihr verweigert wurde. Es beunruhigte sie, dass sie sich nicht sicher war, was dies genau war, oder wer von ihnen daran schuld war, dass es ihr genommen wurde. Dann verspürte Ciel das überwältigende Bedürfnis, jemandem nahe zu sein, der sie liebte. Ich hole Serena und wir besuchen jetzt Mattie, dachte sie benommen.

Da hörten sie den Schrei aus der Küche.

Die Kirche war klein und dunkel. Wie eine muffige Decke lastete die Luft auf ihnen. Ciel schaute geradeaus, blind für die Bänke, die sich hinter ihr füllten. Sie nahm weder den feuchten Druck von Matties massigem Arm wahr, noch hörte sie die Mutmaßungen über Eugenes Abwesenheit, die die Luft erfüllten. Das klagende »Jesus, erbarme dich«, hier und da von Schluchzen durchsetzt, drang nicht an ihr Ohr. Ihre trockenen Augen hingen an dem winzigen, perlgrauen Sarg, der rechts und links von übergroßen Arrangements aus roten Nelken und weißen Lilien flankiert war. Auch die schleppenden Akkorde, die sich der riesigen Orgel entrangen und sich mit der leiernden Stimme des schwarz gewandeten alten Mannes hinter dem Sarg vermischten, konnten nicht zu ihr durchdringen.

Ciels ganze Welt lag in den sieben Fuß zwischen ihr und dem schmalen Sarg ihres Kindes. Es war noch nicht einmal Platz für den tröstenden Gott, dessen wohlklingende Tugenden die Sphäre, in der sie sich befand, durchfluteten. Offensichtlich hatte Er sie verlassen oder verdammt, ob nun das eine oder das andere, es war nicht weiter von Bedeutung. Ciel wusste nur, dass ihre Gebete ungehört geblieben waren – an diesem Nachmittag, an dem sie ihre Tochter vom Küchenboden aufgehoben hatte, an jenen leeren Tagen im Krankenhaus, und jetzt. Und so blieb ihr nichts anderes übrig, als das zu tun, was Gott nicht zu tun geruht hatte.

Die Leute hatten es fälschlicherweise dem Schock zugeschrieben, dass sie nicht weinen wollte. Sie dachten, es sei eine besondere Art des Leidens, als sie aufhörte zu essen und sogar Wasser zu trinken, wenn man sie nicht dazu zwang; ihr Haar blieb ungekämmt und ihr Körper ungewaschen. Doch Ciel trauerte nicht um Serena. Sie war es schlicht müde, Schmerzen zu erdulden. Und sie war gezwungen, langsam das Leben aufzugeben, das Gott ihr zu nehmen abgelehnt hatte.

Nach der Beerdigung kamen die Wohlmeinenden, um sie zu trösten und ihren eselsohrigen Glauben in Form von Kokoskuchen, Kartoffelauflauf, gebratenem Hühnchen und Tränen anzubieten. Ciel saß im Bett, den Rücken gegen das Kopfbrett gelehnt; ihre langen dünnen Finger, unbeweglich wie Mitternachtsfrost auf einem vereisten Teich, lagen auf der Decke. Sie quittierte ihre Gefälligkeiten mit Kopfnicken und leichten Bewegungen der Lippen, aber keinem Laut. Es war, als wäre ihre Stimme zu müde, die Reise vom Zwerchfell durch den Kehlkopf in den Mund zu machen.

Die machtlosen Worte ihrer Besucher brachen sich an Ciels stählernem Leid. Keiner kam zu nahe. Sie standen um die Tür und die Frisierkommode oder saßen auf der äußersten Kante der beiden abgewetzten Stühle, die gepolstert werden mussten, doch unbewusst drückten sich alle nach hinten gegen die Wand, als sei Ciels Schmerz ansteckend.

Eine Nachbarin kam herein, betont selbstbewusst, und blieb mitten im Zimmer stehen. »Kind, ich weiß, wie du empfindest, aber tu dir das nicht an. Ich hab auch eins verloren. Der Herr wird …« Und sie rang nach Luft, denn die schiere Gewalt von Ciels Blick drückte ihr die Worte wieder in den Kehlkopf zurück. Ciel hatte die Augen jetzt weit geöffnet, um die Frau anzuschauen, aber es war, als hätten ungezügelte Flammen ihren leblosen Blick vertilgt. Hinter der stummen Bitte zu schweigen, sah die Frau das Wüten der Hölle in Ciels Augen. Und gerade als sie hingehen und die Hand der jungen Frau ergreifen wollte, hielt sie inne, als habe ein Muskelkrampf ihren Körper gepackt, und wich feige zurück. Angesichts solchen Leids waren Erinnerungen an alte, überkrustete Schmerzen kein Trost. Sie hatten den Effekt von Wassertropfen auf einem heißen Bügeleisen – sie tanzten und zischten, erfüllten das Zimmer mit ihrem stinkenden Dampf.

Mattie stand in der Tür, und ein unwillkürlicher Schauder durchfuhr sie, als sie Ciels Augen sah. Lieber Gott, dachte sie, sie stirbt, und das direkt unter unseren Augen.

»Barmherziger Vater, nein!«, schrie sie auf. Kein Gebet, kein gebeugtes Knie, kein Flehen in Sack und Asche lag in diesen Worten, sondern ein gotteslästerlicher Feuerball, der dahinschoss und gegen die Himmelstür donnerte und tobte, um sich Gehör zu verschaffen.

»Nein! Nein! Nein!« Wie eine schwarze Zebukuh, die verzweifelt ihr Junges zu schützen sucht, stürmte sie ins Zimmer und schob die Nachbarin und die anderen beiseite. Mit so heftig zusammengepressten Lippen näherte sie sich dem Bett, dass ihre Kiefer- und Nackenmuskeln zu schmerzen begannen.

Sie setzte sich auf die Bettkante und schloss ihre gewaltigen Ebenholzarme um den papierdünnen Körper. Und sie wiegte ihn hin und her. Ciels Körper war so heiß, dass er Mattie beim ersten Anfassen verbrannte, doch sie ließ nicht los, sondern hielt Ciel so nah an sich gepresst, dass sie spüren konnte, wie deren junge Brüste sich gegen die Knöpfe ihres Kleides drückten. Das schwarze Mammut packte so fest zu, dass der Druck, hätte sie ihn nur ein wenig gesteigert, dem Mädchen wohl das Rückgrat gebrochen hätte. Doch sie wiegte sie hin und her.

Und von irgendwoher, aus den tiefsten Tiefen ihres Seins, entfuhr Ciel ein Stöhnen, das erst so hoch war, dass es niemand der Anwesenden hören konnte, nur die Hunde im Hof fingen an, schrecklich zu heulen. Und Mattie wiegte sie hin und her. Und dann, quälend langsam, brach es durch die ausgedörrten Lippen in einer spaghettidünnen Luftsäule, die in dem erstarrten Zimmer kaum vernehmbar war.

Ciel ächzte. Mattie wiegte sie hin und her. Angetrieben von dem Geräusch, wiegte Mattie sie aus jenem Bett, aus jenem Zimmer, in eine Unendlichkeit, knapp unterhalb der Sonne und jenseits der Zeit. Sie wiegte sie über die Wasser der Ägäis, die so sauber waren, dass sie wie Kristall glänzten, so klar, dass das frische Blut geopferter Säuglinge, die man den Müttern aus den Armen gerissen und Neptun geopfert hatte, wie rosa Schaum auf dem Wasser zu erkennen war. Sie wiegte und wiegte sie, an Dachau vorbei, wo jüdische Mütter mit ausgebrannter Seele die Eingeweide ihrer Kinder vom Boden der Laboratorien wischten. Sie flogen über das verspritzte Hirn senegalesischer Babys, die ihre Mütter gegen die hölzernen Planken der Sklavenschiffe geschmettert hatten. Und sie wiegte und wiegte sie.

Sie wiegte sie in ihre Kindheit und ließ sie gemordete Träume sehen. Und sie wiegte sie zurück in den Mutterschoß, zu dem Nadir ihres Schmerzes, und sie fanden ihn – einen dünnen, silbernen Splitter, direkt unter der Haut. Und Mattie wiegte sie hin und her und zog daran – und der Splitter gab nach, doch seine Verwachsungen reichten tief, waren riesengroß, gezackt, und sie rissen Fleisch auf, das an Fett und Muskelfasern hing. Sie hinterließen ein riesiges Loch, das bereits anfing zu eitern, doch Mattie war zufrieden. Es würde heilen.

Die Galle, die sich in Ciels Magen gesammelt hatte, stieg langsam hoch und ließ sie, als sie in die Speiseröhre drang, würgen. Mattie drückte die Hand auf den Mund des Mädchens und brachte sie eilig aus dem jetzt leeren Zimmer zur Toilette. Ciel erbrach gelblich grünen Schleim, und Klumpen eines weißen Glibbers, die auf den Toilettensitz trafen und gegen die Kacheln spritzten. Nach einer Weile keuchte sie nur noch Luft hervor, doch anscheinend wollte der Körper nicht aufhören. Er war dabei, das Böse des Schmerzes auszutreiben. Mattie hielt die hohlen Hände unter den Wasserhahn und bedeutete Ciel, zu trinken und sich den Mund zu säubern.

Als das Wasser aus Ciels Mund lief, schmeckte es, als habe sie mit einer schwachen Säure gespült. Mattie ließ die Wanne mit heißem Wasser volllaufen und zog Ciel aus. Sie ließ das Nachthemd von den schmalen Schultern gleiten, über die erbärmlich dünnen Brüste und vorstehenden Hüftknochen. Sie half ihr langsam in das Wasser, und es war, als falle ein trockenes braunes Herbstblatt auf den Wasserspiegel einer Pfütze.

Und langsam badete sie sie. Sie nahm die Seife und wusch Ciels Haar und ihren Nacken. Sie hob ihre Arme hoch und säuberte die Achselhöhlen, wobei sie das daunige, braune Haar dort gut einseifte. Sie ließ die Seife zwischen die Brüste des Mädchens gleiten und wusch eine nach der anderen, indem sie sie mit den

Händen umschloss. Sie nahm sich jedes Bein vor und säuberte auch ihre Zehennägel. Sie ließ Ciel aufstehen und sich in der Wanne hinknien und säuberte die Spalte ihres Pos, seifte das Schamhaar ein und wusch behutsam die Schamlippen – langsam, ehrfürchtig, als hätte sie ein Neugeborenes in Händen.

Sie hob sie aus der Badewanne und trocknete sie genau so ab, wie sie sie gebadet hatte – als würde zu starkes Frottieren das Hautgewebe verletzen. All das war geschehen, ohne dass eine der beiden Frauen auch nur ein Wort sprach. Ciel stand da, nackt, und spürte, wie die kühle Luft ihre saubere Haut umspielte. Sie hatte ein Gefühl, als ränne ihr frische Pfefferminze durch die Poren. Sie schloss die Augen, und das Feuer war erloschen. Die Tränen verkochten nicht länger in ihr und versengten die inneren Organe mit ihrem Dampf. Und Ciel fing an zu weinen – dort, ganz nackt, mitten auf dem Fußboden des Badezimmers.

Mattie ließ das Badewasser ab und spülte die Wanne aus. Sie führte die immer noch nackte Ciel zu einem Stuhl im Schlafzimmer. Die Tränen flossen in Strömen, sodass Ciel nichts sehen konnte, und sie erlaubte es sich, sich führen zu lassen, als wäre sie blind. Sie setzte sich auf den Stuhl und weinte – erhobenen Hauptes. Die Tränen liefen ihr übers Kinn, die Brust, den Bauch und in das dunkle Schamhaar. Mattie beachtete Ciel nicht; sie zog die zerwühlte Bettwäsche ab und machte das Bett, spannte glatte und frische Laken darüber. Sie klopfte die Kissen auf und steckte sie in weiße Bezüge.

Und Ciel saß da. Und weinte. Die Tränen liefen ihr jetzt über die gespreizten Schenkel und machten den Stuhl feucht. Doch sie waren kalt und gut. Der erste Tränenstrom war vorüber. Ciels schmächtige Schultern fingen an zu zittern, und Krämpfe durchliefen ihren Körper, als neue Tränen kamen – diesmal heiß und beißend. Und sie schluchzte jetzt, das erste Geräusch, das sie nach dem Ächzen von sich gab.

Mattie nahm den Zipfel des Lakens, das sie abgezogen hatte, und wischte den Schleim ab, der Ciel aus der Nase gelaufen war. Dann führte sie ihren benetzten, glitzernden Körper zum Bett. Ciel war jetzt getauft. Mattie legte ein Handtuch über das Kissen und deckte sie mit einem Laken zu – für eine Weile würde das helfen.

Und Ciel lag da und weinte. Doch Mattie wusste, die Tränen würden versiegen. Und sie würde schlafen. Und es würde Morgen werden.

Cora Lee

Stimmt. Ich sprech von Träumen,
Den Kindern unbeschäftigter Gehirne,
Erzeugt aus Blasen eitler Fantasie

Ihre neue Babypuppe. Sie legten dem kleinen Mädchen das Bündel aus weichem Plastik und rosa Flanell in den Schoß, und sie wandte ihnen in scheuer Dankbarkeit die mondförmigen Augen zu. Die Puppe war so makellos und so klein. Sie ließ die Fingerspitzen über die glatte, braune Stirn und hinunter in die untere Wölbung der Stupsnase gleiten. Sie hob sanft die Arme und Beine mit ihren Grübchen an und schob sie dann ehrfürchtig wieder zurück. Sie küsste langsam den starren, gemalten Mund, atmete den neuen Geruch der Puppe ein und streichelte dabei das seidige lockige Haar und die vollen Wangen. Sie schloss die Arme um den reglosen Körper und drückte ihn fest, mit geschlossenen Augen atemlos darauf wartend, dass die ersten zitternden Vibrationen eines knarzigen »Mum« ihre Brust durchströmten. Ihre Eltern begleiteten dieses jährlich wiederkehrende Ritual mit kräftigem, dröhnendem Lachen, tätschelten dem Kind den Kopf und wandten sich dann wieder anderen Dingen des Weihnachtsfestes zu.

Cora Lee war ein leicht zufriedenzustellendes Kind. Jedes Jahr wünschte sie sich nur dieses eine Geschenk, und obgleich die Eltern sie im Lauf der Jahre mit Bauklötzen, Büchern, Spielen und sogar Fahrrädern ausstatteten, Dinge, die ein heranwachsendes

Kind ihrer Meinung nach haben musste, verbrachte sie ihre ganze Zeit mit den Puppen – und es mussten Babypuppen sein. Das hatte sie ihnen in diesem Jahr mit stiller Rebellion klargemacht. Die Eltern hatten beschlossen, sie sei jetzt alt genug für eine Teenager-Barbiepuppe; sie hatten ihr sogar ein paar teure ausländische Püppchen mit Porzellangesichtern und Mantillas, Saris und Kimonos aus echter Seide und Spitze gekauft. Aber eine Woche später fanden sie die Puppen mit eingeschlagenen Köpfen und aus den Gelenken gedrehten Gliedmaßen unter Cora Lees Bett.

An diesem Punkt hatte ihr Vater angefangen, sich Sorgen zu machen. Unsinn, hatte ihre Mutter geantwortet. Sagte er denn nicht immer, sie sei nicht so wie die anderen Kinder? Nun, alle Kinder gingen unachtsam mit ihren Spielsachen um, und so etwas bewies nur, dass sie doch genauso war wie alle anderen. Doch die Frau starrte ins Zimmer und betastete nachdenklich die Porzellanscherben, während die zu einer perfekten Reihe formierte Sammlung gewickelter und mit Fläschchen versorgter Puppen ihrer Tochter mit ihrem reglosen Lächeln zurückstarrte.

Irgendwann gaben die Eltern angesichts Cora Lees stiller Ablehnung zögernd nach und trösteten ihre angeknackste Autorität damit, dass sie der Tochter immer billigere Babypuppen kauften. Doch das Lachen über Coras weihnachtliches Plastik-und-Flanell-Ritual wurde immer gezwungener, beunruhigter, denn ihr Körper fing schon an, sich zu runden. Der Vater wandte sich schnell ab und beschäftigte sich mit den anderen Kindern, wenn die Mutter wie immer die Puppe unter dem Baum hervorholte und sie Cora Lee überreichte. Aber selbst beim flüchtigen Anblick ihrer unendlichen Dankbarkeit für das Geschenk aus totem Plastik hatte er einen zähen Kloß im Hals.

An ihrem dreizehnten Weihnachtsfest wurde er energisch. Es würde keine Puppen mehr geben – egal welche. Soll sie doch wie andere Kinder ihres Alters spielen. Aber sie spielt doch wie die anderen Kinder, wandte ihre Mutter ein. Insgeheim hatte sie ihre Tochter über die Jahre auf irgendwelche Defekte hin beobachtet, nach irgendeinem kaum sichtbaren Anzeichen bei ihren Schularbeiten oder sonstigen Aktivitäten gesucht, die das seltsame Weihnachtsritual hätten erklären können, doch sie fand keine. Cora Lee war nicht so schlau wie ihr Bruder, doch ihre Noten waren sehr viel besser als die ihrer Schwester, und sie war zweifellos ihr gehorsamstes Kind. Wollte er ihr nun das eine, das sie glücklich machte, vorenthalten? Er wandte sich stumm ab von dem Ärger, den seine scheinbare Unvernunft auf dem Gesicht seiner Frau hervorgerufen hatte, denn für den Schauder, der ihn durchfuhr, immer wenn er an das tote braune Plastik an den gut entwickelten Brüsten seiner Tochter dachte, gab es keine Worte.

In seinem Schuldgefühl und seiner Verwirrung gab er dieses Mal zu Weihnachten mehr Geld für sie aus als für alle anderen Kinder, doch ihr stummer Vorwurf, als sie lustlos die neuen Pullover, den Fotoapparat und das Kofferradio in die Hand nahm, war unübersehbar.

»Jetzt mach dir nichts draus, Kleines«, flüsterte die Mutter ihr ins Ohr, »du hast doch so viele Puppen in deinem Zimmer.«

»Aber sie riechen nicht so und fühlen sich auch nicht so an wie die neuen.« Und die Frau war bestürzt angesichts des Abgrunds an Unglück und Verlust, den sie in dem dunklen braunen Gesicht des Mädchens sah. Sie schob das Bild schnell von sich und weigerte sich immer noch zu glauben, dass es irgendeinen Grund zur Besorgnis gebe. Und erst viele Monate später sollte sie sich dieses Bild wieder in Erinnerung rufen. Sie erinnerte sich daran, als ihre jüngere Tochter ihr eines Nachmittags erzählte, Cora Lee hätte schmutzige Dinge mit dem Murphyjungen unter der Kellertreppe getrieben. Sie rief ihre ältere Tochter, und die erzählte ihr mit einer quälenden Unschuld, es sei nichts Schmutziges, er habe ihr nur versprochen, ihr das Ding zu zeigen, das sich im Dunkeln gut anfühlt – und es hat sich gut angefühlt, Mutter.

Dann gab sie traurig und geduldig eine längst überfällige Erklärung ab, dass Cora Lee sich nicht von dem Murphyjungen oder irgendeinem anderen Jungen das Ding zeigen lassen dürfe, das sich im Dunkeln gut anfühlt, denn ihr Körper könne jetzt Babys machen, und sie sei noch nicht alt genug, um Mutter zu sein. Ob sie das verstehe? Und als sie sah, wie die verschiedenen Geheimnisse des Lebens sich im Kopf ihrer Tochter miteinander verbanden, und sie mit einem Stoßseufzer voll staunender Erkenntnis ausrief: »Ein wirkliches Baby, Mutter?« – da zuckte das Bild von jenem Weihnachten durch ihren Kopf wie ein Hackmesser. Und in diesem Augenblick fing sie an, sich Sorgen zu machen.

»Cora, Cora Lee!« Schrill schallte die Stimme den Luftschacht hoch. »Ich hab dir schon mal gesagt, du sollst den gottverdammten Kindern sagen, sie sollen aufhören, den ganzen gottverdammten Tag über meinem gottverdammten Kopf rumzutrampeln! Gleich hol ich die Polizei – hast du das gehört? Die gottverdammte Polizei!« Und das Fenster schloss sich mit einem Knall.

Cora Lee seufzte, wandte den Kopf von der Soap Opera im Fernsehen ab und schaute sich in dem schmuddeligen Wohnzimmer um, wo heulende und umhersausende Wesen sich gegenseitig schmuddelige Schulbücher an den Kopf warfen, von kaputten Möbeln sprangen und an den durchhängenden Cordsamtvorhängen schaukelten.

»Wollt ihr jetzt wohl damit aufhören!«, rief sie träge. »Miss Sophie kriegt gleich Migräne, hat sie gesagt, und sie hat gesagt, sie ruft die Bullen.« Keiner hörte auf sie, und sie drehte sich mit einem Seufzer wieder dem Fernseher zu und streichelte geistesabwesend das Baby auf ihrem Schoß. Was wollten diese Leute in Brewster Place überhaupt von ihr? Immer beschwerten sie sich. Wenn sie die Kinder nach draußen ließ, machten sie zu viel Krach auf den Fluren. Wenn sie auf der Straße spielten, passte sie nicht genügend auf sie auf. Wie sollte sie das alles schaffen – an hundert Orten gleichzeitig sein? Es reichte schon zu versuchen, die Wohnung in Schuss zu halten. Konnte sie denn wissen, dass der kleine Brucie die Mauer am Ende des Blocks hochklettern, herunterfallen und sich den Arm brechen würde? Wie die sich angestellt hatten, man hätte meinen können, sie hätte ihn eigenhändig runtergeschubst.

Bruce, der eine seiner Schwestern verfolgte und versuchte, ihr mit seinem schmutzigen, sich auflösenden Gipsverband auf den Kopf zu schlagen, rannte vor den Fernsehapparat.

»Schluss jetzt, du machst mir das Bild unscharf!«, sagte sie gereizt. Jetzt meinten die Ärzte doch, sein Arm würde nicht richtig zusammenwachsen, und sie musste ihn wieder hinbringen, um ihn neu richten zu lassen. Immer war irgendwas – sie durfte nicht vergessen, auf dem Klinikzettel nachzuschauen, wann er seinen nächsten Termin hatte. Dienstag den Soundsovielten, erinnerte sie sich vage. Hoffentlich war es nicht der vergangene Dienstag gewesen, dann müsste sie ewig auf einen neuen Termin warten.

»Ich weiß nicht weiter.« Sie seufzte laut, nahm das Baby auf den Arm und stand auf, um das Bild wieder richtig einzustellen und umzuschalten. Sie hasste es, wenn ihre beiden Lieblingsserien zur gleichen Zeit liefen; es war so mühsam, ständig zwischen Steves Mordprozess und Jessicas heimlicher Abtreibung hin und her zu schalten.

Ein Gummiball kam durchs Zimmer geflogen und prallte gegen die Schläfe des Babys. Es heulte los, und Cora Lee blickte sich wütend im Zimmer nach dem Missetäter um.

»Jetzt reichts!«, schrie sie gellend und stürmte im Zimmer umher und schlug aufs Geratewohl nach allen, die sich nicht schnell genug vor ihren schwingenden Fäusten duckten. »Jetzt schert euch bloß raus – ich hab die Schnauze voll von euch! Moment! Müsst ihr keine Hausaufgaben machen?« Nur wenn sie mit ihrer Geduld am Ende war, drohte sie ihnen mit den Hausaufgaben. Argwöhnisch hörte sie ein »Nein« des vielstimmigen Chors, konnte sich aber nicht aufraffen, den durcheinandergeworfenen Haufen zerrissener Hefte durchzusehen, die auf dem Boden lagen.

»Sehr merkwürdig«, murmelte sie finster. »Niemand muss je irgendwelche Hausaufgaben machen. Als ich zur Schule ging, mussten wir immer Hausaufgaben machen.« Doch schon waren sie zur Tür gestürzt, denn sie wussten, dass sie ihre letzte Waffe gegen sie verbraucht hatte. »Und wir sind nicht sitzen geblieben wie ihr kleinen blöden Esel!«, brüllte sie ihnen hinterher, nachdem die Tür zugeknallt war. Es hatte sie überrascht, als Maybelline sitzen geblieben war. Ihre älteste Tochter war immer gern zur Schule gegangen, und es hatten nie irgendwelche Benachrichtigungen, dass sie Schule schwänzte, im Briefkasten gesteckt, wie das bei den anderen der Fall war. Nehmen Sie sie mit in die Bücherei, hatten die Lehrer gesagt, ermuntern Sie sie zum Lesen. Doch die Jüngeren hatten ihr die ausgeliehenen Bücher zerrissen und bekritzelt, und das musste man dann bezahlen. Sie konnte es sich nicht leisten, ständig Bücher zu bezahlen. Und wie sollte sie denn alle dauernd fest im Griff haben? Sie unterstrich den Gedanken, indem sie ein Bündel fallen gelassener Kleider aufhob und auf einen wackeligen Stuhl warf. Und jetzt kamen diese Benachrichtigungen auch für Maybelline.

»Ich weiß einfach nicht weiter«, murmelte sie noch einmal und setzte sich wieder vor den Fernseher. Sanft untersuchte sie die Schläfe des Babys, um festzustellen, ob der Ball einen roten Fleck hinterlassen hatte, und küsste die winzige Prellung. Warum konnten sie nicht einfach so bleiben? Wie hatte sie sie geliebt, als sie so waren. Sie nahm die Hand des Babys in den Mund, lutschte an den kleinen Fingern und beobachtete, wie es freudig gluckste und versuchte, nach ihrer Nase zu greifen. Sie stupste mit dem Daumen in die Grübchenwange und hob das Kind an die Brust, damit sie sein fein gelocktes Haar streicheln und das süße Gemisch von Öl und Talkumpuder einatmen konnte, das in seinen Halsfalten lag. Ach, wenn sie doch so bleiben würden, wenn sie sie noch mit ihrem eigenen Körper nähren und man den ganzen Tag herumsitzen könnte, es keine Fürsorge gäbe, keine Schlange für Lebensmittelmarken, wo man anstehen musste, wenn es keine Nachbarn oder Lehrer oder Sozialarbeiter gäbe, vor denen man verantworten musste, was sie angestellt hatten. Sie blieben, wo du sie hinlegtest, und sie waren so leicht sauber zu halten.

Stunden hatte sie darauf verwandt, die winzigen Kleidungsstücke, Decken und Laken zu waschen, zu bügeln und zusammenzulegen. Die linke Ecke ihres Schlafzimmers, in der das weiße Holzbettchen und die Wickelkommode standen, wurde gewissenhaft abgestaubt und gewischt. Wenn sie sich auf Hände und Knie niederließ, um die Schnitzereien unten an dem Bettchen zu schrubben, leuchtete in ihrer Erinnerung wieder grell das schwarz-rote Plakat in der Klinik auf – *Bazillen sind der Feind deines Kindes* –, und sie war ständig auf der Hut vor ihnen in dieser linken Ecke. Nein, wenn ihre Babys schliefen, sorgte sie dafür, dass keins dieser Dinger, die da auf dem Poster in der Klinik abgebildet waren, sie belästigten. Auf diesen braunen Leibern, die zweimal täglich gebadet und eingeölt wurden, gab es kein Versteck für sie, und auch nicht in den Falten der pastellfarbenen Flanell- und Baumwollstoffe, die sie höchstpersönlich auskochte und durchwalkte, und auch nicht zwischen den Borsten der Haarbürsten, die jede Woche durchs heiße Wasser gezogen und jeden Monat erneuert wurden. Sie konnte den Gedanken nicht ertragen, dass diese grässlichen Dinger in die weichen, duftenden Locken krochen, in die sie gerade ihre Nase vergrub.

Sie fragte sich, wie diese feinen, seidigen Strähnen, die bei dem leichtesten Atemzug schon in Bewegung gerieten und beim Einatmen in den Nasenlöchern kitzelten, sich doch so verändern konnten. In ein paar Jahren würden sie hart und filzig und struppig werden. Dann würde sie es hassen, sie anzufassen, denn das Kind würde weinen, wenn sie den Kamm durch das verfilzte Haar zwingen würde. Und sie würde sie unter dem Bett hervor- und aus den Schränken herauszerren und ihnen ständig eins auf den Kopf geben müssen, damit sie still sitzen blieben, während sie ihnen die Haare kämmte. Und wenn sie das nicht tat, wären bald Nachbarn und Lehrer und eine bunte Mischung Verwandter zur Stelle, um das strähnige, verknotete Haar der Babys zu beanstanden, die ihrem Schoß entwachsen waren, oftmals gelangweilt vor sich hin stierten und dreckig von der Straße nach Hause kamen; der grobe Cord, Kaki- und Jeansstoff ihrer Kleider zerfetzte schneller, als sie ihn flicken konnte, die Münder hatten faule Zähne, Arme und Beine Schrammen, und es gab zerrissene Schulbücher und diese verdammten Benachrichtigungen aus der Schule, die in ihrem Briefkasten steckten – dumm, schlicht und ergreifend dumm.

»Wirst du auch so ein dummes Ding werden?«, fragte sie das Baby zärtlich. »Nein, nicht Mummys Kleines. Du wirst nicht so wie die.«

Es gab nicht den geringsten Grund dafür, dass sie so waren, wie sie waren – so schwierig. Sie hatte bis zur elften Klasse, da bekam sie ihr erstes Baby, die Schule besucht. Und damals musste man die Highschool verlassen, wenn man schwanger war ... Sie hatte vorgehabt, zur Schule zurückzukehren, doch irgendwie bekam sie immer wieder Babys – immer willkommen, bis sie sich veränderten und sie sie einfach nicht mehr verstand.

Ich versteh dich nicht, Cora Lee, ich versteh dich einfach nicht. Jahr für Jahr all diese Kinder von Gott weiß wem zu bekommen. Nur Sammy und Maybelline haben denselben Vater. Kind, was ist bloß mit dir los? Schwester, was ist bloß mit dir los? Fall Nummer 6348, was ist bloß mit Ihnen los?

Was war nur mit ihnen los? Wenn sie sich besser benehmen würden, würden die Leute auch nicht ständig auf ihr rumhacken. Vielleicht wäre der Vater von Sammy und Maybelline dann länger bei ihr geblieben. Sie hatte ihn wirklich gerngehabt. Seine goldüberkronten Zähne und sein Glasauge hatten sie fasziniert, und fast hatte sie gelernt, mit seinem merkwürdigen Verhalten zurechtzukommen. Ein angebrannter Topf Reis ergab einen gebrochenen Kiefer, ein nasser Badezimmerboden einen lockeren Zahn, aber eigentlich waren die Kinder daran schuld gewesen, denn die hielten sie ständig so auf Trab, dass sie das Haus nicht in Schuss halten konnte. Aber die Narbe unter dem linken Auge, weil ein Baby geweint hatte, war immer noch zu sehen, und du konntest doch ein Baby nicht daran hindern, zu weinen. Babys weinten einfach manchmal, und so musste der Vater von Sammy und Maybelline gehen. Und dann war da Brucies Vater, der versprochen hatte, sie zu heiraten und damit unabhängig zu machen von der Sozialhilfe; dann aber ging er einen Liter Milch holen und kam nie zurück. Und dann gab's nur noch die Schatten, die in der Nacht kamen und ihr das Ding zeigten, das sich im Dunkeln gut anfühlte, und fortgingen, bevor die Kinder aufwachten, was so viel besser war – und es gab kein Warten mehr auf einen Liter Milch, der nie kam, und keine blau geschlagenen Augen mehr, weil ein Baby weinte. Das Ding, das sich im Dunkeln gut anfühlte, machte manchmal neue Babys, und das war alles, was sie noch interessierte, denn die Schatten erzählten ihr oft Lügen über ihren Nachnamen oder ihren Job oder die nicht vorhandene Ehefrau. Und da hörte sie schon lange nicht mehr hin.

Als es klopfte, drehte sie den Kopf zur Tür und seufzte. Was war denn jetzt schon wieder? Die Kinder konnten es nicht sein, wenn die erst mal draußen waren, musste sie runtergehen und sie einzeln von der Straße holen, es sei denn, es wurde ihnen zu kalt oder sie bekamen Hunger. Hatte diese übellaunige Alte tatsächlich die Bullen geholt? Sie öffnete die Tür, und eine groß gewachsene, hübsche junge Frau mit Perlen im Haar stand ihr gegenüber; sie hielt einen strampelnden und zeternden Sam am Kragen und einen Stapel Papiere unter dem Arm. Die anderen Kinder drückten sich im Flur und auf der Treppe herum, um das Martyrium ihres Bruders mit anzuschauen.

»Mum, ich hab überhaupt nichts gemacht. Sag das dieser Scheißfresse; ich hab überhaupt nichts gemacht.«

»Wie redest du nur.« Sie packte ihn und schleuderte ihn in die Wohnung. »Tut mir leid, Miss. Hat er Ihnen was gestohlen? Ständig klaut er was, und ich hab ihn deswegen schon verdroschen, aber er hört einfach nicht auf damit. Ich hab diesem dummen Esel schon gesagt, dass die Lehrer gedroht haben, ihn in die Schule für Schwererziehbare zu stecken.« Sie wandte sich ihrem Sohn zu. »Hast du gehört – die Schule für *Schwererziehbare,* du kleiner …«

»Nein, nein, Moment, Sie haben mich völlig missverstanden – darum geht es nicht.« Das Mädchen verlagerte verlegen die Papiere, die unter ihrem Arm klemmten. »Er war unten und hat Abfall aus einer Mülltonne gegessen, und da hab ich gedacht, ich sag Ihnen das besser, weil – vielleicht hat er ja Hunger …«

»Ach so.« Cora Lee schien erleichtert zu sein, »ich weiß, dass er das tut.« Sie sah, wie sich die Augen des Mädchens ungläubig weiteten. »Er sucht Süßigkeiten. Der Zahnarzt in der Klinik hat gesagt, alle seine Zähne sind faul, und dass ich ihm bloß nichts

Süßes geben soll, also sucht er die Mülltonnen danach ab. Ich hab versucht, ihn dran zu hindern, aber du kannst nun mal nicht überall gleichzeitig sein. Ich glaube, er hört schon von selbst auf, wenn ihm von dieser ekligen Angewohnheit mal so richtig schlecht wird.«

Das Mädchen starrte sie immer noch an. Cora fuhr fort: »Glauben Sie mir, meine Kinder bekommen genug zu essen. Ich hab noch zwei volle Heftchen mit Lebensmittelmarken rumliegen. Warum ich mir überhaupt die Mühe mache und koche, weiß ich nicht; immer stochern sie nur in ihrem Essen herum – ständig essen sie diese verdammten Süßigkeiten. Aber mit Sammy ging das nicht mehr so weiter, weil die Ärzte gesagt haben, er hat Zahnfleischentzündung, und ich wollte nicht, dass das Baby das auch kriegt.« Warum schaute dieses Mädchen sie so seltsam an? Wahrscheinlich dachte sie, sie lügt. Sie würde Sammy wirklich eine Tracht Prügel verabreichen, sie in eine derart peinliche Lage zu bringen. »Ich wollte gerade das Abendessen kochen, als Sie an die Tür kamen«, log sie. Tatsächlich wollte sie sich noch zwei Serienfolgen ansehen, bevor sie sich zwingen wollte, sich mit der fettigen Spüle voller Geschirr und Töpfen von gestern zu befassen, die vor dem Abendessenmachen noch weggeräumt werden mussten. »Okay, Kinder«, rief sie über die Schultern des Mädchens, »kommt alle rein, es ist fast Zeit zum Abendessen.«

Ein Geheul des Protests und ungläubigen Staunens erhob sich auf ihre Worte hin, und sie eilte dem sich entfernenden Getrappel hinterher auf den Flur. »Ich hab gesagt, ihr sollt eure Ärsche hier reinbewegen!«, schrie sie. »Sonst wird es euch noch verdammt leidtun!« Der ungewohnte Nachdruck in ihrer Stimme brachte sie dazu, widerwillig zu gehorchen. Mit einer Reihe von »Ts, ts, ts« und »So früh essen wir doch nie«, was der jungen Frau nicht entging, schlurften sie an ihr vorbei in die Wohnung.

Cora lächelte das Mädchen triumphierend an und stieß einen tiefen Seufzer aus. »Verstehen Sie jetzt, was ich meine – sie sind schrecklich. Ich weiß mir einfach keinen Rat mehr.«

»Ja«, das Mädchen blickte verlegen auf ihre Papiere, »es muss schwer sein mit so vielen. Tut mir leid, dass ich Sie so kennengelernt habe, aber ich wäre sowieso vorbeigekommen.« Sie schaute auf und ging über zu einem geübten Monolog. »Ich bin Kiswana Browne und wohne oben im sechsten Stock. Ich versuche, hier im Block eine Mieterinitiative zu organisieren. Sie wissen doch, all diese Häuser hier gehören einem Mann, und wenn wir wirklich an einem Strang ziehen, können wir ihn unter Druck setzen, dass er mal anfängt, hier was in Ordnung bringen zu lassen. Wenn die Mieterinitiative erst mal läuft, können wir sogar einen Mietstreik organisieren und die Reparaturen selbst ausführen. Würden Sie bitte auf dieser Liste ankreuzen, was alles in Ihrer Wohnung nicht in Ordnung ist, ich sammle dann die Formulare ein und reiche sie an den Mieterschutzbund weiter.«

Cora Lee lauschte Kiswanas melodischer, wohlakzentuierter Sprechweise, betrachtete die Markenjeans und die gestreifte Seidenbluse und war überrascht, dass sie gesagt hatte, sie wohne in diesem Haus. Was machte sie bloß in einer Straße wie Brewster? Sehr lange konnte sie hier noch nicht wohnen, denn sonst würde sie wissen, dass du daran, wie die Dinge nun mal waren, nichts ändern konntest. Diesem weißen Mann war es doch völlig egal, was ein Haufen Schwarzer zu sagen hatte, und diese Leute würden sowieso nicht zusammenhalten. Sie waren viel zu sehr damit beschäftigt, herumzurennen und sich zu beschweren und zu versuchen, ihr Ärger zu machen statt dem Vermieter. Es ist eine Schande, dass sie so ihre Zeit vertut, denn sie scheint ein nettes Mädchen zu sein.

»In der Wohnung hier ist jede Menge nicht in Ordnung, aber das führt doch zu nichts.«

»Das wird es doch, wenn wir genügend Leute dazu bringen, diese Formulare zu unterschreiben. Vier von den Häusern habe ich schon abgeklappert, und die Resonanz ist wirklich toll. Unser erstes Treffen ist am Samstagnachmittag.«

»Also, ich weiß nicht.« Cora seufzte und schaute sich in ihrer Wohnung um. Kiswana folgte offen ihrem Blick, und Cora Lee reagierte auf das, was sie in dem Gesicht des Mädchens wahrnahm.

»Wissen Sie, bei diesen Kindern, die ständig hier rumrennen, bleibt einfach nichts hübsch. Meine Schwester hat mir diese Couchgarnitur erst vor sechs Monaten geschenkt, und sie war praktisch neu.«

»Ja, ich weiß, was Sie meinen«, sagte Kiswana ein wenig zu schnell, während ihr Blick über den Abfall glitt, der aus dem Mülleimer in der Küche quoll.

»Sie haben also Kinder?«

»Nein, aber mein Bruder hat zwei, und er sagt, dass sie einem machmal ganz schön zu schaffen machen.«

»Nun, ich hab noch ein paar mehr, da können Sie sich wohl vorstellen, was ich durchzumachen habe.«

Kiswana fuhr zusammen, als plötzlich ein lautes Krachen und ein Schrei aus der Zimmerecke zu hören waren. Cora Lee drehte sich gelassen um und rief, ohne sich von der Stelle zu rühren, dem von der heruntergefallenen Vorhangstange getroffenen und in Vorhänge verhedderten Kind zu: »Bist du nun glücklich, Dorian? Hm? Ich hab dir tausendmal gesagt, du sollst aufhören, an den Vorhängen rumzuschaukeln, das geschieht dir nur recht!«

Kiswana drängte sich an ihr vorbei und ging zu dem schreienden Kind hinüber. »Vielleicht hat er sich am Kopf verletzt.«

»Nee, der fällt ständig von was runter. Er hat einen Kopf wie ein Stein.« Cora folgte ihr, um die Vorhänge zu überprüfen und nachzuschauen, ob sie zerrissen waren. »Er ist ganz der

Vater – diese Leute aus der Karibik haben alle harte Schädel.« Nun, zumindest glaube ich, dass er aus der Karibik stammte, dachte sie, irgend so einen Akzent hatte er jedenfalls. »Diese Vorhangstange ist völlig hin.« Sie blickte wütend auf das Kind hinunter, das Kiswana im Arm hatte. »Und ich hab kein Geld mehr, um eine neue zu kaufen, also können die Vorhänge auch gleich unten bleiben, mir ist das egal.«

Dorian hatte aufgehört zu weinen und betastete die bunten Perlen, die in Kiswanas Zöpfe geflochten waren.

»Lass die Finger von ihrem Haar, steh auf und geh ins andere Zimmer.«

Kiswana sah beunruhigt zu Cora Lee hoch. »Da an der Schläfe bekommt er eine dicke Beule; vielleicht sollten wir ihn …«

»Die geht wieder weg«, sagte Cora und ging zur Couch und nahm das Baby hoch. Kiswana hatte Dorian immer noch im Arm und gab sich keine Mühe, ihre Missbilligung zu verbergen.

»Schauen Sie«, sagte Cora Lee, »wenn ich jedes Mal ins Krankenhaus rennen würde, wenn eines dieser Kinder sich den Kopf stößt oder das Knie aufschlägt, würd ich den Rest meines Lebens in der Unfallstation zubringen. Sie kennen sie nicht – sie sind wild und unmöglich, da ist nun mal nichts dran zu ändern!« Sie wiegte das Baby energisch hin und her, als könnten die Bewegungen ihres Körpers eine Mauer vor dem stummen Tadel des Mädchens errichten.

Dorian versuchte, eine der Perlen in Kiswanas Haar zu ergattern, und sie schrie auf vor Schmerz, als er, das Ende eines Zopfes fest umklammert, von ihrem Schoß sprang. »Du Scheiß …!«, entfuhr es ihr, bevor sie sich bremsen und auf die Zunge beißen konnte.

»Verstehen Sie jetzt, was ich meine?« Cora lächelte Dorian fast dankbar an, als er um die Ecke ins andere Zimmer raste. »Ach, wissen Sie«, Kiswana stand auf und klopfte den Staub von den

Jeans, »wahrscheinlich sind sie so, weil sie die ganze Zeit in der Wohnung zusammengepfercht sind. Kinder brauchen Platz und müssen sich bewegen.«

»Auf dem Schulhof ist massenweise Platz zum Spielen, aber meinen Sie, die gehen in die Schule? Nein, die nicht. Und das letzte Mal, als ich mit ihnen im Park war, hat einer Sammy einen Joint gegeben, und als meine Mutter den in seiner Tasche gefunden hat, hat sie mir die Hölle heißgemacht. Also, was soll ich tun? Ich muss sie von dort fernhalten, sonst steh ich am Ende noch mit einem Haufen Junkies da.«

Aus dem Augenwinkel sah sie, dass *Eine andere Welt* anfing. Ach Scheiße! Jetzt würde sie erst am Montag wissen, ob Rachel sich von Mack hatte scheiden lassen, weil er, als das Erdbeben ihn überrascht hatte, impotent geworden war. Warum ging das Mädchen nicht einfach nach Hause und hörte auf, sich in ihre Angelegenheiten zu mischen?

»Hören Sie, ich hab Ihre Liste und werde sie durchgehen, okay? Aber ich hab jetzt grad entsetzlich viel zu tun, können Sie deswegen nicht ein andermal wiederkommen?« Sie wusste, dass sie unhöflich war, aber drei Werbespots weiter fingen *Die Ärzte* an.

»Oh, sicher, entschuldigen Sie, ich wollte Sie nicht aufhalten. Wissen Sie, ich wollte Ihnen nicht in die Erziehung reinreden oder so. Es ist nur, ich …« Unwillkürlich schaute sie sich wieder im Wohnzimmer um.

»Ja, ich weiß«, sagte Cora mit einem Auge auf den Fernseher, »es ist nur, ich bin im Moment sehr beschäftigt. Verstehen Sie, ich muss mich jetzt dranmachen …«

»Und Abendessen kochen«, sagte Kiswana traurig.

»Ja, ganz recht – Abendessen.« Und sie ging die Tür öffnen. Kiswana verließ die Wohnung nur zögernd. »Hören Sie, im Park werden auch allerhand gute Sachen veranstaltet.« Sie zog ein Flugblatt aus ihrer Handtasche. »Mein Freund hat ein Stipendium von der Stadt, und an diesem Wochenende läuft eine schwarze Produktion von *Ein Sommernachtstraum,* die er inszeniert hat. Wollen Sie nicht kommen und die Kinder mitbringen?«, schlug sie vor, versprach sich allerdings nicht allzu viel davon.

Widerwillig betrachtete Cora das Flugblatt. »Eine Abshu-Ben-Jamal-Produktion«, las sie langsam und stockend. »Hey, den kenn ich – so ein großer, dunkler Typ. Ist der nicht letzten Sommer mit einem Puppentheater rumgezogen?«

»Ja, das ist er.« Kiswana lächelte.

»Ist hier mit einem Lkw oder so was und kleinen, tanzenden afrikanischen Puppen vorbeigekommen. Ich erinnere mich; die Kinder haben wochenlang davon geredet.«

»Sehen Sie«, fuhr Kiswana, wieder ermutigt, schnell fort, »sie lieben so etwas. Bringen Sie sie morgen Abend doch mit.«

»Ich weiß nicht«, Cora seufzte und betrachtete das Flugblatt. »Dieses Zeug hier – Shakespeare und so. Das wird zu kompliziert für sie sein, und dann fangen sie an rumzuhampeln und bringen mich vor allen Leuten in Verlegenheit.«

»Aber nein – sie werden begeistert sein«, beharrte Kiswana. »Es wird lustig und bunt, und er hat es modernisiert. Es gibt Musik, und es wird getanzt – er lässt die Schauspieler einen Tanz um den Maibaum aufführen – und sie raufen miteinander und lauter solche Sachen. Und Feen werden mitspielen – alle Kinder mögen Geschichten, in denen Feen und so was vorkommen; auch wenn sie nicht jedes Wort verstehen, sie werden es toll finden. Bitte, versuchen Sie doch zu kommen.«

»Na, ich will mal sehen. Samstags hab ich immer ziemlich viel zu tun. Ich muss die Sachen von dem Baby in Ordnung bringen und hab Wäsche. Und dann sind es ja auch so viele, die ich fertig machen muss. Ich weiß nicht; ich werd's versuchen.«

»Passen Sie auf, ich hab morgen nicht viel vor. Nach der Mieterversammlung komm ich ein bisschen früher vorbei und helf Ihnen mit den Kindern. Dann können wir alle zusammen gehen. Okay? Es wird lustig werden.«

Ach verdammt! Sie konnte die Erkennungsmelodie von *Die Ärzte* hören. Bloß dieses Mädchen loswerden. »Okay, ich geh mit ihnen hin, aber Sie müssen nicht vorbeikommen. Ich werd's schon alleine schaffen; ich bin das ja gewohnt.«

»Aber ich möchte es gern. Es macht mir nichts aus!«

»Ja, schon, aber sie werden sich wer weiß wie aufführen, wenn Sie da sind. Es wird einfacher sein, wenn ich sie fertig mache.« Sie stieß die Tür auf.

»Okay, dann warte ich und hole Sie ab. So um halb sieben, damit wir gute Plätze bekommen, ist das recht?«

»Ja, in Ordnung – halb sieben.« Und sie hielt die Tür noch ein bisschen weiter auf.

Kiswana war gehobener Stimmung und gurrte dem Baby zu: »Hast du gehört, Süße? Du gehst ins Theater.« Sie kraulte das Kind unterm Kinn. »Sie ist ein goldiges kleines Ding. Wie heißt sie denn?«

Dass sie dem Baby Beachtung schenkte, verschaffte ihr noch ein paar Minuten von Cora Lees Zeit. »Sonya Marie«, sagte sie und hob das Kind stolz hoch, um es bewundern zu lassen. »Sie ist Ihnen wie aus dem Gesicht geschnitten.« Kiswana nahm das Baby und kitzelte es mit dem Ende eines ihrer Zöpfe an der Nase.

»Jammerschade, dass Sie keine eigenen haben. Sie können gut mit Kindern umgehen.«

»Ich hab noch nicht mal einen Mann«, antwortete Kiswana automatisch, während sie das lachende Baby beobachtete. »Na und, ich auch nicht.« Cora Lee zuckte die Achseln.

Kiswana schaute hoch und fügte schnell hinzu: »Nun, eines

Tages vielleicht, aber im Augenblick habe ich ja nur eine Einzimmerwohnung.«

»Babys brauchen nicht viel Platz. Sie stellen nur ein Bettchen rein und eine kleine Kommode, das ist schon alles.« Cora strahlte sie an.

»Aber Babys werden größer«, sagte Kiswana freundlich und gab Cora mit einem verwirrten Lächeln das Kind zurück.

Cora Lee schloss die Tür und setzte sich wieder vor den Fernseher, doch Maggies Kampf mit der seltenen Blutkrankheit, die sie sich in Guatemala zugezogen hatte, flimmerte unbeachtet vor ihr über den Bildschirm. Es brachte ihr keinen Trost mehr, das Kind auf dem Schoß zu streicheln. Kiswanas Parfüm, das mit dem Geruch von abgestandenem Essen und altem Staub immer noch in der Luft hing, hatte sie aus dem Gleichgewicht gebracht, und sie konnte nicht genau ausmachen, warum. Nach einigen Momenten der Ratlosigkeit legte sie das Baby auf die Couch und ging zu dem Stapel Fotoalben, der auf einem Ecktisch lag. Langsam blätterte sie die teuren Fotoatelierposen ihrer Babys durch. Dorian, Brucie, Sammy, Maybelline und Dierdre und Daphne (wie sehr hatte es sie in jenem Jahr gefreut, dass gleich zwei auf einmal kamen). Ihre Babys – alle ihre Babys – schauten sie mit großen Augen an, erstarrt unter dem vergilbenden Plastik. Sie musste Sonya fotografieren lassen, bevor es zu spät war.

Aber Babys werden größer.

Sie betrachtete die herunterhängenden Vorhänge, die kaputten Möbel, den herumliegenden Krempel in ihrem Wohnzimmer. Wahrscheinlich hielt dieses Mädchen sie für eine schlechte Mutter. Aber sie liebte ihre Babys doch! Ihre Babys – ihre … Sie fing wieder an, die Fotoalben durchzublättern – Shakespeare, hm. In der achten Klasse hatten sie ein Shakespearestück gesehen.

Sie starrte in Maybellines braune Säuglingsaugen – *Wir sind aus solchem Stoff, wie Träume sind, und unser kleines Leben ist von Schlaf umringt* – woraus war das? Hatte der Lehrer sie das aus dem Stück auswendig lernen lassen? »Der Strom« oder so ähnlich hatte es geheißen. Sie war gerne in die Schule gegangen; sie war immer in die Schule gegangen – nicht wie diese Bälger hier. Warum gingen ihre Babys nicht in die Schule? Sie schüttelte verwirrt den Kopf. Nein, Babys gingen ja nicht zur Schule. Sonya war ihr Baby, und sie war noch zu klein für die Schule. Sonya machte ihr nie irgendwelchen Kummer. Sonya …

Aber Babys werden größer.

Sie schlug das Fotoalbum zu. Wahrscheinlich dachte dieses Mädchen, sie wollte nicht mit ihren Kindern in das Stück gehen. Warum sollten sie nicht hingehen? Es würde ihnen guttun.

Sie brauchten Shakespeare und ähnliches Zeug. Sie würden in der Schule mehr leisten und aufhören, sich so schlecht aufzuführen. Und dann würden sie so werden wie ihre Schwester und ihr Bruder. Ihr Bruder hatte einen guten Job bei der Post, und ihre Schwester wohnte in Linden Hills. Das hätte sie diesem Mädchen mal erzählen sollen – ihre Schwester war mit einem Mann verheiratet, der sein eigenes Geschäft und ein großes Haus in Linden Hills hatte – hier so mit ihren modischen Jeans und ihrer Seidenbluse reinzuschneien und zu sagen, sie sei eine schlechte Mutter. Ja, sie und ihre Babys würden morgen fertig sein!

Cora Lee schaltete den Fernseher ab und entschloss sich, doch früh mit dem Abendessen anzufangen.

»Warum müssen wir baden – kommt Oma zu Besuch?«

»Nein, ihr geht ins Theater.« Cora Lee wechselte das Badewasser für die dritte Ladung Kinder.

»Ich will aber nicht ins Theater«, protestierte Dorian.

»Du wirst schon wollen«, sagte sie, zog ihn aus und packte ihn in das schaumige Wasser. »Und ich würde dir raten, in dieser Wanne zu bleiben, sonst setzt es was.« Sie ging hinaus, um Brucie zu suchen.

»Dierdre, diese Socken kannst du nicht anziehen – die haben Löcher.«

»Aber ich ziehe die immer zur Schule an.«

»Na schön, aber heute Abend ziehst du die so nicht an – gib sie her!« Sie ließ sich von dem Mädchen die Socken geben, zerrte Brucie in die Wanne und machte sich auf die Suche nach Nadel und Faden.

Die Kinder verfolgten ihr verblüffendes Benehmen mit frisch gekämmten und gebürsteten Köpfen. Sie hatten ihre Mutter noch nie so aktiv gesehen. Der Umschwung hatte nach dem Frühstück eingesetzt, als sie ihre Teller vom Tisch nahm, spülte und wegstellte und die Küche durchfegte, bevor sie sich das Wohnzimmer vornahm, das sie abgestaubt und in einer gewissen Ordnung verließ, und danach die Schlafzimmer, wo sie sogar die Bettwäsche gewechselt hatte – es lag etwas in der Luft. Es war ein Gefühl wie Weihnachten oder wie bei einem Besuch von den Großeltern, doch es war weder Weihnachten, noch kamen die Großeltern, also tauschten sie untereinander besorgte Blicke, bewegten sich nur mit Vorsicht durch die Wohnung und protestierten nur ein bisschen, um vor der Fremden, die sie an diesem Morgen geweckt hatte, das Gesicht zu wahren.

Cora sichtete fieberhaft die Kleider der Kinder – sie wusch, bügelte und flickte. Nicht zu glauben, in welchem Zustand sie waren. Hosenbeine waren knöchelhoch gerutscht oder bis zum Gehtnichtmehr zerschlissen, bei den Kleidern hatte sich das Oberteil gelöst, oder der Saum war aufgegangen, an Socken fehlten ganze Spitzen oder Hacken – wann war das alles passiert? Sie flickte und schimpfte, stichelte und suchte passende Kleidungsstücke zusammen, bis sie schließlich mit den ordentlich eingekleideten Kindern zufrieden war, die sie vor sich versammelte. Sie setzte die geschrubbten Gesichter, sorgfältig gescheitelten Köpfe und eingeölten Arme und Beine in Reih und Glied auf die Couch und verbot ihnen, sich zu rühren.

Als sie Kiswana die Tür öffnete, war das Mädchen gerührt, denn es ahnte, welche Mühe in diesem Aufgebot von grob geflickten Hosen, schlecht sitzenden Hemden und ungleichmäßig gesäumten Kleidern stecken musste, das die Frau ihr da stolz präsentierte. Sie lächelte Cora Lee herzlich an. »Nun, wie ich sehe, sind wir alle fertig. Dann wollen wir mal.« Sie nahm die Hände der beiden Kleinsten in die ihren, und sie marschierten alle die Treppe hinunter.

Cora flankierte die Gruppe wie der erfolgreiche Feldwebel seine Ausbildungskompanie, und sie ließ es sich nicht nehmen, alle Nachbarn persönlich zu begrüßen, die auf dem Aufgang oder draußen am Geländer standen; die unverhohlen überraschten Blicke, als sie aus dem Haus kamen, ignorierte sie. Wo konnte die bloß mit all den Kindern hinwollen? Das Sozialamt hatte geschlossen. Ihr Gruß wurde mit der freundlichen Zurückhaltung beantwortet, die Frauen gegenüber unverheirateten Frauen an den Tag legen, die ständig Kinder bekommen. Da sie nicht vom eigenen Ehemann stammen, besteht immer die Möglichkeit, dass der deinige der Vater ist.

Mattie kam den Block entlang und schob einen schweren Einkaufswagen.

»Hallo, Miss Mattie«, rief Cora herzlich. Sie mochte Mattie wirklich gerne, denn im Gegensatz zu den anderen fand Mattie nie die Zeit, über das Leben anderer Leute zu urteilen.

»Na, so was, hallo, ihr alle. Na, wir sehen aber hübsch aus. Wo geht's denn hin?«

»In den Park – Shakespeare«, Cora betonte die letzten Worte und ließ ihr Lächeln in einem Halbkreis schweifen, der auch die anderen lauschenden Ohren mit einschloss.

»Das ist aber schön. Ist das das neue Baby? Das ist ja eine Süße. Du musst aber bald mal Schluss machen, Cora. Du hast jetzt schon eine ganze Ladung«, mahnte Mattie leichthin.

»Ich weiß, Miss Mattie.« Cora seufzte. »Aber wie macht man bloß Schluss?«

»Genau wie du angefangen hast, Kind – nur andersrum.« Die drei Frauen lachten.

»Sammy, hilf mal Miss Mattie mit dem Wagen die Treppe hoch, wir treffen uns dann am Ende des Durchgangs.« Sie kamen gerade zu dem zwei Meter breiten Gang, der zwischen Matties Haus und der Mauer von Brewster Place lag.

»Nee, nee, ich komm schon allein klar. Ich möchte nicht, dass er alleine durch das Gässchen geht; es wird schon dunkel. C. C. Baker und diese ganzen Nichtsnutze hängen da rum und rauchen dieses Dope. Ich hab wegen denen schon hundertmal die Polizei angerufen, aber für so was kommen die nicht.«

Mattie und Kiswana redeten ein paar Minuten darüber, dass die neue Mieterinitiative die Stadt dazu bringen sollte, den Gang abzusperren, dann ging die Gruppe weiter. Sie näherten sich dem Park und folgten den roten Pfeilen, die unter die grünen und schwarzen Buchstaben von *Ein Sommernachtstraum* gemalt waren. Cora war gut vorbereitet in den Park gekommen. Sie hatte einen Lederriemen in ihrer Handtasche und ließ sich in der Mitte der Reihe nieder, die Kinder links und rechts neben sich, sodass keines außerhalb ihrer Reichweite war. Kiswana saß ganz außen und hatte Sonya auf dem Schoß. Sie würden sich nicht danebenbenehmen und sie hier vor allen Leuten in Verlegenheit bringen. Sie würden stillsitzen und sich dieses Shakespeareding ansehen, und wenn sie Gewalt anwenden musste.

Sie schaute sich um und erkannte niemanden aus Brewster; die Schwarzen, die hier waren, kamen also aus Linden Hills, und über die Hälfte der Leute, die langsam das Auditorium füllten, waren weiß. Wenn die kamen, musste das wirklich eine große Sache sein. Sie richtete sich auf der groben Bank auf, gab Brucie und Dorian, die direkt neben ihr saßen, eins in die Rippen und den anderen rechts und links drohte sie versteckt. Sie würden schon nicht umhertrampeln und aufspringen – sie würden diesen Leuten zeigen, dass sie an so was gewöhnt waren. Sie rückte Bruce den Kragen zurecht und gab Daphne ein Zeichen, die Knie zusammenzunehmen und das Kleid darüber zu ziehen.

Das Abendlicht hatte die Farbe verschossener marineblauer Wolldecken angenommen, da gingen die Scheinwerfer an. Cora konnte nicht verstehen, was die Schauspieler sagten, aber noch nie hatte sie Schwarze derartig wohlklingende Worte benutzen hören, und anscheinend wussten sie wirklich, was sie da sagten – keiner vergaß seinen Text oder so. Sie warf einen Blick in die Runde, ob sie verstohlen den Riemen aus der Tasche nehmen müsse, doch die Kinder waren überraschend ruhig, außer Dorian, den musste sie nur rasch zweimal in die Seite knuffen, und als die Bühne für die Waldszene umgebaut wurde, war sogar er ehrfürchtig still. Das Mädchen hatte recht – es war ganz einfach wunderschön. Zwischen paillettenbestäubten Zweigen und Felsen hing riesiges Pappmaschee-Blattwerk in den verschiedensten prachtvollen Grüntönen. Die Elfen waren in gold- und lavendelfarbene Gaze mit Satinbesätzen gehüllt, die im bunten Scheinwerferlicht glitzerte. Und die reflektierenden Plastikkronen ließen das Flutlicht in eine Vielzahl von tanzenden, spitz zulaufenden Diamanten zerplatzen.

Anfangs richtete sich Cora nach den Umsitzenden und lachte, wenn diese lachten, doch als das Stück mehr in Fahrt kam, gewann auch die offensichtliche Slapstickqualität der Situation immer mehr an Komik. Der Elfenmann hatte etwas mit den Augen dieser Leute angestellt, und jeder lief hinter jedem her. Zuerst hatte das Mädchen in Braun jenen Mann dort gemocht, und Cora lachte ungezwungen los, als er nach ihr schlug, um sie davon abzuhalten, ihm nachzulaufen, denn er war hinter dem Mädchen in Weiß her, das wiederum in einen anderen verliebt war. Aber nachdem der Elfenmann an ihren Augen herumgepfuscht hatte, kehrte sich die ganze Geschichte völlig um, und jetzt wusste keiner mehr, was los war – noch nicht einmal die Leute im Stück.

Die Elfenkönigin sah genauso aus wie Maybelline. Eines Tages würde Maybelline das auch können – auf einer Bühne stehen und hübsche Kleider anhaben und schön daherreden. Wahrscheinlich war dieses Mädchen dafür aufs College gegangen. Aber Maybelline könnte ja aufs College gehen – sie ging gerne in die Schule.

»Mum«, flüsterte Brucie, »werd ich mal so aussehen? Sieht so ein dummer Esel aus, wenn er groß wird?«

Der Kerl in der Rolle des Bottom trug einen Eselskopf und hampelte auf der Bühne herum. Cora unterdrückte das aufkommende Schuldgefühl, aber es bildete in ihrem Hals einen Kloß. »Nein, mein Kleiner.« Sie strich ihm über den Kopf. »Mum wird dich nicht so aussehen lassen.«

»Aber dieser Mann ist doch ein dummer Esel, oder? Sehen die nicht …«

»Scht, darüber reden wir später.«

Die nächste Szene verschwamm vor ihren Augen. Maybelline ging früher gerne zur Schule – warum jetzt nicht mehr? Tränen rollten ihr leise die Wangen hinunter, und sie sah die zerrissenen Bibliotheksbücher und die unbeantworteten Benachrichtigungen vor sich. In ein paar Wochen würde es Ferien geben, aber dieses ganze Theater mit dem Schuleschwänzen musste ein

Ende haben. Wenn es sein musste, würde sie aufstehen und sie höchstpersönlich dorthin bringen – und erst die Sommerschule. Wie lange hatten die Lehrer schon gesagt, dass sie zur Sommerschule gehen sollten? Und sie würde jeden Abend die Hausaufgaben kontrollieren. Und in die Elternversammlung gehen. Sonya würde nicht ewig klein bleiben – dann hätte sie keine Entschuldigung mehr dafür, dass sie nicht zu diesen Treffen ging. Junior High; Highschool; College – keins von ihnen blieb ewig klein. Und dann weiter, gute Jobs bei Versicherungsgesellschaften und der Post, sogar Ärzte, Rechtsanwälte. Ja, aus ihren Babys würde etwas werden.

Langsam näherte sich das Stück seinem letzten Akt, und alle Leute hatten anscheinend gedacht, sie hätten geschlafen. *Ich hab eine seltene Vision gehabt. Ich hab einen Traum gehabt – das geht über Menschenverstand zu sagen, was das für ein Traum war.*

In der letzten Szene forderte das Ensemble die Zuschauer auf, auf die Bühne zu kommen und mit ihnen zusammen den Hochzeitstanz zu tanzen, zu dem Rockmusik gespielt wurde. Die Kinder wollten aufspringen und mitmachen, doch Cora hielt sie zurück. »Nein, nein, das nächste Mal«, sagte sie, denn sie wollte nicht, dass man unter den hellen Lampen ihre Kleider sah. Die Leute aus dem Publikum, die mitgemacht hatten, setzten sich im Schneidersitz auf die Bühne; und der kleine Elfenmann stolzierte zwischen ihnen umher:

Wenn wir Schatten euch beleidigt
Ist der Fehler schnell beseitigt:
Denkt, dass euch der Schlaf befiel
Während unserm Schemenspiel.
Diesen Firlefanz, der kaum
Mehr Gehalt hat als ein Traum,

Cora applaudierte, bis ihr die Hände brannten, und sie verspürte eine seltsame Leere, jetzt, wo es vorbei war. Ach, wenn man es doch noch einmal spielen würde. Sie ließ zu, dass die Kinder zu der Musik tanzten, die noch immer weiterspielte. Cora ging durch die Reihen zu Kiswana und nahm ihre Hand.

»Vielen, vielen Dank – es war wunderschön!«

Kiswana war von dem Gefühlsausbruch dieser Frau etwas überrascht. »Ich wusste doch, dass es Ihnen gefallen würde, und sehen Sie nur, wie brav die Kinder waren.«

»Ach ja, es war wunderbar. Ich bring sie wieder mal mit her.«

»Nun, wenn alles klappt, inszeniert er nächstes Jahr wieder ein Stück.«

»Wir werden dabei sein«, sagte Cora voller Überschwang, und nahm Kiswana das Baby ab. »War sie Ihnen zu viel?«

»Nein, sie ist ein Schatz. Hören Sie, ich geh jetzt nicht gleich nach Hause. Ich will Abshu noch gratulieren. Ist das in Ordnung?«

»Ja, sicher, und bitte sagen Sie ihm, dass ich es wunderschön gefunden habe.«

»Das mach ich. Bis dann.«

Cora und ihre Familie gingen durch die feuchte Sommernacht nach Hause, und sie lächelte, als die Kinder versuchten, einige Possen nachzumachen, die sie gesehen hatten. »Mum«, Sammy zupfte sie am Arm, »ist Shakespeare schwarz?«

»Noch nicht«, sagte sie sanft, und ihr fiel wieder ein, dass sie ihn verprügelt hatte, weil er die Verse an die Badezimmerwand geschrieben hatte.

Vom langen Laufen waren alle müde geworden, und so hatten sie wenig dagegen, sofort schlafen zu gehen. Keines fand es verwunderlich, dass Cora ihnen mit einem feuchten Waschlappen das Gesicht abrieb und jedes mit einem Kuss ins Bett brachte – dies war eine Nacht voller Wunder gewesen. Cora Lee nahm ihre Kleider, faltete sie zusammen und legte sie weg.

Dann ging sie durch die Wohnung, knipste die Lichter aus und atmete den hoffnungsvollen Geruch von Ordnung und Frieden ein, der von dem sauberen Haus ausging. Im Dunkeln begab sie sich ins Schlafzimmer, und der Schatten, der mit seinem Schlüssel hereingekommen war, rückte im Bett zur Seite. Er fragte sie nicht, wo sie gewesen war, und sie machte sich nicht die Mühe, es ihm zu erzählen. Sie ging hinüber zu dem Bettchen, warf einen liebevollen Blick auf ihre schlafende Tochter und stieß einen langen Seufzer aus. Dann drehte sie sich um, ließ ihre Kleider zu Boden fallen und verpackte ihren Abend wie gold- und lavendelfarbene Gaze fest in die Falten ihrer Träume.

Die Zwei

Anfangs schienen sie so nette Mädchen zu sein. Niemand konnte sich genau erinnern, wann sie nach Brewster gezogen waren. Es war zu Beginn des Jahres gewesen, bevor Ben umgebracht worden war – natürlich, es musste vor Bens Tod gewesen sein. Aber niemand erinnerte sich, ob die beiden im Winter oder im Frühling dieses Jahres gekommen waren. In Brewster Place kamen und gingen die Leute oft, wie der Traum einer ruhelosen Nacht, zogen im Dunkeln ein und aus, um Kündigungen oder dem nachbarlichen Klatsch über den heruntergekommenen Zustand ihres Mobiliars zu entgehen. Und so wurde erst, nachdem man registrierte, dass die beiden in regelmäßigen Abständen morgens aus dem Haus gingen und abends wiederkamen, stillschweigend geschluckt, dass sie Brewster jetzt ihr Zuhause nannten. Und in Brewster wartete man verhalten ab, bevor man bereit war, ihre Zugehörigkeit anzuerkennen, denn bei jungen Frauen, die offensichtlich auch noch alleinstehend sind, weiß man ja nie. Aber als an den Wochenenden weder wilde Musik noch betrunkene Freunde aus dem Eckhaus quollen, noch übereifrige Ehemänner ermutigt wurden, sich vor dieser Wohnung im ersten Stock herumzudrücken und das eine und andere für deren Bewohner zu erledigen, da begleitete ein unterdrückter Seufzer der Erleichterung die beiden, wenn sie ihren Abfall in die Mülltonnen warfen, einkaufen gingen und morgens zum Bus eilten.

Die Hellere, Dünne hatten die Frauen von Brewster ohne Weiteres akzeptiert. In ihrem schüchternen, etwas tänzelnden Gang und den ein wenig vorstehenden Zähnen, die sie allen Leuten so gern zu zeigen schien, wenn sie ihnen ihr helles »guten Morgen« oder »guten Abend« zurief, steckte nichts sonderlich Bedrohliches. Bei der kleinen Dunklen hielt man den Atem ein bisschen länger an – zu hübsch und zu viel Hintern. Und immer musste sie diese dünnen Quiana-Kleider tragen, unter denen aufreizend rollende zwanzig Pfund, die das Mädchen rhythmisch die Straße hinunterbewegte, von der Sommerbrise modelliert wurden. Mit zusammengekniffenen Augen beobachteten die Frauen ihre Männer, die wiederum beobachteten, wie sie vorüberging, und sie wussten, diese Mistkerle beteten um einen Windstoß. Da es ihr aber anscheinend völlig egal war, ob diese Bittgebete erhört wurden, legten sich die Seufzer der Frauen bald, auch bei der kleinen Dunklen. Nette Mädchen. Und so legte keiner auch nur den geringsten Wert darauf, sich zu erinnern, wann genau sie in Brewster eingezogen waren, bis dann das Gerücht aufkam. Zuerst hatte es sich in dem Block ausgebreitet wie ein säuerlicher Geruch, kaum wahrnehmbar und leicht zu ignorieren, bis er aus Dutzenden von Mündern stärker wird, wo er zwischen pappigem Zahnfleisch und ungeputzten Zähnen entsteht. Und dann war er überall – brachte die Leute dazu, den Mund zu verziehen, die Lippen zusammenzupressen und die Nase zu rümpfen über den alles durchdringenden Gestank; sie waren unfähig zu bestimmen, wo genau er herkam und wann genau er angefangen hatte. Sophie konnte es – sie war dabei gewesen. Nun war das Gerücht nicht wirklich durch Sophie entstanden. Ein Gerücht braucht keine leiblichen Eltern. Es braucht nur einen willigen Überbringer, und den hatte es in Sophie gefunden. Sie war dabei gewesen – an einem dieser Augustabende, wenn das Fehlen der Sonne ein Hohn ist, denn die Hitze macht die Luft so schwer, dass sie einem die nackte Haut auf den Leib presst, bis man nicht mal mehr ein Laken ertragen kann und an Schlaf nicht zu denken ist. Daher war fast ganz Brewster an jenem Abend draußen, als die beiden zusammen nach Hause gekommen waren, wahrscheinlich aus einem dieser City-Kinos mit Klimaanlage, und die Leute gegrüßt hatten, die vor ihrem Haus herumhingen. Und sie waren die ersten Stufen hochgegangen, da stolperte die Dünne über den Ball eines Kindes, und die Dunklere hatte sie am Arm und um die Taille gepackt, um sie am Fallen zu hindern. »Pass auf, ich will dich nicht grad jetzt verlieren.« Und die beiden hatten gelacht und sich angesehen und waren ins Haus gegangen.

Da war der Geruch entstanden. Er umgab scharf das Bild der stolpernden Frau und derjenigen, die sie gehindert hatte, zu fallen. Sophie und ein paar andere Frauen schnupperten und sahen sich dann verdutzt an. Wo hatten sie das schon mal gesehen? Sie hatten oft gelacht und einander berührt – einander vor Freude und deren dunklem Zwillingsbruder umarmt – doch wo hatten sie *das* schon mal gesehen? Es dämmerte ihnen, als der Geruch die Stufen hochwehte und auf dem Weg in ihre Mundhöhlen und Nasenlöcher drang. Sie hatten so etwas gesehen – getan – mit ihren Männern. So einen geteilten Moment einer verschworenen Gemeinschaft, nur zwei Menschen vorbehalten und vor der übrigen Welt hinter Lachen oder Tränen oder einer Berührung verborgen. In den Tagen vor einem Baby, einer Fehlgeburt und anderen zerbrochenen Träumen, nach verstohlenen Zärtlichkeiten in Scheunen oder Baumwollschuppen, nach vertrauten Spaziergängen von der Kirche nach Hause und heimlichen Küssen mit Jungen, die entweder jetzt schon lange vergessen oder fester Bestandteil ihres Lebens geworden waren – daher kannten sie das. Fast fühlten sie, wie der Geruch in ihrem Mund hin und her waberte, und langsam taten sie sich zusammen und ließen ihn in die Luft aufsteigen wie einen gelben Nebel, der an den Backsteinen von Brewster haften blieb.

Und so machte es die Runde, dass die beiden in 312 *so* waren. Dabei hatten sie doch wie nette Mädchen gewirkt. Ihr regelmäßiges Kommen und Gehen im Block wurde jetzt misstrauisch beäugt. Die Ruhe, die an den Wochenenden um ihre Haustür herrschte, ließ auf alle möglichen geheimen Rituale schließen, und ihre freundliche Gleichgültigkeit gegenüber den Männern auf der Straße war ein unverfrorenes Zurschaustellen unnatürlichen Verhaltens.

Da Sophies Fenster den ihren auf der anderen Seite des Luftschachts gegenüberlagen, avancierte sie zur offiziellen Aufpasserin für den ganzen Block, und wann immer man auf die zwei zu sprechen kam, verließ man sich auf ihr Urteil. Sophie nahm ihre Position ernst und war ständig auf der Suche nach irgendwelchen verräterischen Zeichen, die vielleicht durch die heruntergelassenen Rollos hindurch, die sie gewissenhaft bewachte, zu entdecken waren. Eine ganze Woche lang heruntergelassene Rollos waren Beweis genug, sie mit Berichten umherjagen zu lassen, dass die beiden die Rollos herunterließen und das Licht einschalteten, sobald es dunkel wurde. Köpfe nickten in wissendem Einvernehmen – ein untrüglicher Anhaltspunkt. Und wenn mit einem »Aber ich zieh abends auch meine Rollos herunter« Zweifel angemeldet wurden, genügte ein geflüstertes »Ja, aber du bist ja auch nicht *so*« als Argument.

Sophie beobachtete, wie die Hellere ihren Abfall zum Mülleimer brachte, dann ging sie nach unten und hob den Deckel hoch. Ihre Augen glitten über die zusammengedrückten Dosen, die Gemüseschalen und leeren Schokoladencookie-Schachteln. Was machten sie mit all diesen Schokoladencookies? Das war sicher wieder ein Anhaltspunkt, aber es würde ein Weilchen dauern, bis man herausbekäme, was es genau bedeutete. Sie sah Ben in ihre Wohnung gehen, und sie wartete und fing ihn ab, als er, den Werkzeugkasten in der Hand, wieder herauskam. »Was hast du gesehen?« Sie packte ihn am Arm und flüsterte nah an seinem Gesicht. Sie hatte eine feuchte Aussprache. Ben starrte ihre zusammengekniffenen Augen und schlaffen Lippen an und wiegte bedächtig den Kopf. »Oh, oh, oh, es war ganz furchtbar.«

»Ja?« Sie rückte noch ein bisschen näher.

»Das schlimmste gebrochene Wasserrohr, das ich in meinem Leben gesehen habe.« Er schüttelte ihre Hand von seinem Arm und ließ sie mitten auf der Straße stehen.

»Alter Döskopp«, murmelte sie, als sie wieder ihren Treppenaufgang hochstieg. Ein gebrochenes Wasserrohr, hm? Warum mussten sie so viel Wasser verbrauchen?

An diesem Tag hatte Sophie einiges zu berichten. Ben hatte gesagt, es sei ganz furchtbar da drin gewesen. Nein, was genau er gesehen hatte, wusste sie auch nicht, aber ihr könnt es euch sicher vorstellen – und das konnten sie. In ihrer überschaubaren Welt mit dem Anderssein konfrontiert, ließen sie ihre Fantasie schießen und strickten sich in bewährter Manier etwas zurecht. Zwangsläufig nähten sie all ihre geheimen Ängste und nachklingenden Albträume der Kindheit zusammen. Denn selbst wenn diese zwei in trügerischer Absicht versuchten, so auszusehen, wie die anderen aussahen, so zu reden, wie die anderen redeten, und sich so zu verhalten, wie die anderen sich verhielten, es musste doch irgendeinen verborgenen Makel geben, der ihre Existenz infrage stellte – sie konnten unmöglich beide im Recht sein. Also lehnten sie sich zurück, im sicheren Bewusstsein, dass sie viele waren, und getröstet durch die Grenze, die sie zwischen sich und dem gelben Nebel gezogen hatten, in den die beiden bei jedem Kommen und Gehen in Brewster Place fortan gehüllt wurden.

Lorraine fiel als Erster auf, dass die Leute in Brewster Place nicht mehr so waren wie früher. Sie war eine schüchterne, aber von

Natur aus gutmütige Frau, die früh aufstand und die Morgenzeitung gelesen und fünfzig Sit-ups gemacht hatte, bis es Zeit war, zur Arbeit zu gehen. Sie kam aus ihrer Wohnung und freute sich darauf, ihre Nachbarn zu begrüßen, die sich draußen aufhielten. Doch ihr fiel auf, dass einige der Leute, die früher mit ihr geredet hatten, den Blick jetzt rasch auf etwas anderes richteten, wenn sie vorüberging, auch wenn sie fast fühlen konnte, wie sie hinter ihr herstarrten, wenn sie an ihnen vorbei war. Diejenigen, die noch mit ihr redeten, taten das oft nur nach einer ungemütlichen Pause, in der sie durch Lorraine hindurchzusehen schienen, bevor sie ihr zögernd ein »guten Morgen« oder »guten Abend« gönnten. Sie fragte sich, ob sie sich das alles einbildete, und sie überlegte, es Theresa gegenüber zu erwähnen, doch wollte sie sich nicht wieder vorwerfen lassen, überempfindlich zu sein. Und würde Tes überhaupt etwas Derartiges auch nur bemerken? Ihr war alles egal, und mit Leuten redete sie kaum. Sie blieb bis zum letzten Moment im Bett und stürzte völlig benommen und übellaunig aus dem Haus, sie war es gewohnt, angestarrt zu werden – zumindest von den Männern.

Lorraine dachte über all das nach, als sie, eine große Papiertüte im Arm, auf dem Weg von der Arbeit nach Hause den Block entlangging. Die Gruppe der Frauen auf dem Treppenaufgang vor ihrem Haus trat stumm auseinander und ließ sie durch.

»Guten Abend«, sagte sie, als sie die Treppe hochstieg.

Sophie stand auf der obersten Stufe und versuchte, einen Blick in die Tüte zu werfen. »Sie waren einkaufen, was? Und was haben Sie gekauft?« Es war fast ein Vorwurf.

»Lebensmittel.« Lorraine hielt schützend die Hand über die Tüte und drückte sich mit einem verwirrten Stirnrunzeln an ihr vorbei. Sie sah, wie Sophie den anderen unten an der Treppe einen vielsagenden Blick zuwarf. Was war bloß mit dieser alten Frau los? War sie verrückt oder was?

Lorraine ging in ihre Wohnung. Theresa saß am Fenster und las in einer *Mademoiselle.* Sie blickte von der Zeitschrift auf. »Hast du meine Schokocookies mitgebracht?«

»Ich wünsche dir einen guten Abend, Tes. Wie mein Tag war? Ganz wunderbar.« Sie stellte die Tüte auf die Couch. »Der kleine Baxter-Junge hat in der heutigen Show-and-Tell-Stunde sein Hündchen mitgebracht, und das verdammte Vieh hat den ganzen Boden vollgepisst und sich dann drangemacht, mir den Absatz vom Schuh zu knabbern, aber jawohl, ich hab es geschafft, zum Laden zu hinken und dir deine Schokocookies mitzubringen.«

Ach du lieber Gott, dachte Theresa, heute Abend ist ihr aber eine Laus über die Leber gelaufen.

»Nun, du solltest mit Missis Baxter reden. Sie sollte ihr Kind besser erziehen.« Sie wartete nicht, bis Lorraine aufgehört hatte zu lachen, sondern versuchte, sie noch länger bei Laune zu halten. »Pass auf, ich räum mal das Zeug da weg. Soll ich das Abendessen machen, dann kannst du dich ausruhen? Ich hab nur den halben Tag gearbeitet, und das Tragischste, was mir passiert ist, ist, dass ich mir einen Fingernagel abgebrochen habe, weil ich damit an der Schreibmaschine hängen geblieben bin.«

Lorraine folgte Theresa in die Küche. »Nein, ich bin nicht wirklich müde, und fair ist fair, du hast gestern Abend gekocht. Ich wollte dich auch nicht anschnauzen; es ist nur, dass … Tes, ist dir noch nicht aufgefallen, dass die Leute hier nicht mehr so nett sind wie früher?«

Theresa erstarrte. Ach Gott, wieder das alte Lied. »Welche Leute, Lorraine? In welcher Hinsicht nicht mehr so nett?«

»Nun, die Leute in dem Haus hier und auf der Straße. Es redet kaum noch einer mit mir. Ich meine, ich komme und sag Guten Abend – und sie sind einfach still. Als wir damals eingezogen sind, war das nicht so. Ich weiß nicht, was ich davon halten soll, ich wundere mich nur darüber, mehr nicht. Ich möchte wissen, was in ihnen vorgeht.«

»Mir persönlich ist es scheißegal, was in ihnen vorgeht. Und von ihrem Guten Abend kann ich mir auch nichts kaufen.«

»Ja, aber du hast nicht gesehen, wie diese Frau da draußen mich angesehen hat. Sie ahnen oder wissen bestimmt etwas. Wahrscheinlich …«

»Sie, sie, sie!«, explodierte Theresa. »Du weißt sehr wohl, Lorraine, dass ich mich auf dieses Theater nicht noch einmal einlasse. Wer zum Teufel sind sie denn? Und wer zum Teufel sind denn wir? Wir wohnen in einer Bruchbude in diesem gottverlassenen Teil der Stadt unter einem Haufen ignoranter Nigger, die noch die Baumwolle unter den Fingernägeln haben, und das alles nur deinetwegen und wegen deines *sie*. In Linden Hills haben sie was mitbekommen, also habe ich deinetwegen eine Wohnung aufgegeben, in der ich seit vier Jahren gewohnt habe. Und dann haben sie in Park Lane was mitbekommen, und ich habe mich deinetwegen so elend gefühlt, dass wir ausziehen mussten. Und jetzt sind diese mysteriösen *sie* in Brewster Place. Und nun wirf mal einen Blick aus diesem Fenster, meine Kleine. Da am Ende dieser Straße ist eine große Mauer, und da ist auch für mich Schluss. Ich werde nicht noch einmal umziehen, wenn du dich also deswegen so aufregst – das kannst du dir sparen!«

Wenn Theresa wütend wurde, war sie wie ein Haufen glühender Kohlen, und ihre heftigen Ausbrüche brachten Lorraine immer durcheinander.

»Siehst du, deswegen wollte ich es gar nicht erst erwähnen.« Lorraine fing an, nervös mit ihren Fingern zu spielen. »Immer gehst du gleich in die Luft und ziehst irgendwelche Schlüsse – kein Mensch hat was von Umziehen gesagt. Und dass dein Leben so grässlich ist, seit du mich kennst, hab ich ja nicht gewusst. Das tut mir leid«, schloss sie unter Tränen.

Theresa schaute Lorraine an, die in der Küchentür stand. Sie sah aus wie ein verwelktes Blatt, und am liebsten hätte Theresa etwas nach ihr geworfen. Warum schlug sie nicht zurück? Genau diese Weichheit, die sie an Lorraine am Anfang so anziehend fand, irritierte sie jetzt immer öfter. Geräucherter Honig. Daran hatte Lorraine sie erinnert, als sie bei ihr im Büro saß und sich an ihren Bewerbungspapieren festhielt. Trockene Herbsttage in den Wäldern Georgias, dichte Rauchwolken unter einem Bienenstock, und der erste flüchtige Anblick bernsteinfarbenen Honigs, von den brennenden Zweigen leicht geschwärzt. Schwer war Lorraine in Theresas Herz gesunken und dort geblieben, beharrlich und süß.

Damals hatte Theresa nicht gewusst, dass Lorraine so weich war bis ins Innerste und dem leichtesten Druck nachgab, dass sie ständig versuchte, sich mit dem tröstenden Wohlwollen aller Leute zu umgeben, und beim geringsten Anflug von Missbilligung in sich zusammenfiel. Es belastete sie immer stärker, sie ständig ermuntern und unterstützen zu müssen, und sie verstand es einfach nicht. Anfänglich hatte sie aus Liebe zu Lorraine dieses Bedürfnis befriedigt, immer in der Hoffnung, diese würde schließlich zäher werden, wie Honig, wenn man ihn der Kälte aussetzt. Theresa wurde es allmählich müde, dass sich ständig jemand an sie klammerte – dass sie diejenige war, die als Stütze diente. Sie hatte kein Kind gewollt – sie wünschte sich eine Person, die ihr Angesicht in Angesicht gegenüberstehen konnte und imstande war, es mit ihr aufzunehmen. Wenn sie das miteinander hätten einüben können, dann hätten sie – Rücken an Rücken stehend – der Welt, sollte sie zudringlich werden, ordentlich eins aufs Dach geben können. Doch eine solche Sparringspartnerin hatte sie in Lorraine nicht gefunden, und langsam war ihr die Anstrengung, immer alleine zu kämpfen, anzumerken.

»Nun, wenn es so grässlich wäre, hätte ich mich schon vor Langem auf und davon gemacht«, sagte sie und beobachtete, wie ihre Worte Lorraine gleich einem sanften Regenguss aufblühen ließen.

»Vermutlich hältst du mich für nicht ganz normal und glaubst, ich leide unter Verfolgungswahn, aber ich kann es mir nicht leisten, dass Leute bei meiner Arbeitsstelle anrufen oder meinem Direktor Briefe schreiben. Du weißt, ich habe in Detroit schon mal eine Stelle wie diese verloren. Und Unterrichten ist mein ganzes Leben, Tes.«

»Ich weiß.« Sie seufzte und wusste eigentlich gar nichts. Es bestand keine Gefahr, dass so etwas in Brewster Place passieren würde. Lorraine unterrichtete weit von Brewster entfernt, niemand von hier würde sie in dieser Schule vermuten. Nein, diesmal fürchtete sie nicht, ihren Job zu verlieren, sondern die Anerkennung der Leute. Sie wollte dort draußen stehen und schwätzen und Make-up-Tipps und Kuchenrezepte austauschen. Sie wollte Schriftführerin der Hausversammlung werden und gebeten werden, auf die Kinder aufzupassen, wenn sie schnell zum Laden gehen mussten. Und wenn sie sich nicht einmal dazu überwinden konnten, ihren Guten-Abend-Gruß zu erwidern, würde es dazu bestimmt nicht kommen.

Stumm packte Theresa die Lebensmittel weiter aus. »Warum hast du Hüttenkäse gekauft? Wer isst denn dieses Zeug?«

»Nun, ich dachte, wir sollten mal eine Diät machen.«

»Wenn wir eine Diät machen, wirst du dich noch in nichts auflösen. Du hast nichts zu verlieren außer dein Haar.«

»Ach, ich weiß nicht. Ich dachte, um die Hüften herum ein bisschen abzunehmen, könnte nicht schaden.« Lorraine zuckte spielerisch die Achseln.

»Nein, vielen Dank. Wir sind mit unseren Hüften sehr zufrieden, so wie sie sind«, sagte Theresa und schob den Hüttenkäse ganz nach hinten in den Kühlschrank. »Und selbst wenn ich abnehme, nehme ich da sowieso nie ab. Meine Brust und meine Arme werden einfach dünner, und ich fange an, auszusehen wie eine Flasche Salatsoße.«

Sie lachten beide, und Theresa setzte sich hin, um Lorraine beim Essenkochen zuzusehen. »Weißt du, dieser Hintern war schon immer mein Untergang. Als ich bei meiner Großmutter in Georgia aufwuchs, versprachen die Jungs mir immer Bonbons, wenn sie mir den Hintern tätscheln durften. Und ich hab diese Backenbrecher immer so furchtbar gerne gemocht – weißt du, diese Sorte, die den ganzen Tag im Mund hielt und ständig die Farbe änderte. Daher war ich ihnen gern zu Diensten, denn an einem einzigen Nachmittag konnte ich eine ganze Wochenration Backenbrecher zusammenbekommen.«

»Wirklich? Das findest du lustig? Dass irgendwelche Jungs dich betatscht haben?«

Theresa atmete tief durch. »Wir waren doch noch Kinder, Lorraine. Weißt du, du erinnerst mich an meine Großmutter. War das eine zugeknöpfte alte Dame. Sie bekam einen Anfall, als ihr mein Bruder erzählte, was ich da trieb. Sie rief mich ins Räucherhaus und sagte mir in diesem wirklich angsterregenden Flüsterton, ich könne davon schwanger werden, wenn ich mir von kleinen Jungs das Hinterteil tätscheln ließe, und ich würde noch mal enden wie meine Cousine Willa. Nun waren aber Willa und ich dicke Freundinnen, und sie hatte mir bereits eine detaillierte Übersicht darüber gegeben, wie sie in ihre missliche Lage geraten war. Doch in dieser Nacht schlich ich mich zu ihrem Haus, um ihre Geschichte noch einmal zu hören, denn die alte Dame hatte so ernst gewirkt. ›Willa, bist du dir sicher?‹, flüsterte ich durch ihr Schlafzimmerfenster. ›Ich sag dir doch, Tes‹, meinte sie, ›halt nur beide Füße fest auf dem Boden, und dir kann nichts passieren.‹ Viel später erst stellte ich fest, dass dieser Rat biologisch gesehen nicht sonderlich stichhaltig war, doch für Georgia reichte er, die Jungs vom Land hatten nicht viel Fantasie.«

Theresas Lachen prallte an Lorraines stummem, steifem Rücken ab und blieb ihr im Hals stecken. Wütend riss sie eine Packung Schokocookies auf. »Jawohl«, sagte sie, starrte Lorraines Rücken an und biss heftig in den Keks, »erst als ich nach Norden, ins College, kam, habe ich festgestellt, dass ein Kerl mit ein wenig Fantasie etliches mit dir anstellen kann, auch wenn du beide Füße fest auf dem Boden hast. Verstehst du, Willa hat mir nicht gesagt, dass ich mich nicht vorbeugen oder hinhocken oder ...«

»Musst du ...« Lorraine drehte sich mit fest zusammengebissenen Zähnen vom Herd um.

»Muss ich was, Lorraine? Muss ich über diese Dinge reden, die genauso zum Leben gehören wie Essen oder Atmen oder Altwerden? Warum bist du immer so verklemmt, wenn es um Sex oder um Männer geht?«

»Ich bin überhaupt nicht verklemmt. Ich finde es einfach nur widerlich, wenn du in einem fort ...«

»Es ist nichts Widerliches dabei, Lorraine. Du bist nie mit einem Mann zusammen gewesen, aber ich mit einer ganzen Menge – die einen waren okay, die anderen waren es weniger. Ein paar waren darunter, denen wünsche ich bis zum heutigen Tag einen langsamen, schmerzhaften Tod, aber dann gab es auch einige, die gut zu mir waren – im Bett und außerhalb des Bettes.«

»Wenn sie so toll waren, warum bist du dann mit mir zusammen?« Lorraines Lippen zitterten.

»Weil –« Theresa schaute ihr fest in die Augen und dann auf den Keks, den sie auf dem Tisch hin und her drehte. »Weil«, fuhr sie langsam fort, »du ein Schokocookie nehmen, ein Loch durchbohren und es dir ins Ohr hängen und dann einen Ohrring nennen kannst, oder es dir an einer silbernen Kette um den Hals hängen und so tun kannst, als wär es ein Anhänger – und trotzdem bleibt es ein Keks. Schau – du kannst es in die Luft werfen und sagen, es ist eine Frisbeescheibe oder sogar eine fliegende Untertasse, wenn dir danach ist, und es bleibt immer noch ein Keks. Lass ihn über den Tisch wirbeln – so – bis es ein wunderbares Geflirre von bernsteinfarbenem und braunem Licht gibt, sodass du dir vorstellen kannst, es sei ein Topas oder Rotgold oder altes Kristall, doch irgendwann wirkt das Gesetz der Schwerkraft, und er kommt zur Ruhe – irgendwann. Dann ist Schluss mit all dem Gedrehe und So-tun-als-ob und Hopplahopp. Und weißt du, was du dann hast?«

»Ein Schokocookie«, sagte Lorraine.

»Huhu.« Theresa steckte den Keks in den Mund und zwinkerte ihr zu. »Eine Lesbierin.« Sie stand vom Tisch auf. »Ruf mich, wenn das Essen fertig ist, ich les noch ein bisschen.« Sie hielt an der Küchentür inne. »Übrigens, warum gießt du eigentlich Soße an das Hühnchen, Lorraine? Du weißt doch, dass das dick macht.«

Die Mieterinitiative von Brewster Place traf sich in Kiswanas Wohnung. Leute quetschten sich auf das Sofa, hockten auf dem Coffeetable und saßen auf dem Boden. Kiswana hatte ein rotes Spruchband quer über die Wand gehängt »Heute Brewster – morgen Amerika!«, doch nur wenige verstanden, was das bedeutete, und noch weniger fanden es wichtig. Sie waren hier, weil dieses Mädchen gesagt hatte, man könne etwas gegen die Löcher in ihren Wänden und die fehlende Heizung unternehmen, damit ihre Kinder im Winter nicht mehr ständig unter Lungenentzündungen litten. Kiswana hatte es aufgegeben, die Stimmen zu übertönen, die sich mit der Lautstärke und Länge der Klagen über den Vermieter gegenseitig überboten. Dies war das erste Mal in ihrem Leben, dass sie das Gefühl hatten, jemand nehme sie ernst, und so nutzten alle Möchtegern-Anwälte, -Politiker und -Broadwaystars diese seltene Gelegenheit, ihr Talent zu entfalten. Ob sie bereits Gesagtes wiederholten oder ihre Monologe für das Thema nicht weiter von Bedeutung waren: Jeder versuchte, den anderen in den Schatten zu stellen.

»Ben hat überhaupt keinen Grund, hier dabei zu sein. Der arbeitet doch für den Vermieter.«

Dieser Satz fand vereinzelt Zustimmung.

»Ich wohn hier im Block wie ihr alle auch«, sagte Ben bedächtig. »Und wenn ihr's nicht warm habt, hab ich's auch nicht warm. Meine Schuld ist es nicht, wenn der Mann kein Öl liefern will.«

»Aber du bist die ganze Zeit so beduselt, du frierst doch sowieso nicht.«

»Also, an vielem ist nicht der Vermieter schuld. Der Vermieter schmeißt keinen Müll in den Luftschacht, und das Glas in den Türen haut er auch nicht kaputt.«

»Genau, und dann all die Gören, die ständig in den Fluren herumrennen.«

»Sag ja nichts gegen meine Kinder!« Cora Lee sprang auf. »Viele von euch haben Kinder, und die sind auch keine Heiligen.«

»Wem der Schuh passt, der zieht ihn sich an.«

»Moment mal, bitte.« Kiswana hob die Hände. »Das bringt uns doch alles nicht weiter. Wir sollten heute besprechen, wie wir einen Mietstreik organisieren und den Vermieter vor Gericht bringen können.«

»Was wir besprechen sollten«, Sophie beugte sich vor und redete Mattie und Etta an, »sind diese üblen Subjekte, die sich unter die anständigen Leute hier im Block gemischt haben.«

»Also, ich hab die Polizei mindestens schon ein Dutzend Mal wegen C. C. Baker und diesen jungen Kerlen angerufen, die da im Gang rumhängen und kiffen und die Leute beklaun«, sagte Mattie.

»Von den Jungs red ich nicht – ich red von den beiden, die mir gegenüber in 312 wohnen.«

»Was ist mit denen?«

»Ach, du weißt doch, Mattie«, sagte Etta und schaute Sophie fest in die Augen. »Diese zwei Mädchen, die sich nur um ihren eigenen Kram kümmern und nie über irgendwen ein böses Wort verlieren – das sind doch die beiden, die du meinst, Sophie, stimmt's?«

»Was sie tun – da so zu wohnen –, ist nicht recht, und das weißt du genau.« Sie drehte sich Beifall heischend zu Mattie um. »Du bist doch Christin. Die Bibel sagt, diese Dinge sind dem Herrn ein Gräuel. Wir sollten so was nicht hier in Brewster dulden, und die Versammlung sollte was dagegen unternehmen.«

»Meine Bibel sagt aber auch im 1. Petrus, dass man sich nicht in die Angelegenheiten anderer Leute mischen soll. Und wenn sie sich nicht in das einmischen, was in meiner Wohnung geschieht, warum sollte ich mich dann in das einmischen, was in ihrer geschieht? So seh ich das.«

»Sie sündigen gegen den Herrn!« Sophies Augen waren blank und feucht.

»Dann soll der Herr sich doch drum kümmern«, schnappte Etta. »Wer hat dich denn dazu berufen?«

»Dass *du* das sagst, überrascht mich nicht. Nein, kein bisschen!« Sophie funkelte Etta an und stand auf, um sich anderswo im Raum offene Ohren zu suchen.

Etta sprang auf und wollte sich auf sie stürzen, doch Mattie hielt sie am Arm fest. »Lass die Frau zufrieden. Wir sind nicht hier, um wegen irgendeinem Blödsinn von der Krach anzufangen.«

»Diese alte, vertrocknete Pflaume!« Etta spuckte aus. »Die soll doch froh sein, dass die beiden so sind. Da hat sie dieses Jahr ein Bett weniger, bei dem sie sich den Kopf zerbrechen muss, wie sie Jess da wieder rausbekommt. Als sie diese Frau aus Mobile verprügelt hat, mit der sie ihn im letzten Frühjahr erwischt hat, da hab ich sie nicht in der Bibel blättern sehn.«

»Etta, vor Sophie würd ich's ja nicht erwähnen, weil ich's grässlich finde, mit welcher Lust die die Angelegenheiten anderer Leute breittritt, aber ich hab das Gefühl, dass das, was sie tun, nicht richtig ist. Wie wirst du so? Bist du so von Geburt an?«

»Ich kann's dir nicht sagen, Mattie. Aber im Lauf meines Lebens und an all den Orten, wo ich schon gewesen bin, hab ich so etwas gesehen, oft. Sie sagen, dass sie sich halt lieben – wer weiß.«

Mattie dachte angestrengt nach. »Nun, ich hab auch Frauen geliebt. Da hat es Miss Eva und Ciel gegeben; und dich, so unausstehlich du auch sein kannst, hab ich praktisch mein Leben lang geliebt.«

»Ja, aber bei denen ist das anders.«

»Wie anders?«

»Also ...« Etta fing an, sich unwohl zu fühlen. »Sie lieben sich, wie du einen Mann lieben würdest oder ein Mann dich – glaub ich.«

»Aber ich hab ein paar Frauen heftiger geliebt als je einen Mann«, entgegnete Mattie. »Und es hat ein paar Frauen gegeben, die mich mehr geliebt und mehr für mich getan haben als je ein Mann.«

»Ja.« Etta überlegte einen Moment. »Das Gleiche kann ich von mir auch sagen, aber es ist trotzdem anders, Mattie. Ich kann's nicht genau erklären, aber ...«

»Vielleicht ist es gar nicht so anders«, sagte Mattie, beinahe zu sich selbst. »Vielleicht regen sich deswegen manche Frauen so darüber auf, weil sie tief im Innern wissen, dass es letztendlich so anders nicht ist.« Sie schaute Etta an. »Aber du hast auf einmal ein komisches Gefühl, wenn du auf diese Weise darüber nachdenkst.«

»Ja, das stimmt«, sagte Etta und konnte Mattie nicht in die Augen sehen.

Lorraine stieg die enge Treppe zu Kiswanas Wohnung hoch. Sie hatte versucht, Theresa zum Mitkommen zu bewegen, doch die hatte nichts davon wissen wollen. »Eine Mieterversammlung, wofür? Die ganze Straße müsste man für unbewohnbar erklären.« Sie wusste, dass Tes ihr die Schuld gab, an einem Ort wie Brewster leben zu müssen, doch zumindest konnte sie versuchen, das Beste daraus zu machen, und sich mit den Leuten hier einlassen. Das war das Problem bei so vielen Schwarzen – sie lehnten sich einfach zurück und beschwerten sich, und unterdessen brach die ganze Welt über ihren Köpfen zusammen. Dir aber etwas einzubilden und dich für besser zu halten als diese Leute, nur weil viele von ihnen arm und ungebildet waren, würde auch nicht weiterhelfen. Du würdest nur hochmütig wirken, und Lorraine wollte, dass die Leute um sie herum sie mochten. Sie konnte nicht so leben wie Tes, ständig die Nase in einem Buch. Tes brauchte offenbar niemanden. Lorraine fragte sich oft, ob Tes sie überhaupt brauchte.

Aber wenn du immer für dich bleibst, fangen die Leute an, sich zu wundern, und dann reden sie. Sie konnte es sich nicht leisten, dass die Leute über sie redeten, Tes sollte das eigentlich verstehen – und sie wusste, dass sie es konnte, seit damals, als sie beide sich kennengelernt hatten. Verstehen. Es war komisch, denn das war das Gefühl, das sie in Bezug auf Tes gehabt hatte, als sie ihr die Bewerbung gereicht hatte. Sie hatte sich gesagt, ich hab das Gefühl, dass ich mit dieser Frau reden kann, ich kann ihr erzählen, warum ich meinen Job in Detroit verloren hab, und sie wird es verstehen.

Und sie hatte verstanden, doch dann hatte das Verstehen langsam aufgehört. Und jetzt kam sich Lorraine dumm vor wegen ihrer Ängste und ihrer Gedanken, sie fühlte sich unwohl

Vielleicht hatte Tes recht, und sie war zu empfindlich, doch es war ein gewaltiger Unterschied, ob man die Personalabteilung der Schulbehörde leitete oder Grundschullehrerin war. Tes war keine Bedrohung für die Akten und Gehaltskonten dieser Leute, doch irgendwie war sie, Lorraine, eine Bedrohung für ihre Kinder. Ihr Herz krampfte sich zusammen, wenn sie darüber nachdachte. Das Schlimmste, was sie je einem Kind hatte antun wollen, war, dem kleinen Baxter mal eine ordentliche Tracht Prügel zu verpassen, weil er ihr Leim ins Haar gegossen hatte, und selbst das war nur ein flüchtiger Impuls gewesen. Verstand Tes denn nicht, dass sie, wenn sie diesen Job verlöre, das nächste Mal nicht so viel Glück haben würde? Nein, sie verstand weder das noch irgendetwas sonst an ihr. Nie wollte sie sich mit irgendwem abgeben, außer mit diesen Irren in dem Klub, den sie besuchte, und die konnte Lorraine nun überhaupt nicht leiden. Sie waren grob und bitter und machten sich über Leute lustig, die nicht so waren wie sie. Nun, sie war auch nicht so wie sie. Warum sollte sie also glauben, sie wäre anders als die Leute, die ringsum wohnten? Alle Schwarzen saßen in einem Boot – das war ihr, seit sie nach Brewster gezogen waren, sogar noch klarer geworden –, und wenn sie nicht zusammen ruderten, würden sie zusammen untergehen.

Endlich erreichte Lorraine das oberste Stockwerk; die Tür zu Kiswanas Wohnung stand offen, doch sie klopfte, bevor sie eintrat. Kiswana versuchte gerade, einen Streit zwischen einem kleinen hellhäutigen Mann und einer Frau zu stoppen, die eine Topfpflanze genommen hatte und drohte, sie ihm in die Visage zu werfen. Die meisten anderen Mieter waren derart damit beschäftigt, den einen beziehungsweise die andere anzufeuern, dass kaum jemand Lorraines Kommen bemerkte. Sie ging zu Ben hinüber und stellte sich neben ihn.

»Wie ich sehe, gibt es hier eine kleine Meinungsverschiedenheit.« Sie lächelte.

»Nur Niggertheater, Miss. Roscoe da meint, dass Betina kein Recht hat, Schriftführerin zu sein, weil sie drei Monatsmieten schuldig ist, und sie sagt, er ist noch mehr schuldig, und es geht ihn einen Scheißdreck an. Wie's dazu gekommen ist, kann ich auch nicht sagen. Über das haben wir jedenfalls nicht geredet. Wir haben darüber geredet, ein Straßenfest zu machen, um Geld für einen Mieteranwalt zusammenzubringen.«

Kiswana hatte ihren Farn vor der Frau gerettet, und man bugsierte die beiden ans jeweils andere Zimmerende. Betina kämpfte sich zur Tür hinaus, wobei sie lautstark empfahl, wohin sie sich ihren Schriftführerjob mitsamt der ganzen Hausversammlung stecken könnten, wenn es in einer so kleinen Öffnung ihres Körpers Platz genug dafür gäbe.

Mit rotem Kopf und außer Atem setzte Kiswana sich wieder hin. »Jetzt brauchen wir jemand anderen fürs Protokoll.«

»Hoffentlich treibt der es nicht auch so toll!« Die nächsten fünf Minuten gab's Gelächter und eine neue Serie von Monologen über Betinas übellaunigen Abgang.

Lorraine bemerkte, dass Kiswana aussah, als wolle sie gleich anfangen zu weinen. Der Ein-Schritt-vor-zwei-Schritt-zurück-Verlauf des Treffens hinterließ deutliche Spuren auf ihrem Gesicht. Lorraine überwand ihre Scheu und hob die Hand. »Ich werde Protokoll für Sie führen.«

»Oh, vielen Dank.« Kiswana suchte schnell die durcheinandergeworfenen und verknüllten Papiere zusammen und reichte sie ihr. »Jetzt können wir wieder zur Sache kommen.«

Im Raum war man sich jetzt Lorraines Anwesenheit bewusst, und aus den Ecken kam leises Gemurmel, begleitet von verstohlenen Blicken, einige starrten sie offen an. Sie versuchte, den Leuten, die sie ansahen, ins Gesicht zu lächeln, doch die schauten weg, sobald Lorraine in ihre Richtung blickte. Nach einigen vergeblichen Versuchen erstarb ihr Lächeln. Sie blickte unsicher auf die Papiere in ihrer Hand, verbarg ihre zitternden Finger, indem sie so tat, als versuche sie, Betinas falsch geschriebenen und verschmierten Notizen zu entziffern.

»Also dann«, sagte Kiswana, »wer hat jetzt versprochen, für das Fest eine Stereoanlage zu installieren?«

»Sollten wir nicht abstimmen, wen wir als Schriftführerin wollen?« Sophies Stimme erhob sich und erfüllte den ganzen Raum, und das Gewicht erstickte den restlichen Lärm. Alle Blicke richteten sich stumm – leicht überrascht oder in lüsterner Befriedigung über das, was, wie sie wussten, jetzt kommen würde – auf ihr Gesicht. »Ich meine, kann denn jeder x-Beliebige einfach hier reingerauscht kommen, und wir kriegen ihn untergejubelt, ohne dass wir ein Wörtchen mitzureden haben?«

»Also, ich kann auch gehen«, sagte Lorraine. »Ich wollte nur helfen, ich – ...«

»Nein, Augenblick.« Kiswana war verwirrt. »Was für eine Abstimmung? Niemand sonst wollte es machen. Wollten Sie denn mitschreiben?«

»Das kann die nicht«, warf Etta ein, »es sei denn, wir sitzen hier und sagen das Abc auf, aber bitte nicht zu schnell. Also lasst uns einfach mit der Versammlung weitermachen.«

Einzelne Stimmen murmelten Zustimmung.

»Jetzt hört mal!« Sophie sprang auf, um den verlorenen Boden zurückzugewinnen. »Warum soll sich hier eine anständige Frau beleidigen lassen, und ihr alle ergreift Partei für so eine wie die?« Ihr Finger schoss vor wie eine Pistole, die sie zwischen Etta und Lorraine hin und her schwenkte.

Etta erhob sich von ihrem Stuhl. »Was glaubst du eigentlich, mit wem du redest, du alter Hühnerarsch? Ich bin so anständig wie du, und gleich komm ich rüber und hau dir zum Beweis eins in die Fresse!«

Etta versuchte, über den Coffeetable zu steigen, doch Mattie hielt sie von hinten am Kleid fest; Etta drehte sich um, versuchte, sie abzuschütteln, und stolperte über die Leute vor ihr. Sophie, die mit dem Rücken an der Wand stand, griff sich eine Holzfigur und schwang sie wie einen Baseballschläger. Kiswana riss die Hände vors Gesicht und stöhnte auf. Etta hatte ihren hochhackigen Schuh ausgezogen und bedrohte Sophie über die Schultern der Leute hinweg, die sie zurückhielten, mit dem Pfennigabsatz.

»Na los! Na los!«, kreischte Sophie. »Hackt nur auf mir rum! Na klar, ich bin ja diejenige, die hier rumläuft und unter eurer Nase diese schmutzigen, abartigen Sachen treibt. Jeder von euch weiß das; jeder hat darüber geredet, nicht nur ich!« Ihr Kopf ging hin und her wie der eines gefangenen Tieres. »Und auf jede Frau – *jede*, die so was verteidigt, sollte man besser ein Auge haben. Mehr will ich nicht gesagt haben – wo Rauch ist, da ist auch Feuer, Etta Johnson!«

Etta hörte auf, gegen die Arme, die sie zurückhielten, anzukämpfen, ihre Brust hob sich in schnellen, krampfhaften Atemzügen, und sie bedachte Sophie mit einem Blick voll vernichtendem, stummem Hass. Keine der Frauen im Raum wagte, etwas zu sagen, als Etta und Sophie einen Schritt voneinander abrückten. Sophie wandte sich Lorraine zu, die die Versammlungsnotizen zu einem Haufen Papierfetzen zerpflückt hatte. Lorraine hielt den Rücken steif, doch ihre Hände und ihr Mund bewegten sich unwillkürlich. Wie ein dahinschwindender Geist stand sie vor der Ebenholzstatue, die Sophie ihr wie ein Kruzifix entgegenhielt.

»In unseren Block ziehen und mit eurer widerlichen Art alles durcheinanderbringen – ihr seid hier unerwünscht!«

»Was hat irgendeiner von euch mich je anderes tun sehen, als das Haus zu verlassen und zur Arbeit zu gehen wie ihr auch? Ist es so widerlich, wenn ich jeden von euch grüße, den ich auf der Straße treffe, auch wenn ihr immer schweigt? Ist das mein

Verbrechen?« Lorraines Stimme senkte sich wie ein Silberdolch in das Gewissen der Frauen, und Unruhe breitete sich im Raum aus.

»Steh nicht so da wie ein Fräulein Unschuld«, flüsterte Sophie. »Ich werd euch erzählen, was ich gesehen hab!« Sophies Augen schweiften gehässig durchs Zimmer, und jetzt wurde es ganz still im Raum, wie in einem Gerichtssaal.

»Ich wollte ja über so was Dreckiges nicht reden, aber du zwingst mich dazu.« Sie fuhr sich mit der Zunge über die trockenen Lippen und sah Lorraine herausfordernd an. »Gestern Abend habt ihr beide vergessen, eure Rollos runterzulassen, und ich hab euch gesehen!«

Das Schweigen im Raum verdichtete sich zu einem unterdrückten Keuchen.

»Und da warst du, hast in der Badezimmertür gestanden, tropfnass und so schamlos wie nur was –«

Die Stille schmerzte fast.

»Und hast der anderen zugerufen, sie soll ihr Buch weglegen und dir ein frisches Handtuch holen. Da in der Badezimmertür mit deinem nackten Hintern. Ich habs gesehen – jawohl, das hab ich!«

Die Lungen der Leute begannen zu brennen, als sie atemlos auf Lorraines Antwort warteten, doch bevor das Mädchen den Mund aufmachen konnte, wehte Bens Stimme wie eine träge Brise durch den Raum.

»Ich vermute, *du* steigst mit den Kleidern aus der Wanne, Sophie. Das muss es ja in Jesses Augen verdammt viel einfacher machen.«

Das Lachen, in das sie ausbrachen, war eine solche Erleichterung, dass manchem Tränen in die Augen traten. Der Raum legte den Kopf zurück und brüllte aus Dankbarkeit für Ben, der ihm erlaubt hatte, wieder Luft zu holen. In dem Keuchen,

Husten und Rückenklopfen, das folgte, ging Sophies Schimpfen unter.

Lorraine verließ die Wohnung, umklammerte das Treppengeländer und versuchte, die Galle, die ihr hochkam, runterzuschlucken. Ben folgte ihr und berührte sie sanft an der Schulter.

»Alles in Ordnung, Miss?«

Sie presste die Lippen fest zusammen und nickte. Die Leichtigkeit seiner Berührung ließ ihr die Tränen in die Augen steigen, und sie blinzelte.

»Wirklich? Sie sehen aus, als wollten Sie gleich umkippen.« Lorraine schüttelte krampfhaft den Kopf und grub die Nägel tief in die Handfläche, während sie sich schnell die Hand vor den Mund hielt. Ich muss still sein, dachte sie. Wenn ich den Mund aufmache, schreie ich. O Gott, ich schreie, oder ich übergebe mich, auf der Stelle, vor diesem netten alten Mann. Die Vorstellung, wie ihr die halb verdauten Bissen ihres Frühstücks und Mittagessens aus dem Mund schossen und auf Bens Hosenbeine spritzten, kam ihr jedoch plötzlich komisch vor, und nun kämpfte sie gegen ein überwältigendes Bedürfnis zu lachen an. Das aufsteigende Gelächter versuchte sich Bahn zu brechen, und Lorraine zitterte.

Bens Miene verdüsterte sich, als er den zarten Körper betrachtete, der so tapfer um Haltung rang. »Jetzt kommen Sie, ich bring Sie nach Hause.« Und er versuchte, sie die Stufen hinunterzuführen.

Sie schüttelte in Panik den Kopf. Tes durfte sie so nicht sehen. Wenn sie jetzt irgendeine witzige Bemerkung macht, bring ich sie um, dachte Lorraine. Ich nehme ein Fleischmesser und ramme es ihr ins Gesicht, und dann bring ich mich um, sollen sie uns doch finden. Der Gedanke, wie all diese Leute aus Kiswanas Wohnung an ihren blutüberströmten Leichen standen, war seltsam tröstlich, und sie begann, freier zu atmen.

»Jetzt kommen Sie«, drängte Ben sanft und schob sie auf die Treppe zu.

»Ich kann nicht nach Hause gehen.« Sie flüsterte kaum vernehmlich.

»Ist schon gut, das müssen Sie auch nicht – kommen Sie.« Und sie ließ sich von ihm die Treppe hinunter und hinaus in den späten Septemberabend führen. Er brachte sie zu dem Haus, das der Mauer von Brewster am nächsten stand, und dann die Außenstufen hinab zu einer Tür mit zerrissenem Fliegengitter. Ben schloss die Tür auf und führte sie in seine feuchten, unterirdischen Gemächer.

Er knipste die einzige Birne an, die an einer dicken schwarzen Schnur von der Decke hing, und zog ihr einen Stuhl an den Küchentisch, der gegen die Wand gestützt war. Lorraine setzte sich, dankbar, ihr Gewicht von ihren wackligen Füßen nehmen zu können. Seine Entschuldigungen, als er die halb leere Weinflasche und eine gesprungene Tasse vom Tisch räumte, nahm sie nicht zur Kenntnis. Er wischte die Krümel weg, und zwei fette braune Küchenschaben sausten vor dem feuchten Tuch davon.

»Ich mache Tee«, sagte er, ohne zu fragen, ob sie welchen haben wollte. Er füllte den schwarz angelaufenen Topf mit Wasser und stellte ihn auf die Kochplatte am äußeren Ende der Anrichte, er fand zwei Tassen im Schrank, deren Henkel noch nicht abgebrochen waren. Ben stellte den schwarzen Tee, den er gebraut hatte, vor sie hin und brachte ihr einen Löffel und eine zerknitterte Einpfundtüte Zucker. Lorraine nahm drei gehäufte Kaffeelöffel Zucker, verrührte sie im Tee und hielt das Gesicht in den Dampf. Ben wartete, bis er sah, dass die heiße, süße Flüssigkeit ihre Wirkung tat und ihr Gesicht sich entspannte.

»Ich hab Sie vom ersten Moment an gemocht«, sagte er scheu, und als er sie lächeln sah, fuhr er fort: »Sie erinnern mich an mein kleines Mädchen.« Ben griff in die Gesäßtasche, zog eine zerschlissene Brieftasche heraus und reichte ihr ein kleines Foto.

Lorraine neigte den Schnappschuss näher zum Licht. Das Gesicht auf dem Zelluloid hatte nicht die geringste Ähnlichkeit mit ihr. Es war oval und dunkel, und seine Tochter hatte eine große, platte Nase und einen winzigen, aufgewölbten Mund. Sie gab Ben das Foto zurück und versuchte, ihre Verwirrung zu verbergen.

»Ich weiß, was Sie denken«, sagte Ben, während er das Foto seiner Tochter betrachtete. »Aber sie hat gehinkt – mein kleines Mädchen. War 'ne Steißlage, und die Hebamme hat ihr den Fuß gebrochen, wie sie auf die Welt kam, und er ist nie wieder in Ordnung gekommen. Sie ist immer so rumgehumpelt – aber ein liebes Kind.« Er runzelte die Stirn und betrachtete gedankenverloren und schweigend das Bild, dann schaute er auf und sah Lorraine an. »Wie ich Sie gesehen hab – wie Sie so ängstlich die Straße langgelaufen sind und versucht haben, zu den Leuten hier freundlich zu sein, und Ihr Gesicht, wenn ein paar von denen einfach glatt unverschämt waren – da ist bei Ihnen irgendwas hier drin zerbrochen.« Er deutete auf seine Brust. »Und Sie sind irgendwie innerlich so da langgehumpelt. Und da hab ich an meine Kleine gedacht.« Lorraine umklammerte die Teetasse mit beiden Händen, Tränen traten ihr in die Augen. Langsam rollten sie ihr Gesicht hinunter, doch um sie fortzuwischen, hätte sie die Tasse loslassen müssen, und das wollte sie nicht.

»Mein Vater«, sagte sie und starrte in die braune Flüssigkeit, »hat mich aus dem Haus geworfen, als ich siebzehn war. Er fand einen Brief, den eine meiner Freundinnen mir geschrieben hatte, und weil ich ihm gegenüber die Bedeutung des Briefes nicht leugnete, befahl er mir, zu verschwinden und alles, was er mir je gekauft hatte, dazulassen. Er sagte, er wolle es verbrennen.«

Sie schaute auf, um zu sehen, was für ein Gesicht Ben machte, doch unter den Tränen in ihren Augen verschwamm er immer wieder. »Also verließ ich sein Haus nur mit den Kleidern, die ich am Leib trug. Ich zog zu einer Cousine und arbeitete nachts in einer Bäckerei, um mich durchs College zu bringen. Jedes Jahr schickte ich ihm einen Geburtstagsbrief, und immer ließ er ihn ungeöffnet zurückgehen. Nach einiger Zeit schrieb ich meinen Absender nicht mehr auf die Umschläge, damit er sie nicht mehr zurückschicken konnte. Ich nehme an, die hat er auch verbrannt.« Sie zog die Nase hoch. »Ich schicke diese Briefe immer noch so – ohne Absender. Auf diese Weise kann ich glauben, dass er sie, in einem Jahr vielleicht, zumindest bevor er stirbt, mal aufmacht.«

Ben stand auf und gab ihr ein Stück Toilettenpapier, damit sie sich schnäuzen konnte.

»Wo ist Ihre Tochter jetzt, Mister Ben?«

»Für mich?« Ben seufzte tief. »Genau wie Sie – sie lebt in einer Welt ohne Adresse.«

Sie tranken schweigend ihren Tee aus, dann stand Lorraine auf, um zu gehen.

»Ich weiß nicht, wie ich Ihnen danken soll, also versuch ich es gar nicht erst.«

»Ich wär wirklich beleidigt, wenn Sie's versuchen würden.« Ben tätschelte ihren Arm. »Und kommen Sie wieder, wann immer Sie Lust haben. Ich hab nichts, aber was ich hab, geb ich Ihnen gern. Na, wie viele Leute sind so großzügig?« Lorraine lächelte, beugte sich vor und küsste ihn auf die Wange. Bens Gesicht ließ die Wände der schmuddeligen Wohnung erstrahlen. Er schloss die Tür hinter ihr, und zuerst klang ihr »Gute Nacht, Mister Ben« wie Kristallglöckchen in seinem Kopf. Kristallglöckchen, die größer und lauter wurden, bis ihr Klang sich in seinen Ohren verzerrte und er fast glaubte, sie habe gesagt, »Gute Nacht,

Daddy Ben« nein – »Morgen, Daddy Ben, Morgen, Daddy Ben, Morgen …«. Bens Speichel schmeckte jetzt wie gelötetes Blech, und er fuhr sich mit einer zitternden Hand über das stoppelige Gesicht und stürzte zu der Ecke, in die er schnell die Weinflasche geschoben hatte. Die Glocken betäubten ihn allmählich fast, und er schüttelte den Kopf, um den hämmernden Schmerz in seinem Kopf zu lindern. Er wusste, was als Nächstes kommen würde, und wagte nicht, Zeit damit zu verschwenden, den Wein erst in eine Tasse zu gießen. Er setzte die Flasche an und saugte gierig daran, doch es war zu spät. *Swing low, sweet chariot.* Das Lied hatte angefangen – das Pfeifen hatte eingesetzt.

Es fing unten, ganz tief in den Eingeweiden an und schrillte hinauf zu den Ohren und zerschlug die Glöckchen, ließ Glassplitter in sein Herz eindringen, das eigentlich so von alten Stichen hätte vernarbt sein sollen, dass keine Stelle mehr hätte bluten können. Doch die Glassplitter fanden noch einen winzig kleinen, unberührten Punkt – wie sie das immer taten – und rissen das Herz auf und ließen das Pfeifen hinein. Und jetzt würde Ben schneller und länger trinken müssen, denn die Melodie würde sich jetzt mit dem Blut in seinem Körper wie ein Geschwür verteilen, das überall, wo sie hinkam, alles vergiftete. *Swing low, sweet chariot.* Sie durfte sein Gehirn nicht erreichen. Er hatte noch ein paar Minuten, dann erreichte sie sein Gehirn und brachte ihn um. Er musste betrunken sein, bevor das Gift seine Halsmuskeln hochkroch, an seinem Mund vorbei, auf dem Weg zum Gehirn. Wenn er betrunken war, konnte er sie hinauslassen – sie in die Luft hinaussingen, bevor sie sein Gehirn angriff und ihn dazu brachte, sich zu erinnern. *Swing low, sweet chariot.* Er durfte nicht dort unter der Erde sterben wie ein Stück Vieh. O Gott, bitte mach ihn betrunken. Und er gelobte – nie wieder würde er so lange nichts trinken. Es war nur die Versammlung, und dann dieses Mädchen, das ihn so lange davon abgehalten hatte, aber er schwor, nie wieder würde sich so etwas wiederholen – nur bitte, lieber Gott, mach mich betrunken.

Allmählich wärmte der Alkohol Bens Blut, und er spürte seinen Kopf taub und schwer werden. Den Dank für diese erlösende Antwort auf sein Gebet schluchzte er fast heraus, denn das Pfeifen hatte jetzt seinen Hals erreicht, und er konnte den Mund öffnen – die Worte flossen aus ihm heraus in den Raum. Speichel rann ihm aus den Mundwinkeln, als er nach jedem Atemzug große Schlucke Wein nahm, doch er sang weiter – sabbernd und summend, denn zu singen war die Rettung, zu singen hieß, die Melodie aus dem Blut zu schaffen, zu singen hieß, Elvira zu vergessen und das »Morgen, Daddy Ben« seiner Tochter, während sie, das Lied im Rücken, ihren verdrehten Fuß seine Vorderveranda hochschleppte.

Swing low

»Morgen, Ben« – »Morgen, Elvira.«

Sweet chariot

Der kleine, rote Lieferwagen hielt vor Bens Hof.

Comin' for to carry me home

Seine Tochter stieg auf der Beifahrerseite aus und hinkte langsam aufs Haus zu.

Swing low

Elvira grinste in den Lieferwagen und in das zerfurchte Gesicht des Weißen, dessen Mundwinkel vom Tabak verfärbt waren. »Morgen, Mister Clyde. Ist ein schöner Tag heute, Sir, was?«

Sweet chariot

Ben beobachtete, wie seine Tochter durchs Tor kam, die Augen auf den Boden geheftet, und langsam die Treppe der Veranda hochstieg. Sie nahm immer nur eine Stufe aufs Mal, und ihre Schuhe kratzten über die rohen Bretter. Schließlich sah sie ihn an mit ihrem gequälten Blick und zerschmetterte den Rest seiner Seele, als sie ihn mit ihrer glockengleichen Stimme begrüßte. »Morgen, Daddy Ben. Morgen, Mum.«

»Morgen, Kleines«, murmelte Ben mit zusammengebissenen Zähnen.

Swing low

»Wie steht's oben im Haus?«, fragte Elvira. »Hat's meine Kleine Ihnen gestern alles recht gemacht?«

Sweet chariot

»Ganz tadellos, Elvira. Das Haus war blank wie eine gehäutete Ratte. Und wie steht's mit der Ernte?«

»Bestens, Mister Clyde, Sir. Bestens. Wir sind Ihnen ja so dankbar für das Extraland, das Sie uns verpachtet haben. Wir bringen mehr als genug ein, um die Schulden abzuzahlen. Ja, Sir, ganz ausgezeichnet.«

Der Mann lachte und zeigte die großen Lücken zwischen seinen tabakgefärbten Zähnen. »Hab's euch gern gegeben. Ihr seid mit meine besten Pächter. Ich halt meine Leute gern bei Laune. Wenn ihr was braucht, sagt nur Bescheid.«

»Wird gemacht, bestimmt, Mister Clyde, Sir.«

»In Ordnung, also dann, bis nächste Woche. Bin zur gewohnten Zeit da und hol das Mädel ab.«

»Sie wird fertig sein, Sir.«

Der Mann startete den Motor des Lieferwagens, und die Melodie, die er beim Fortfahren pfiff, hing in der Luft, lange nachdem der Staub sich wieder auf die Erde gesenkt hatte. Elvira grinste und winkte, bis das Rot des Lieferwagens am Horizont verschwand. Dann ließ sie den Arm und die lächelnden Mundwinkel gleichzeitig sinken und wandte sich zu ihrer Tochter. »Steh nicht so da und glotz. Geh ins Haus – dein Frühstück ist fertig.«

»Ja, Mum.«

Als die Fliegentür zuschlug, drehte Elvira ruckartig den Kopf zu Ben. »Was ist los mit dir, Nigger? Hast du nicht gehört, wie Mister Clyde mit dir geredet hat, und du stehst da wie ein Klotz. Hast du so wenig Verstand im Kopf, dass ich ihn dir einprügeln muss?«

Ben stand, die Hände in den Taschen, da und starrte auf die Spuren im Schlamm, dort, wo der Lieferwagen gestanden hatte. Er ballte die Fäuste im Overall, bis sich die Nägel in seine Handflächen gruben.

»Es ist nicht recht, Elvira. Es ist einfach nicht recht, und das weißt du auch.«

»Was ist nicht recht?« Die Frau streckte ihr Gesicht vor, ihm direkt unter die Nase, und er wich ein paar Schritte zurück. »Dass das Mädel arbeitet und ihren Unterhalt verdient wie wir anderen auch? Sie kann nicht aufs Feld, aber sie kann putzen, und das soll sie gefälligst auch! Ich seh schon, es ist besser, du hältst das Maul, weil wenn du's aufmachst, kommt nichts als dummes Zeug raus.« Sie wandte sich um, schüttelte ihn ab wie eine lästige Fliege und ging auf die Haustür zu.

»Sie ist zu uns gekommen, Elvira.« Eine bleierne Traurigkeit lag in Bens Stimme. »Sie ist vor langer Zeit schon zu uns gekommen.«

Die dünne Frau wirbelte herum, ihr Gesicht war verzerrt. »Mit einem Haufen Lügen über Mister Clyde ist sie zu uns gekommen, weil sie verdammt zu faul ist zum Arbeiten. Warum sollte ein anständiger Witwer mit einem kleinen schwarzen Niemand wie der rummachen wollen? Nee, alles, um sich bloß vor der Arbeit zu drücken – genau wie du.«

»Warum muss sie dann über Nacht bleiben?« Ben wandte sich ihr langsam zu. »Warum behält er sie da, ganz allein mit ihm?«

»Was denn, sollte er extra losfahren und sie heimbringen, wo er jeden Samstagmorgen auf dem Weg zur Stadt sowieso hier vorbeikommt? Wenn sie nicht lahm wär, könnte sie nach der Arbeit zurücklaufen. Aber der Mann ist so nett und fährt sie heim, und du redest schlecht über ihn, du und das verlogene Luder da.«

»Wo sie zu uns gekommen ist, erinnerst du dich, da hab ich Tommy Boys Wagen geliehen und bin hingefahren und wollte sie noch am Freitagabend holen. Ich hab dir erzählt, was Mister Clyde zu mir gesagt hat. ›Sie ist noch nicht fertig, Ben.‹ Einfach so. ›Sie ist noch nicht fertig.‹ Und dann ist er dagestanden und hat gepfiffen, wie ich zur Hintertür raus bin.« Bens Nägel gruben sich noch tiefer in seine Handflächen.

»So!« Elviras Stimme war schrill. »Ist schließlich ein großes Haus. Nicht wie diese Scheißhütte hier, in der du uns wohnen lässt. Sie braucht länger als andre, um was fertig zu kriegen, das weißt du genau, also warum machst du so ein Theater, als würd das wer weiß was heißen?«

»Sie ist noch nicht fertig, Ben.« Ben schüttelte langsam den Kopf. »Wenn ich nur ein halber Mann wär, ich tät ...«

Elvira kam über die Veranda und giftete: »Wenn du nur ein halber Mann wärst, hättst du mir mehr Kinder gemacht, und wir hätten ein bisschen Hilfe bei der Landarbeit statt nur ein halb erwachsnes Gör, für das wir auch noch arbeiten müssen. Und wenn du nur ein viertel Mann wärst, wärn wir nicht bloß Pächterpack auf dem Land von jemand anders – aber genau das sind wir, Ben. Und ich will verdammt sein, wenn ich zuseh, wie uns das bisschen, was wir haben, auch noch weggenommen wird, weil du die gemeinen Lügen von dem Gör da glaubst! Also, wenn Mister Clyde das nächste Mal kommt, dann sagst du einen Ton – hast du mich verstanden? Und du zeigst dich so dankbar, wie du erbärmlicher Arsch für die Gefälligkeiten sein solltest, die wir ihm verdanken.«

Ben spürte eine Feuchtigkeit an seinen Händen, denn seine Nägel hatten sich in die Haut der Handflächen gebohrt, und

Blut sickerte hervor. Er betrachtete Elviras dunklen Zopf und fragte sich, warum er nicht die Hände aus den Taschen nahm und das Bluten stillte, indem er mit den Händen ihren Kopf zerdrückte. Einfach die Ellbogen auf ihren Schultern abstützen, eine Hand an jede Schläfe legen und dann fest gegeneinanderpressen, bis das Bluten aufhörte. Seine großen, schwieligen Hände auf den Knochen ihres Schädels, und zudrücken, fest zudrücken. Oder er könnte ins Haus gehen, sein Gewehr holen, die Handflächen um den Abzug und den Kolben legen und die Kugeln in ihre Hängebrüste pumpen – einfach fest genug pressen, damit seine Handflächen aufhörten zu bluten.

Doch das Körnchen Wahrheit in ihren Worten wog schwer genug, um seine Hände in den Taschen versteckt und seine Füße festgenagelt auf den Bohlen der Veranda zu halten, und die Wunden schlossen sich von selbst. Ben entdeckte, dass er, wenn er den ganzen Freitagabend aufblieb und trank, am Samstag auf der Veranda stehen und den Mann anlächeln konnte, der pfiff, wenn er Bens lahme Tochter nach Hause brachte. Und er konnte ihrem gequälten Blick standhalten und glauben, dass sie gelogen hatte.

Eines Tages verschwand das Mädchen und ließ einen Zettel zurück, auf dem stand, sie liebe sie sehr, wisse aber, dass sie ihnen eine Last gewesen sei, und verstünde schon, warum sie sie gezwungen hätten, weiter bei Mister Clyde im Haushalt zu arbeiten. Doch sei sie der Meinung, wenn sie sich schon ihren Lebensunterhalt auf diese Weise verdienen müsse, könne sie genauso gut nach Memphis gehen, wo die Bezahlung besser sei.

Elvira lief bei den Nachbarn umher und prahlte, ihre Tochter arbeite jetzt in einem reichen Haus in Memphis. Und sie komme ganz prima zurecht, denn sie schicke immer viel Geld nach Hause. Ben starrte die Umschläge ohne Absender an, und er stellte fest, dass er die glockenhelle Stimme zum Schweigen bringen konnte, die aus dem offenen Umschlag ertönte – »Morgen,

Daddy Ben, Morgen, Daddy Ben, Morgen …«, wenn er jedes Mal, wenn ein Brief kam, genügend trank. Und außerdem konnte er nachts die Berührung mit Elviras Körper neben ihm im Bett ertragen, wenn er genügend trank, und die Vorstellung, wie sie mit eingedrücktem Kopf oder von Gewehrkugeln zerfetzter Brust dalag, raubte ihm nicht mehr den Schlaf.

Aber auch nachdem sie den Pachtvertrag verloren und Elvira ihn wegen eines Mannes verließ, der in der Nähe des Damms eine Farm bewirtschaftete, und Ben nach Norden ging und in Brewster einen Job annahm, trank er noch – er hatte längst vergessen, warum. Er wusste nur, dass die Kristallglöckchen anfingen zu klingen, wann immer er einen Briefträger sah, und dann dieses unheimliche Pfeifen einsetzte, das die Glöckchen zerspringen ließ, bevor es sich auf diese tödliche Reise zu seinem Herzen machte.

Er hatte nicht im Traum daran gedacht, dass es an einem Sonntag geschehen würde. Sonntags machte der Briefträger nicht die Runde, und so hatte er sich sicher gefühlt. Mit diesem Mädchen hatte er nicht gerechnet, das so wie die Glöckchen geklungen hatte, als sie heute Abend seine Wohnung verließ. Doch es war ja noch einmal gut gegangen, er hatte sich rechtzeitig betrunken, und nie wieder würde er ein so großes Risiko eingehen. Nein, Herr, du hast mir diesmal geholfen, und nie wieder werd ich Barmherzigkeit von dir fordern. Ben stolperte in seinem düsteren, feuchten Zimmer umher und sang aus vollem Hals. Die langsame, zittrige Melodie von »Swing Low, Sweet Chariot« drang aus seinem schmierigen Fenster in die späte Sommerluft.

Lorraine sann über den alten Mann und die hinkende Tochter nach und ging langsam nach Hause. An ihrem Treppenaufgang angelangt, fegte sie erhobenen Hauptes an ihren Nachbarn vorbei und machte sich nicht die Mühe, sie zu grüßen.

Theresa entstieg dem aus der Innenstadt kommenden Bus und ging Richtung Brewster Place. Freitagabend war sie immer nervös, denn im Büro mussten sie die Lohnlisten fertig machen. Der Nacken tat ihr weh, weil sie sich unentwegt über endlose Listen von Computerausdrucken gebeugt hatte. Was dachte sich diese verdammte Schulbehörde eigentlich – dass jemand in der Buchhaltung heimlich einen Verwandten auf die Lohnliste setzen würde? Die großen Tiere taten das schon seit Jahren, aber nachts lagen sie wach und zerbrachen sich den Kopf, wie sie die kleinen Leute daran hindern konnten, auch abzusahnen. Und noch etwas war ihr in den letzten Wochen ständig unangenehm im Kopf herumgegangen, und gerade heute hatte sie es auf den Punkt bringen können – Lorraine veränderte sich. Nicht dass sie die Veränderung an etwas, was sie gesagt oder getan hatte, festmachen konnte, aber Theresa spürte eine innerliche Festigkeit bei ihr, die vorher nicht da gewesen war. Sie widersprach öfter – ja, das war es –, ob es nun um die Abendnachrichten ging oder die Busabfahrtszeiten oder die richtige Art, einen Saum umzunähen. Lorraine fügte sich ihr nicht mehr. Und sie entschuldigte sich nicht mehr dafür, dass sie die Dinge anders sah als Theresa.

Warum beunruhigte sie das? Wollte sie denn nicht, dass Lorraine anfing, für sich selbst einzustehen? Dass sie mit all dem Geschniefe und Händeringen, jedes Mal, wenn Theresa die Stimme erhob, aufhörte? Waren die Dinge nicht so, wie sie sie die letzten fünf Jahre lang hatte haben wollen? Mehr als Lorraines Veränderung beschäftigte Theresa, dass sie deshalb beunruhigt war. Sie hatte sich tatsächlich überlegt, einen Streit vom Zaun zu brechen, nur um zu sehen, wie weit sie Lorraine bringen konnte – zu was bringen? O Gott, ich muss krank sein, dachte sie. Nein, es war dieser alte Mann – das war es, genau. Warum verbrachte Lorraine so viel Zeit mit diesem Trunkenbold? Himmel, sie hatten doch nicht das Geringste miteinander gemein. Was konnte er ihr sagen, für sie tun, was sie verband? Sie hatte versucht – das hatte sie wirklich –, Lorraine dazu zu bringen, ein wenig Rückgrat zu zeigen. Und jetzt schaffte irgendein ungebildeter Suffkopf vom Land in ein paar Wochen, was sie in fünf Jahren nicht fertiggebracht hatte.

Theresa wälzte das in Gedanken hin und her, als ein kleines Mädchen auf Rollschuhen an ihr vorbeisauste, aber in einem Riss im Bürgersteig hängen blieb und hinfiel. Sie trat auf das Mädchen zu, das mit Tränen in den Augen hochschaute und einfach feststellte: »Miss, ich hab mir wehgetan.« Sie sagte das in einem Ton solcher Verwunderung und Enttäuschung, dass Theresa lächelte. Kinder lebten so sehr in ihrer eigenen Welt, dass die kleinste Störung ihr Protestgeschrei hervorrief. Ach Süße, dachte sie, leb nur noch ein Weilchen, und du wirst dir noch oft wünschen, ein aufgeschürftes Knie wäre das größte Problem in deinem Leben. Aber noch war sie nur ein kleines Mädchen, und im Moment brauchte sie Publikum für ihren Kampf mit dem unliebsamen Missgeschick.

Theresa hockte sich neben sie und schnalzte mit der Zunge. »Na, so was. Lass mal sehen.« Sie half ihr vom Boden auf und machte übertrieben viel Aufhebens um das aufgeschürfte Knie.

»Es blutet!« Entsetzen lag in der Stimme des Kindes. Theresa betrachtete die winzigen Blutströpfchen, die sich auf dem schmutzigen Knie gebildet hatten. »Na, so was, wahrhaftig.« Sie versuchte, ernsthaft einzugehen auf den Schrecken des Kindes. »Aber ich denke, bevor du dir über eine Transfusion Gedanken machen musst, haben wir noch ein bisschen Zeit.« Sie öffnete ihre Handtasche und nahm ein sauberes Papiertaschentuch heraus. »Mal sehen, ob wir das nicht wieder hinkriegen. So, jetzt spuck mal hier drauf, und dann wisch ich dir das Knie ab.«

Das Mädchen spuckte auf das Taschentuch. »Wird es wehtun?«

»Nein, das tut nicht weh. Weißt du, wie meine Großmutter die Spucke immer genannt hat? Gottes Jod. Sie hat gesagt, damit kriegt man einfach alles wieder ganz – außer vielleicht ein gebrochenes Bein.«

Sie hielt das Bein des Mädchens ruhig und betupfte sanft das schmutzige Knie. »Siehst du, es geht alles ab. Ich glaube, du wirst weiterleben.« Sie lächelte.

Das Mädchen besah mit ernstem Gesicht sein Knie. »Ich glaube, da muss ein Pflaster drauf.«

Theresa lachte. »Nun, da hast du bei mir kein Glück. Aber geh mal nach Hause und schau, ob deine Mum eins für dich hat – wenn du dich dann noch erinnern kannst, welches Knie es war.«

»Was machen Sie da mit ihr?« Eine Stimme zerschnitt die Luft zwischen Theresa und dem Mädchen. Theresa schaute auf und sah eine Frau auf sie zustürzen. Die Frau riss das Kind an ihre Seite. »Was geht hier vor?« Ihre Stimme war eine halbe Oktave zu hoch.

Theresa stand auf und hielt ihr das schmutzige und blutige Papiertaschentuch hin. »Sie hat sich das Knie aufgeschlagen.« Die Worte fielen wie Bleigewichte. »Was zum Teufel glauben Sie denn, was ich getan habe?« Sie hielt den Blick der Frau fest und genoss jeden Augenblick, in dem diese sich vor Verlegenheit wand.

»Mum, ich brauch ein Pflaster, hast du ein Pflaster?« Das Kind zupfte an ihrem Arm.

»Ja, ja, Honey, sofort.« Die Frau war froh um den Vorwand, nach unten blicken zu können. »Vielen Dank«, sagte sie und drängte das Kind zum Gehen. »Sie ist immer so ungeschickt. Ich hab ihr schon tausendmal gesagt, sie soll beim Rollschuhfahren aufpassen. Aber Sie wissen ja …«

»Ja«, sagte Theresa und sah ihnen nach. »Ich weiß.« Sie zerknüllte das Papiertaschentuch, ging schnell ins Haus, öffnete die Wohnungstür und hörte, dass Lorraine im Bad Wasser laufen ließ.

»Bist du das, Tes?«

»Ja«, rief sie und dachte dann: Nein, ich bin's nicht. Ich bin's wahrhaftig nicht. Theresa lief wütend zwischen Küche und Wohnzimmer hin und her und bemerkte dann, dass sie immer noch das Papiertaschentuch in der Hand hatte. Sie warf es in den Abfalleimer in der Küche, drehte den Wasserhahn bis zum Anschlag auf und fing an, sich die Hände zu waschen. Wieder und wieder seifte sie sie ein und spülte sie ab, doch immer noch fühlten sie sich unsauber an. Scheißkuh, dachte sie, verdammte Scheißkuh! Sie trocknete sich flüchtig die Hände ab und bekämpfte den Impuls, sie noch einmal zu waschen, stattdessen begann sie, früher das Abendessen zu kochen. Sie hielt die Hände in ständiger schneller Bewegung und hackte mehr Zwiebeln, Sellerie und Paprika, als sie eigentlich brauchte. Energisch würzte sie das Hackfleisch und stieß den Holzlöffel wiederholt in das rote Fleisch.

Als sie innehielt, um Atem zu holen, und zum Küchenfenster schaute, bemerkte sie auf der anderen Seite des Luftschachts hinter dem Schatten eines Rollos ein schwarzes Augenpaar. »Was zum Teufel …?« Sie warf den Löffel hin und eilte zum Fenster.

»Willst du sehen, was ich mache?« Das Rollo wurde mit solcher Wucht hochgezogen, dass es auf seinen Rollen oben am Fenster rotierte. Schnell verschwand das Augenpaar aus dem Schatten des Rollos auf der anderen Seite des Luftschachts.

»Hier!« Theresa schob das Fenster mit einem Knall gegen den oberen Rahmen. »Ich hebs sogar hoch, damit du besser sehen kannst. Ich mach Hackbraten, du alte Fledermaus! Hackbraten!« Sie streckte den Kopf zum Fenster hinaus. »Genau so, wie andere Leute ihn machen! Hier, ich zeig's dir.«

Sie eilte zum Tisch zurück und nahm eine Handvoll gehackte Zwiebeln und warf sie zu Sophies Fenster hinüber. »Schau, das sind die Zwiebeln. Und hier, hier sind die gehackten Paprikaschoten!« Das in Würfel geschnittene Gemüse prallte gegen die Fensterscheibe. »O ja, ich nehm Eier dazu!« Zwei Eier flogen zum Fenster hinaus und klatschten gegen Sophies Scheiben.

Lorraine kam, sich die Haare frottierend, aus dem Bad. »Was ist das denn für ein Geschrei? Mit wem redest du denn?« Sie sah, wie Theresa durch die Küche hin- und herrannte und ihr Abendessen zum Fenster hinauswarf. »Hast du den Verstand verloren?«

Theresa nahm das Glas Oliven. »Und nun kommt was *Irres* für dich – Oliven! Ich nehme Oliven für meinen Hackbraten! Jetzt lauf die Straße rauf und runter und tratsch das weiter!« Das Glas Oliven krachte gegen das Haus auf der anderen Seite und verfehlte Sophies Fenster nur um Haaresbreite.

»Tes, hör auf!«

Theresa streckte den Kopf wieder zum Fenster hinaus. »Ja, ich weiß, Oliven sind wirklich komisch, aber das musst du mit meiner Großmutter ausmachen, denn das ist ihr Rezept! Halt! Ich hab ja das Fleisch vergessen – du sollst nicht meinen, ich würde Hackbraten ohne Fleisch machen.« Sie hastete zum Tisch zurück und riss die Schüssel hoch. »Theresa!!« Lorraine stürzte jetzt in die Küche.

»Nein, das sollst du nicht denken!«, schrie Theresa und holte aus, um die Schüssel durch Sophies Fenster zu schleudern. »Du könntest sonst glauben, ich sei *pervers* oder so was – eine, die deinen verdammten Kindern bloß nicht zu nahe kommen darf.«

Lorraine fiel ihr gerade noch rechtzeitig in den Arm, ergriff die Schüssel und stieß Theresa gegen die Wand.

»Pass mal auf«, sagte Lorraine und hielt die sich wehrende Frau fest. »Ich weiß, dass du stocksauer bist, aber gehackte Rinderlende kostet fast drei Dollar das Pfund!«

Das Entsetzen auf Lorraines Gesicht, die schützend den Arm um die Schüssel mit Fleisch hielt, brachte Theresa zur Besinnung – sie kicherte, dann fing sie langsam an zu lachen, und Lorraine nickte und lachte mit ihr. Theresa lehnte den Kopf gegen die Wand, und ihr voller Hals erbebte von den kräftigen Tönen, die in ihr aufstiegen. Lorraine wandte sich um und stellte die Schüssel auf den Tisch. Theresa hatte allmählich Seitenstiche vor Lachen und setzte sich auf einen Küchenstuhl. Lorraine schob die Schüssel weiter von ihr weg, und das ließ beide wieder in Gelächter ausbrechen. Theresa lachte und wiegte sich auf dem Stuhl hin und her, bis ihr Tränen die Wangen hinunterliefen. Dann überschritt sie jene dünne Grenze, die das Lachen vom Weinen trennt, und sie fing an zu schluchzen. Lorraine ging zu ihr hinüber, barg Theresas Kopf an ihrer Brust und streichelte ihr die Schultern. Sie hatte keine Ahnung, was der Grund zu alledem gewesen war, doch das spielte keine Rolle. Es war ein gutes Gefühl, diejenige zu sein, die jetzt trösten konnte.

Das Rollo auf der anderen Seite des Luftschachts bewegte sich ein paar Millimeter, und Sophie drückte ein Auge gegen ihre beschmierte und tropfende Fensterscheibe. Sie betrachtete die beiden Frauen, die sich in den Armen lagen, und schüttelte den Kopf. »Hm, hm, hm.«

Am nächsten Tag lief Lorraine auf dem Rückweg vom Supermarkt Kiswana über den Weg, die, den Arm voller Bücher, gerade aus dem Haus kam.

»Hallo«, begrüßte sie Lorraine. »Sie haben ja ganz schön zu schleppen.«

»Tja, uns ist gestern Abend das Gemüse ausgegangen.« Lorraine lächelte. »Da habe ich heute mal ein bisschen mehr mitgenommen.«

»Sagen Sie, wir haben Sie in der letzten Zeit gar nicht bei den Versammlungen gesehen. Die Dinge nehmen jetzt wirklich Gestalt an. Nächstes Wochenende gibt es ein Straßenfest, und dabei können wir jede Hilfe brauchen, die wir kriegen können.«

Lorraines Lächeln erstarb. »Haben Sie wirklich gedacht, ich würde wiederkommen, nach all dem, was da neulich passiert ist?« Kiswana schoss das Blut ins Gesicht, und sie starrte unbehaglich auf ihre Bücher hinunter. »Wissen Sie, mir tut das alles sehr leid. Ich hätte was sagen müssen – schließlich war es meine Wohnung –, aber irgendwie sind die Dinge so schnell außer Kontrolle geraten, es tut mir leid, ich …«

»Na, hören Sie, ich mache Sie nicht verantwortlich dafür, nicht mal diese Frau, die so einen Aufstand gemacht hat. Sie ist einfach nichts als eine sehr kranke Frau, das ist alles. Ihr Leben muss sehr unglücklich sein, wenn sie rumrennen und versuchen muss, Leuten wehzutun, die ihr nicht das Geringste getan haben. Aber noch mehr Ärger wollte ich nun wirklich nicht, und so dachte ich, besser, ich geh nicht noch mal hin.«

»Aber die Mieterinitiative ist für uns alle«, beharrte Kiswana, »und nicht alle empfinden so wie diese Frau. Was Sie tun, ist Ihre eigene Angelegenheit – nicht, dass Sie überhaupt irgendwas täten. Ich meine, nun ja, zwei Frauen oder zwei Männer können nicht zusammenwohnen, ohne dass die Leute reden. Dabei könnte sie Ihre Cousine oder Schwester oder sonst was sein.«

»Wir sind nicht miteinander verwandt«, sagte Lorraine ruhig.

»Nun, dann gute Freundinnen«, stotterte Kiswana. »Warum können gute Freundinnen nicht einfach zusammenwohnen, und die Leute kümmern sich um ihren eigenen Kram. Und selbst wenn sie keine Freundinnen sind, sondern … nun, was auch immer.« Unglücklich fuhr sie fort: »Es war meine Wohnung, und es tut mir leid, ich …«

Lorraine wechselte ihr zuliebe großzügig das Thema. »Ich sehe, Sie haben auch den ganzen Arm voll. Sie gehen wohl in die Bücherei?«

»Nein.« Kiswana schenkte ihr ein dankbares Lächeln. »An den Wochenenden besuche ich ein paar Seminare. Meine alte Dame liegt mir ständig in den Ohren, ich soll wieder studieren, und da hab ich mich im städtischen College eingeschrieben.« Sie entschuldigte sich fast. »Aber ich studiere nur Black History und Science of Revolution, und das weiß sie auch. Aber es genügt, um sie zu beruhigen.«

»Das finde ich großartig. Wissen Sie, als ich in Detroit studiert habe, hab ich einige Seminare in Black History belegt.«

»Ja? Welche denn?«

Während sie miteinander redeten, kamen C. C. Baker und seine Freunde um die Ecke getrabt. Diese jungen Männer waren immer im Rudel unterwegs, jedenfalls nie ohne zwei, drei Kumpane. Sie brauchten die anderen als Bestätigung der eigenen Existenz um sich. Wenn sie mit ihrer schwarzen Haut, ihrem Abgangszeugnis der neunten Klasse und einem Vokabular von fünfzig Wörtern vor dem Spiegel standen, den die Welt errichtet hatte, und nichts sahen, bewiesen die engen Jeans, die Wildledersneaker und getönten Sonnenbrillen der anderen um sie rum, dass sie lebendig waren. Und wenn es das Leben gab, dann gab es auch die Träume von jenem Wunder, das sie eines Tages in jenen Himmel katapultieren konnte, der von ihren Göttern – den schwarzen Detektiven Shaft und Superfly – bevölkert war. Während sie im Warten auf diese Verwandlung alt wurden, strichen sie durch die Straßen, drehten ihre tragbaren Kassettenrekorder voll auf, brüllten rum und waren auf diese Weise wenigstens sicher, dass man sie, wenn man sie schon nicht sah, doch zumindest hörte. *Hey man* hier, *hey man* dort, und ständig griffen sie sich in den Schritt und rückten die Ausrüstung zurecht, die sie für notwendig erachteten, um jeden Moment in den Super-fly-Himmel einberufen zu werden.

Die Jungs kannten Kiswana, weil ihr Freund, Abshu, Leiter des Stadtteilzentrums war, und auf Lorraine waren sie von den Eltern oder sonstigen Erwachsenen aufmerksam gemacht worden, die mitgeholfen hatten, den gelben Nebel zu verbreiten. Als sie die beiden Frauen miteinander reden sahen, gingen sie auf einen Wink von C. C. etwas langsamer am Treppenaufgang vorbei. Der Gedanke an Lorraine beunruhigte C. C. Baker beträchtlich. Er kannte nur eine Art und Weise, mit Frauen – ausgenommen seine Mutter – umzugehen. Bevor er genau erfahren hatte, wie Frauen Kinder gebären, wusste er bereits, wie er sie befriedigen oder bestrafen oder ihnen Gefälligkeiten entlocken konnte, und zwar durch den Einsatz dessen, was da zusammengerollt hinter seinem Hosenschlitz lag. Dort war die Lebensader seines männlichen Selbstbewusstseins, und der Gedanke an eine Frau, die sich ihrer Reichweite entzog, war eine Bedrohung.

»He, Swana, pass bloß auf, wenn du mit der Lesbe quatschst – nicht, dass sie dir an die Titten geht!«, rief C. C.

»Na, du Kampflesbe, wie wär's, wenn du dich bei Uncle Sam mal zu nem ordentlichen Manöver meldest?«

Lorraine umklammerte ihre Einkäufe fester und versuchte, sich an Kiswana vorbeizudrücken und ins Haus zu gehen. »Bis dann.«

»Nein, bleiben Sie.« Kiswana stellte sich ihr in den Weg. »So dürfen Sie nicht mit sich reden lassen. Die sind doch nur ein Haufen Aufschneider.« Sie rief dem Anführer zu: »C. C., du kleiner Lahmarsch, mach lieber, dass du wegkommst. Mit dir hat hier kein Mensch geredet.«

Der muskulöse braune Junge spuckte seine Zigarette aus und straffte die Schultern. »Du hast mir doch nen Scheiß zu sagen!

Und ich werd Abshu mal stecken, dass du ne ordentliche Tracht Prügel brauchst, hier mit ner Lesbe Reden zu halten!« Er schaute sich zu seinen Spiegelbildern um und sonnte sich in deren Beifall. »Komm doch rüber, dann zeig ich dir mal, was ein richtiger Mann draufhat.« Er fasste sich mit der hohlen Hand zwischen die Beine.

Kiswanas Gesicht wurde rot vor Ärger. »Wenn stimmt, was ich von dir gehört habe, C. C., wird da nicht viel zu spüren sein.«

Seine Freunde brachen in Gelächter aus, und als er sich zu ihnen umdrehte, sah er, dass sie Respekt hatten vor dieser jungen Frau, die es ihm gerade gezeigt hatte. Lorraine lächelte angesichts der absoluten Fassungslosigkeit auf seinem Gesicht. Mit einem wütenden Knurren fletschte er die Zähne und versuchte, den verlorenen Boden zurückzugewinnen, indem er instinktiv die vermutlich Schwächere der beiden angriff.

»Du lachst über mich, du Freak, was? Gleich komm ich rüber und stopf dir dein Fotzen leckendes Maul!«

»Da musst du erst mal an mir vorbei, also versuch's doch.« Kiswana legte die Bücher auf dem Treppenaufgang ab. »Na, Mann, komm schon.« Seine Freunde zogen ihn am Arm. »Sie ist doch bloß ne Frau.«

»Ich sollte rübergehn und dem Weibsstück nen Denkzettel verpassen und ihr eine reinhaun.«

»He, Mann, lass es, lass es«, flüsterte ihm einer ins Ohr. »Das is Abshus Alte, und dieser Riesenkerl verpasst dir eine.«

C. C. zog eine super Nummer ab, indem er sich widerstrebend von Kiswana wegziehen ließ, doch die hatte sich, völlig unbeeindruckt davon, bereits umgedreht, um ihre Bücher aufzuheben. Mit Faust und Mittelfinger machte er eindeutige Zeichen Richtung Lorraine.

»Das vergess ich nicht, du Schwuchtel!«

Theresa hatte die ganze Szene vom Fenster aus beobachtet, bereit, hinauszurennen und Kiswana zu helfen, falls der Junge den Treppenaufgang hinaufgekommen wäre. Das sah Lorraine wieder mal ähnlich, einfach dazustehen und jemand anderen für sich einstehen zu lassen. Nun, vielleicht hatte sie endlich ihre Lektion gelernt, was diese beschränkten Nullen in Brewster Place anging. Nie würde sie von diesen Leuten akzeptiert werden, und es hatte nicht den geringsten Zweck, sich darum zu bemühen.

Theresa wandte sich vom Fenster weg, setzte sich auf die Couch und tat so, als löse sie ein Kreuzworträtsel, als Lorraine hereinkam.

»Du siehst ein bisschen blass aus. Waren die Preise im Laden heute so hoch?«

»Nein, diese Hitze macht mich einfach fertig. Kaum zu glauben, dass wir Anfang Oktober haben.« Ohne sich aufzuhalten, ging sie in die Küche.

»Tja«, sagte Theresa und betrachtete aufmerksam Lorraines Rücken. »So was nennt man Altweibersommer.«

»Hm.« Lorraine stellte die Tüten auf dem Tisch ab. »Ich bin zu müde, um das jetzt wegzuräumen. Es ist nichts Verderbliches drin. Ich glaube, ich nehm ein Aspirin und leg mich hin.«

»Tu das«, sagte Theresa und folgte ihr ins Schlafzimmer. »Dann bist du ausgeruht für später. Saddle hat angerufen – er und Byron geben im Club ne Geburtstagsparty, und sie wollen, dass wir vorbeikommen.«

Lorraine suchte in der obersten Kommodenschublade nach Aspirin. »Ich geh da heute Abend nicht hin. Ich hasse diese Partys.«

»Früher hast du sie nicht gehasst.« Theresa verschränkte die Arme in der Tür und starrte Lorraine an. »Warum auf einmal jetzt?«

»Ich habe sie immer gehasst.« Lorraine machte die Schublade zu und begann, in der anderen zu suchen. »Ich bin nur hingegangen, weil du es wolltest. Sie machen mich krank mit ihrem ganzen Tunten-Getue.«

»Tunten – und was sind wir? Scheiß Homos!« Theresa spuckte die Worte aus.

Lorraine fuhr zusammen, als ob sie geschlagen worden wäre. »Das ist ein schmutziges Wort, Tes. Du kannst dich ja so nennen, wenn du willst, aber ich bin nicht so. Hörst du? Ich nicht!« Sie knallte die Schublade zu.

Mich kann sie also anfauchen, dachte Theresa, aber bei diesem Abschaum der Straße da ist sie auf den Mund gefallen. Sie kniff langsam die Augen zusammen und sah Lorraine an. »Nun, da meine Freunde der Gräfin von Detroit nicht gut genug sind«, sagte sie gereizt, »wirst du vermutlich einen weiteren Abend mit deinem Verehrer verbringen. Aber ich kann dir jetzt schon sagen, gerade, bevor du die Straße hochkamst, hab ich ihn draußen vorbeigehn sehn, und er ist bereits sternhagelvoll und singt aus vollem Hals. Was macht ihr beiden eigentlich immer da unten im Keller – singt ihr zusammen in trauter Harmonie? Das muss dir doch langweilig werden, er kennt ja nur ein Lied.«

»Dafür ist er kein sarkastisches Biest wie gewisse andere Leute.«

Theresa sah Lorraine an wie eine Fremde.

»Aber ich will dir sagen, was wir da unten tun. Wir reden, Theresa – wir reden wirklich miteinander.«

»Also reden du und ich nicht miteinander?« Theresas Erstaunen verwandelte sich in Gekränktsein. »Nach fünf Jahren stellst du dich da einfach hin und sagst, dass du mit irgendeinem hirnvertrockneten Säufer besser reden kannst als mit mir?«

»Du und ich reden nicht miteinander, Tes. Du redest – Lorraine hört zu. Du hältst Vorträge – Lorraine macht sich Notizen darüber, wie man sich anzieht und verhält und amüsiert. Wenn ich die Dinge nicht so sehe wie du, dann brüllst du los – Lorraine weint. Anscheinend gibt dir das einen Kick, wenn du mir das Gefühl gibst, ich wär eine Idiotin.«

»Das ist unfair, Lorraine, und das weißt du genau. Ich kann gar nicht zählen, wie oft ich dir gesagt habe, du sollst aufhören, hinter den Leuten herzurennen und um ihre Freundschaft zu betteln, während sie dir nur wehtun. Ich habe immer gewollt, dass du ein bisschen Courage zeigst und selbstständig bist.«

»Das ist es ja gerade, Tes! Du wolltest, dass ich von anderen Leuten unabhängig bin und mich ansonsten nach dir richte; dass ich mich von der Welt absondere und diese verrückten Vorstellungen vom Anderssein teile, die du hast. Wenn ich mit Ben zusammen bin, fühle ich mich nicht im Geringsten verschieden von irgendwem sonst auf der Welt.«

»Dann hast du bei Ben das falsche Gefühl«, schnauzte Theresa, »denn wir sind anders. Und je eher du das lernst, desto besser bist du dran.«

»Siehst du, wieder das alte Lied. Tes die Lehrerin, und Lorraine die Schülerin, die die Lektion einfach nicht kapiert. Lorraine, die einfach nur ein Mensch sein will – ein ganz simpler Mensch, der die Tochter oder die Freundin oder sogar die Feindin von irgendwem ist. Doch da draußen geben sie mir das Gefühl, ein Monster zu sein, und hier drin bringst du mich dazu, dass ich mir genau so vorkomme. Der einzige Ort, an dem ich ein bisschen Frieden gefunden habe, Tes, ist dieser feuchte, hässliche Keller.«

»Lorraine.« Theresa schüttelte langsam den Kopf. »Du bist eine Lesbe – weißt du, was dieses Wort bedeutet? Du bist verkehrt rum, eine Kampflesbe, ein Mannweib, ein Homo, all das, was dieser Kerl gerufen hat. Ja, ich habe ihn gehört! Und du kannst in alle Keller dieser Welt rennen, es wird nichts daran ändern, also warum akzeptierst du es nicht?«

»Ich habe es akzeptiert!« Lorraine schrie. »Ich habe es mein Leben lang akzeptiert, und es ist nichts, weshalb ich mich schäme. Ich habe einen Vater verloren, weil ich mich geweigert habe, mich dessen zu schämen – aber deswegen bin ich doch nicht *anders* als der Rest der Welt.«

»Du bist verdammt anders!«

»Nein!« Sie riss erneut die oberste Kommodenschublade auf und nahm eine Handvoll Unterwäsche heraus. »Siehst du das hier? Es gibt zwei Konstanten in meinem Leben, seit ich sechzehn bin – beige BHs und Haferflocken. Am Tag, bevor ich mich das erste Mal in eine Frau verliebt habe, bin ich aufgestanden, aß Haferflocken zum Frühstück, zog einen beigen BH an und ging zur Schule; am Tag, nachdem ich mich in diese Frau verliebt hatte, bin ich aufgestanden, aß Haferflocken zum Frühstück und zog einen beigen BH an. Am Tag, bevor es passiert ist, und am Tag danach war ich also nicht anders, Tes.«

»Und was hast du getan, Lorraine, als du an diesem nächsten Tag zur Schule gegangen bist? Hast du am Spind in der Turnhalle gestanden und mit den anderen Mädchen Geschichten über diese neue Liebe in deinem Leben ausgetauscht, ja? Als sie mit ihren Freunden und den fünfzig Dutzend Variationen über den Verlust ihrer Jungfräulichkeit angegeben haben, hast du da eingehakt und gesagt: ›Oh, aber ihr hättet mal die sehn sollen, bei der ich meine letzte Nacht gelassen habe!‹ Ja? Hast du das gesagt?«

Theresa stand vor ihr und schrie. Sie sah Lorraines Gesicht in sich zusammensinken, doch sie drang weiter in sie.

»Du mit deinen beigen BHs und deinen Haferflocken!« Sie riss Lorraine die Sachen aus der Hand und warf sie ihr ins Gesicht. »Warum hast du nicht in diesem Umkleideraum gestanden und ein Bild deiner großen Liebe herumgezeigt? Warum hast du sie nicht zum Abschlussball eingeladen? Hm? Warum? Antworte mir!«

»Weil sie es nicht verstanden hätten«, flüsterte Lorraine und zog den Kopf zwischen die Schultern.

»Das stimmt! Da sind sie ja wieder, deine geliebten ›sie‹. Sie hätten es nicht verstanden – nicht in Detroit, nicht in Brewster Place, überhaupt nirgendwo! Und solange diese ganze Scheißwelt ihnen gehört, heißt es ›sie‹ und ›wir‹, *sister* – sie und wir. Und das ändert alles.«

Lorraine setzte sich aufs Bett, den Kopf in die Hände gestützt, und heftige Krämpfe ließen ihre Schultern und ihren schmalen Rücken zucken. Theresa stand hoch aufgerichtet vor ihr und ballte die Fäuste, um nicht die Hände auszustrecken und sie zu trösten. Sollte sie nur weinen. Sie musste endlich begreifen. Sie konnte nicht den Rest ihres Lebens in Kellern verbringen, mit Säufern reden und Kartenhauswelten erbauen, die ihr über dem Kopf einstürzen mussten.

Theresa verließ das Schlafzimmer und setzte sich in den Stuhl am Wohnzimmerfenster. Sie sah zu, wie der Herbsthimmel dunkel wurde und der Abend über den Giebeln der Häuser aufzog, und sie saß mit der Selbstgefälligkeit derer da, die ihre Methoden einfach damit rechtfertigen können, dass sie letztendlich erfolgreich sind. Doch sogar nach sieben Zigaretten wurde sie den bitteren Geschmack im Mund nicht los. Sie hörte Lorraine im Schlafzimmer umherlaufen und dann unter die Dusche gehen. Schließlich kam sie, frisch angezogen, zu ihr ins Wohnzimmer. Fast war es ihr gelungen, die Schwellungen um ihre Augen mit Make-up zu kaschieren.

»Ich bin fertig für die Party. Du solltest dich umziehen!« Theresa betrachtete die schwarzen Pumps und das grüne, schwarz bedruckte Kleid. Etwas an der Art und Weise, wie es an Lorraines Körper hing, ließ Schuldgefühle in ihr aufsteigen.

»Ich hab es mir anders überlegt. Ich fühl mich heute Abend nicht danach.« Sie wandte den Kopf wieder dem Abendhimmel zu, als läge die Antwort auf das Durcheinander in ihrer beider Leben, in dessen dunklen Tiefen.

»Dann geh ich ohne dich.« Beim Ton von Lorraines Stimme löste sie widerwillig den Blick vom Fenster.

»Du wirst es dort alleine keine zehn Minuten aushalten, also warum setzt du dich nicht einfach hin und hörst auf damit?«

»Ich muss gehen, Tes.« Die Dringlichkeit in ihren Worten erschreckte Theresa, und das Erschrecken zu verbergen, gelang ihr nur schlecht.

»Wenn ich es heute Abend nicht schaffe, ohne dich aus dem Haus zu gehen, Theresa, wird nichts mehr in mir dich lieben können. Und ich gebe mir Mühe, Theresa; ich gebe mir solche Mühe, an dieser Liebe festzuhalten.«

Theresa würde eine sehr alte Frau werden, und sie würde diese Worte tausendmal in ihrer Erinnerung abspulen lassen und sich dann tausend verschiedene Dinge ausdenken, die sie hätte sagen oder tun können, um die groß gewachsene, hellhäutige Frau in dem grün-schwarzen Kleid davon abzuhalten, zum letzten Mal in ihrem Leben aus dieser Tür zu gehen. Doch heute Abend war sie eine junge Frau und immer noch auf der Suche nach Antworten, und sie machte den fatalen Fehler, den viele junge Frauen begehen, den Fehler zu glauben, dass etwas, was es gar nicht gibt, einfach nur für sie unerreichbar raffiniert versteckt ist. Also sagte Theresa an diesem Abend nichts zu Lorraine. Sie hatte das Gesicht in einer stummen Bitte um Beistand wieder traurig dem Abendhimmel zugekehrt.

Lorraine verließ den lauten verrauchten Club und beschloss, um Zeit rumzubringen, zu Fuß nach Hause zu gehen. Kaum war sie in dem Club eingetroffen, hatte sie auch schon wieder gehen wollen, besonders weil sie in lauter enttäuschte Gesichter blickte, als sie ohne Theresa kam. Theresa war diejenige, die gern tanzte und scherzte und herumalberte – sie konnte eine Party in Schwung bringen. Lorraine saß in einer Ecke, hielt sich den ganzen Abend über an einem Drink fest und wirkte derart verschüchtert auf die Leute, die sie ansprachen, dass sie selbst die beharrlichsten Konversationsversuche im Keim erstickte. Sie spürte eine unterschwellige Hysterie und Selbstironie in dem Clubgeschehen, und es war ihr unangenehm, das irgendwie mit ihrem eigenen Leben in Verbindung zu bringen.

Eine Stunde lang hatte sie es ausgehalten, doch das war nicht lange genug. Tes würde immer noch auf sein, sich sicher sein, dass sie bald zurückkäme. Sie überlegte sich, einen Bus in die Innenstadt zu nehmen und ins Kino zu gehen, doch eigentlich wollte sie nicht alleine sein. Wenn sie doch nur ein paar Freunde in dieser Stadt hätte. Da fiel ihr Ben ein. Sie könnte die hinter Brewster gelegene Straße hochlaufen und die Abkürzung durch den Gang zu seiner Wohnung nehmen. Selbst wenn Tes immer noch am Fenster saß, konnte sie den Block nicht so weit entlangschauen. Sie würde einfach leise an seine Tür klopfen, und wenn er nicht zu betrunken war, um sie zu hören, würde er auch klar genug sein, ihr heute Abend zuzuhören. Ihr Bedürfnis, mit jemandem zu reden, war so stark, dass es schmerzte.

Kaum war sie zwanzig Meter weit den düsteren Gang hineingelaufen, roch Lorraine das durchdringend süße Marihuana. Sie blieb stehen und spähte durch die bleierne Dunkelheit in den Gang, sah jedoch niemanden. Sie machte noch ein paar vorsichtige Schritte, blieb wieder stehen versuchte, etwas zu erkennen. Niemand war zu sehen. Sie wusste, so würde sie Brewster nie erreichen; jedes Mal, wenn sie stehen blieb, vervielfältigten sich ihre sinnlosen Ängste, bis es unmöglich wurde, durch sie hindurch das Ende des Gangs zu erreichen. Es war niemand da, und um das ihrem pochenden Herzen zu beweisen, musste sie jetzt einfach schnell durch den Gang laufen.

Als sie die ersten zwei leisen, dumpfen Aufschläge hinter sich hörte, zwang sie sich, nicht stehen zu bleiben und zurückzuschauen, denn da war ja niemand. Noch ein dumpfer Aufschlag, und sie fing an, ein wenig schneller zu laufen. Der vierte dumpfe Aufschlag ließ sie losrennen, und da schwang sich ihr ein dunkler Körper, der sich gegen das düstere Haus gepresst hatte, so plötzlich in den Weg, dass sie nicht rechtzeitig anhalten konnte: Sie rannte in ihn hinein und prallte ein Stück zurück. »Kannst du nicht Entschuldigung sagen, Schwuchtel?«, knurrte C. C. Baker ihr ins Gesicht.

Hinter dem Gesicht dicht vor ihr sah Lorraine, wie ein Paar Wildledersneaker zu Boden flogen und mit einem dumpfen Plopp auf dem Zement aufschlugen. Ihre Blase gehorchte ihr nicht mehr, ihr Hals war wie zugeschnürt, Galle kam ihr hoch. Ihr wurde klar, was sie vorhin gehört hatte. Sie hatten sich auf der Mauer versteckt und beobachtet, wie sie den Gang hochgekommen war, und hatten ihr aufgelauert. Das Gesicht schob sich so dicht an das ihre, dass sie in die geblähten Nasenlöcher schauen und den üblen Geruch aus dem Mund riechen konnte.

»Hast du keine Manieren? Mir auf den Fuß treten und nicht mal Entschuldigung sagen?«

Krampfhaft schluckend wich sie zurück. Sie drehte sich um, um in Richtung der gestaltlosen, dumpfen Schläge hinter ihr davonzurennen. Sie hatte sie nicht wirklich gesehen, also waren sie auch nicht da. Das Bild der vier Körper, die jetzt quer über den Gang eine Kette bildeten, traf ihr Bewusstsein wie eine Faust, und in Panik schrie sie auf. Eine Hand legte sich blitzartig über ihren Mund, und ihr Kopf wurde in den Nacken zurückgerissen, während eine heisere Stimme ihr ins Ohr flüsterte: »Jetzt verschlägt es dir die Sprache, was? Hast dich wohl für sehr witzig gehalten, als du mich heut auf der Straße ausgelacht hast? Mal sehen, ob du jetzt lachen wirst, Schwuchtel!« C. C. zwang sie auf die Knie, während die anderen fünf Jungs sie wortlos einkreisten.

Sie hatte den schmalen Streifen Boden betreten, den sie ihr Eigen nannten, das Gebiet zwischen dem letzten Haus von Brewster und einer Backsteinmauer. Innerhalb dieser Grenzen herrschten sie in diesem unbeleuchteten Gang wie zwergenhafte Kriegerkönige. Mit dem Anhängsel der Macht geboren, von Guillotinen beschnitten und getauft mit dem Dampf Tausender blinder Spiegel, würden diese jungen Männer keinen asiatischen Bauern mit einem Bajonett massakrieren, keinen Torpedo ins Visier nehmen oder von einer B-52 aus ihren eisernen Samen in die Wunde der Welt pumpen, keiner von ihnen würde mit einem Federstrich eine Nation verschieben oder einen Pfosten in die Oberfläche des Mondes rammen – und sie wussten es. Sie hatten nur diesen Einhundert-Meter-Gang, und der musste ihnen als Prunkgemach und Henkerskammer dienen. Und so fand sich Lorraine auf den Knien wieder, umgeben von der gefährlichsten Spezies der Welt – Menschen männlichen Geschlechts, die sich mit einer Erektion bestätigen müssen, in einer Welt von nur zwei Metern Breite.

»Ich zeig dir mal was, ich wette, das hast du noch nie gesehen.« C. C. nahm sie am Hinterkopf, presste ihr Gesicht in den Schritt seiner Jeans und rieb es ruckartig hin und her. Seine Freunde lachten. »Ja, das fühlt sich gut an, nicht wahr? Siehst du, das ist es, was du brauchst. Ich wette, wenn wir mit dir fertig sind, willst du nie wieder eine Fotze lecken.«

Einer rammte ihr das Knie ins Kreuz, und ihr Körper bäumte sich auf, sodass sich C. C.s Nägel seitlich in ihren Mund bohrten, um ihren Aufschrei zu ersticken. Er stieß ihren gekrümmten Körper auf den Zement hinunter. Zwei der Jungen hielten ihre Arme fest, zwei rissen ihr die Beine auseinander, und C. C. kniete sich dazwischen, schob ihr Kleid hoch und zerrte an ihrer

Strumpfhose. Lorraines Körper warf sich in Angstkrämpfen hin und her, was die Jungs fälschlicherweise für Widerstand hielten, und C. C. hieb ihr die Faust in den Magen.

»Verdammte Fotze, du liegst besser still, sonst reiß ich dir den Arsch auf!«

Die Wucht des Schlags zwang Luft in ihren zusammengeschnürten Hals, und sie bewegte den wunden Mund in dem Versuch, das eine Wort zu bilden, das sie fast zerrissen hatte: »Bitte«. Und endlich zwängte es sich durch ihre gelähmten Stimmbänder. Unter Aufbietung aller Kraft, die noch in ihr war, brachte Lorraine es, die Augen fest geschlossen, noch einmal hervor. »Bitte.«

Einer der Typen nahm eine schmutzige Papiertüte, die auf dem Boden lag, und stopfte sie ihr in den Mund. Sie fühlte ein Gewicht auf ihren ausgestreckten Körper fallen. Da öffnete sie die Augen, und sie schrie und schrie in das Gesicht über ihr – in das Gesicht, das für diesen schneidenden Schmerz in ihrem Körper verantwortlich war. Die Schreie blieben stumm, sie versuchten, sich einen Weg durch die Hornhaut ihrer Augen zu bahnen, doch die gummiartige Membran wirkte wie eine Echowand; sie warf die Schreie ins Gehirn zurück, wo sie zuerst die Zellen töteten, die das Erinnerungsvermögen speisten. Dann versagten die Zellen für das Geschmacks- und Geruchsvermögen. Und zuletzt gingen die Zellen zugrunde, in denen die Fähigkeit zu lieben – oder zu hassen – wurzelte.

Lorraine spürte den Schmerz in Kreuz und Bauch nicht länger. Sie spürte nicht, wie die Haut an den Armen abschürfte, als sie gegen den rissigen Zement gepresst wurden. Was von ihrem Empfindungsvermögen noch übrig war, kreiste um die hämmernde Bewegung, die ihr das Innere entzweiriss. Sie konnte nicht sagen, wann sie die Plätze tauschten und das zweite Gewicht, dann das dritte und vierte auf sie fiel – da war nichts als die andauernde Qual, die ihre Augen immer wieder das einzige Wort schreien ließ, wieder und wieder, für den Rest ihres Lebens: Bitte. Ihre Schenkel und ihr Bauch waren so voller Blut und Sperma, dass die letzten beiden sie nicht anfassen wollten, deshalb drehten sie sie um, stützten ihren Kopf und ihre Schultern gegen die Wand und nahmen sie von hinten. Als sie fertig waren, ließen sie Lorraines Körper los. Er fiel in sich zusammen, wie eine aus der Führung genommene Marionette. Sie spürte weder ihr geplatztes Rektum noch die Stellen am Schädel, wo ihr das Haar beim Entlangschürfen an den Backsteinen ausgerissen worden war. Lorraine lag in diesem Gang und schrie über die ziehenden Schmerzen in ihrem Inneren, die sich nicht legen wollten.

»He, C. C., und wenn sie sich nun erinnert, dass wir es waren?«

»Mann, wie will sie das denn beweisen? Dein Schwanz hat doch keine Fingerabdrücke.« Sie lachten, stiegen über sie hinweg und rannten davon.

Lorraine lag gegen die Wand gelehnt auf dem kalten Boden, und ihre Augen starrten in den Himmel. Als der Horizont sich aufhellte und die Sonne anfing, die Luft zu erwärmen, lag sie immer noch da, den Mund geknebelt mit dem Papier der Tüte, das Kleid bis unter die Brüste hochgezogen, die blutige Strumpfhose um die Schenkel hängend. Nichts rührte sich. Sie hätte für immer dort liegen bleiben und einfach vor Hunger oder Kälte sterben können. Es ging kein Wind an diesem Morgen, Blechbüchsen, Limonadenflaschen, lose Papierfetzen, alles lag still da. Nicht einmal eine streunende Katze oder ein herrenloser Hund durchsuchten den Abfall nach Essensresten. Nichts an diesem frühen Oktobermorgen regte sich. Nur Ben. Ben war aus seinem Keller gekommen und saß an seinem gewohnten Platz auf einer alten Mülltonne, die er gegen die Wand gerückt hatte. Und er sang und wiegte sich hin und her, während er kleine Schlucke aus der Halbliterflasche nahm, die er in der Gesäßtasche hatte.

Lorraine wandte den Kopf, schaute die Gasse hoch und sah die Bewegung. Hin und her. Hin und her. Beinahe in perfektem Einklang mit dem metallischen Schmerz, der sich weiter in sie bohrte. Sie kroch auf den Knien näher, schwache, ächzende Geräusche von sich gebend, wie ein verwundetes Tier. Als sie sich den Gang entlangschleppte, streifte ihre Hand einen losen Ziegel, und sie krallte die Finger darum und schleifte ihn über den Boden Richtung Brewster Place, auf die Bewegung zu. Hin und her. Hin und her.

Mattie stieg aus dem Bett, ging ins Bad und stellte dann den Wasserkessel auf. Sie stand immer früh auf, aus keinem anderen Grund als aus Gewohnheit. Der Zeitsteuerungsmechanismus, der ihr auf der Farm eingepflanzt worden war, merkte nicht, dass sie jetzt in der Stadt lebte. Während das Kaffeewasser heiß wurde, füllte sie einen Krug, um ihre Pflanzen zu gießen. Als sie sich über die Pflanzen beugte, sah sie den Körper, der den Gang hochgekrochen kam. Sie schob das Fenster ein Stück weiter hoch und lehnte sich hinaus, um sicherzugehen, dass das Morgenlicht ihren Augen keinen Streich gespielt hatte. »Barmherziger Jesus!« Sie warf einen Mantel über ihr Nachthemd, zog ein Paar Schuhe an und versuchte, ihre arthritischen Beine dazu zu bringen, schnell die Treppe hinunterzulaufen.

Lorraine kam der Bewegung näher. Sie rappelte sich hoch, auf die aufgeschürften und steif gewordenen Knie, und die Papiertüte fiel ihr aus dem Mund. Sie stützte sich an der Mauer ab und hinkte den Gang entlang, auf die Bewegung zu, während sie den Ziegel umklammert hielt und unentwegt lautlos jenes Wort formte. Hin und her. Hin und Her. Lorraine erreichte schließlich die Bewegung oben auf der Abfalltonne. Durch den burgunderroten Nebel begann Ben langsam, den Blick auf sie zu konzentrieren, und gerade als er die Lippen öffnete, um die Worte auszusprechen, die sich in seinem Kopf gebildet hatten – »Mein

Gott, Kind, was ist mit dir passiert?« –, krachte ihm der Backstein in den Mund. Die Zähne bröckelten ihm in den Hals, und sein Körper sackte nach hinten gegen die Wand. Noch einmal stieß Lorraine den Ziegel auf ihn nieder, um den hin und her wankenden Kopf zu stoppen, Blut floss ihm jetzt aus den Ohren und spritzte auf die Tonne und gegen die Mauer. Matties Schreie schossen wie Querschläger durch Lorraines Kopf, und auch sie schrie jetzt, als sie den Backstein noch einmal niederfallen ließ und seine Stirn spaltete und eine Schläfe zertrümmerte.

Arme fassten sie um die Taille, und der Backstein wurde ihr aus der Hand geschlagen. Auf einmal bewegte sich alles. Lorraine kreischte und kratzte, um sich des rennenden und schreienden Universums um sie herum zu erwehren. Eine groß gewachsene, hellhäutige Frau in einem blutigen, grün-schwarzen Kleid schlug blind in die Luft und schrie: »Bitte. Bitte.«

Das Straßenfest

Regen. Er fing an dem Nachmittag an, als Ben starb, und fiel eine ganze Woche lang Tag und Nacht, sodass Brewster sich mit all den Fragen nach dem Warum und Weshalb seines Todes nicht an der Mauer versammeln und ein Requiem abhalten konnte. Sie waren gezwungen, ihre Meinungen nur zu zweit oder zu dritt auszutauschen, und näher heran an die Mauer, als bis zu den Fenstern der auf die Straße hinaus liegenden Räume, kamen sie nicht. Sie waren eingesperrt in ihr Zuhause und ihre Gedanken, währenddessen es zunehmend schwieriger wurde, hinter den rauchschwarzen Wolken einen Nachthimmel von einem Taghimmel zu unterscheiden. Am stärksten wurden die Regengüsse nach Einbruch der Dunkelheit; dann strömte das Wasser die grauen Backsteine hinunter, und eine schlammige, trübe Flüssigkeit verstopfte die Rinnsteine unter schwefelgelben Straßenlaternen. Kochgerüche und fettiger Dunst tränkten die feuchten Wände der Wohnungen; Kuchen gingen nicht auf, und Bettlaken blieben klamm und kalt. Den Kindern war langweilig, die Männer blieben abends länger aus oder kamen heim und fingen Streit an, um einen Grund zu haben, wieder weggehen zu können. Die Kneipe an der Ecke machte Rekordumsätze in dieser Woche, und die Stromrechnungen stiegen jäh an, weil Heizlüfter, Fernsehgeräte und Lampen Tag und Nacht angeschaltet blieben. Ganz Brewster versuchte verzweifelt, irgendeine Art von Licht und Wärme in die Welt zu bringen. Mitte der Woche schwand langsam die Hoffnung auf das Straßenfest, die wochenlange Planung wurde samt dem Abfall im Rinnstein durch die rostigen Gullys gespült.

Nur wenige gaben es zu, aber in dieser Regenwoche hatte jede Frau in Brewster Place von der hochgewachsenen, hellhäutigen Frau in dem blutigen, grün-schwarzen Kleid geträumt. Mit dem kalten Schweiß eines Albtraums war sie zu ihnen gekommen, oder sie tauchte an der Grenze zwischen Schlafen und Wachen auf. Kleine Mädchen erwachten schreiend, und ihre bestürzten Mütter, die wussten, aber nicht wissen wollten, was ihren Töchtern den Schlaf raubte, konnten sie nicht trösten. Die Frauen wurden nervös und mürrisch, und die Abergläubischen unter ihnen begannen, die Regengüsse als eine Art Zeichen zu sehen, und legten nachts eine aufgeschlagene Bibel neben das Bett. Sogar Matties Schlaf war unruhig und ihre Träume quälend …

»Wie wärs mit nem Tänzchen, Miss Johnson?« Ein gut aussehender Teenager stellte sich verführerisch vor Etta in Positur. Sie fuhr sich mit der Hand übers Haar und nahm die Schürze ab.

»Aber glatt.« Und sie tänzelte um den Tisch herum.

»Komm zurück, Weib, benimm dich deinem Alter entsprechend.« Mattie holte ein Rippchen vom Grill.

»Das tu ich doch! Fünfunddreißig!«

»Ha, du hast ein paar Sünden zu bereuen, die sind schon etwas älter.«

Der Junge wirbelte Etta unter seinem erhobenen Arm im Kreis. »Langsam, Süßer. Es funktioniert zwar alles noch, aber ich muss nen Gang runterschalten.« Sie zwinkerte Mattie zu und tanzte auf die Straßenmitte hinaus.

Mattie schüttelte den Kopf. »Herr, bewahre sie vor Unglück, wenn du sie schon nicht vor Torheiten bewahren kannst.« Sie lächelte und tappte mit dem Fuß unterm Tisch den Rhythmus der Musik, während sie die Straße entlangschaute und die Hoffnung tief in sich aufnahm, die von schwingenden Hüften, fettigen Fingern und den breit grinsenden Mündern ausging.

Eine dünne braunhäutige Frau, die einen Trenchcoat und einen Handkoffer trug, kam langsam die Straße hoch. Gelegentlich blieb sie stehen, um sich umzudrehen und den Leuten zu antworten, die ihr zuriefen – »Hey, Ciel! Schön, dich zu sehen, Mädchen!« Ciel – ein Knoten bildete sich in Matties Herz, und der Atem stockte ihr. »Nein.«

Ciel trat auf Mattie zu und stand schüchtern vor ihr.

»Tag, Mattie. Es ist lange her.«

»Nein.« Mattie schüttelte langsam den Kopf. »Wahrscheinlich bist du wütend auf mich, ich weiß. Ich hätte dir schon früher mal schreiben oder dich zumindest mal anrufen sollen.«

»Kind.« Mattie legte sacht eine Hand an Ciels Gesicht. »Aber ich hab immer an dich gedacht, wirklich, Mattie.«

»Kind.« Matties beide Hände umschlossen jetzt Ciels Gesicht. »Ich musste weggehen; das weißt du. Ich musste Brewster Place so weit wie möglich hinter mir lassen. Ich bin immer weiter und weiter gefahren, bis der Highway zu Ende war. Und als ich aufsah, war ich in San Francisco, und vor mir lag nur noch der Ozean, und da ich nicht schwimmen kann, bin ich dort geblieben.«

»Kind. Kind.« Mattie zog Ciel an sich.

»Es war scheußlich von mir, nicht zu schreiben – ich weiß.« Ciel fing an zu weinen. »Aber ich hab immer gesagt, eines Tages, wenn die Narben alle verheilt sind, wenn es mir wirklich wieder gut geht und ich über alles, was passiert ist, hinweg bin, sodass sie stolz auf mich sein kann, dann werde ich schreiben und es sie wissen lassen.«

»Kind. Kind. Kind.« Mattie drückte Ciel an ihren vollen Busen und wiegte sie langsam hin und her.

»Aber dieser Tag kam nie, Mattie.« Ciels Tränen fielen auf Matties Brust, während sie die Frau innig umarmte. »Und ich hab aufgehört zu glauben, dass er je kommen wird.«

»Gott sei gedankt, dass dir das klar geworden ist.« Mattie gab Ciel frei und drückte ihre Schultern. »Sonst hätte ich bis zum Jüngsten Tag auf die Freude, dich zu sehen, warten können.«

Sie gab Ciel eine Papierserviette, damit sie sich schnäuzen konnte. »San Francisco, hast du gesagt? Du meine Güte, das ist weit weg. Ich wette, davon hast du dort draußen nichts bekommen.« Sie schnitt ein großes Stück Sandkuchen ab.

»Oh, wie gut der aussieht, Mattie«, sagte Ciel und biss hinein.

»Schmeckt genau wie der, der meine Großmutter immer gemacht hat.«

»Das sollte er auch – es ist ihr Rezept. In der ersten Nacht, die ich in Miss Evas Haus verbrachte, gab sie mir ein Stück von diesem Kuchen. Bis dahin wusste ich nie, warum man ihn Engelskuchen nennt – ein Bissen, und ich dachte, ich sterbe und komme in den Himmel.«

Ciel lachte. »Ja, Granny konnte kochen. Wir hatten wirklich schöne Zeiten in dem Haus. Ich erinnere mich, dass Basil und ich uns immer gestritten haben. Abends ging ich dann ins Bett und betete: Lieber Gott, bitte segne Granny und Mattie, aber Basil nur, wenn er aufhört, meine Buntstifte zu zerbrechen. Hast du je wieder etwas von ihm gehört, Mattie?«

Mattie runzelte die Stirn, drehte sich um und bepinselte die Rippchen auf dem Rost. »Nein, Ciel. Vielleicht hat er noch nicht so ein Glück gehabt wie du. Kein Highway, der aufhörte, sodass er mal stehen bleiben und anfangen musste, nachzudenken.«

Etta kam außer Atem zur Tür herein. »Nanu, du bist da!« Sie packte Ciel und küsste sie. »Kind, du siehst gut aus. Wo hast du dich denn versteckt?«

»Ich wohne jetzt in San Francisco, Miss Etta, und arbeite bei einer Versicherungsgesellschaft.«

»Frisco, ja, das ist eine schöne Stadt – bin mal durchgekommen. Aber erzähl mir nicht, dass du deshalb so strahlst.« Sie tätschelte Ciel die Wange. »Ich wette, du hast nen neuen Kerl.«

Ciel errötete. »Tja, ich habe jemanden kennengelernt, und wir wollen heiraten.« Sie schaute zu Mattie auf. »Ich bin bereit, noch einmal eine Familie zu gründen!«

»Good Lord!« Mattie strahlte.

»Aber er ist nicht schwarz.« Zögernd blickte sie zwischen Mattie und Etta hin und her.

»Und ich wette, er ist *nicht* zwei Meter fünfzig groß und *nicht* so hübsch wie Billy Dee Williams, und er ist auch *nicht* Präsident von Jugoslawien«, sagte Etta. »Weißt du, wir halten uns immer viel zu lange mit dem auf, was ein Mann *nicht* ist. Was er *ist,* das zählt. Ist er gut zu dir, Kind?«

»Und ist er gut für dich?«, fügte Mattie freundlich hinzu.

»Ja, sehr.« Ciel lächelte.

»Dann backe ich euren Hochzeitskuchen.« Mattie lächelte.

»Und ich tanz auf eurer Hochzeitsfeier.« Etta schnipste mit den Fingern.

Mattie drehte sich zu Etta um. »Weib, du hast heute schon so viel getanzt, das sollte für dein Leben reichen.«

»Ach, sei bloß still. Ciel, würdest du dieser Frau da bitte sagen, dass das hier eine Party ist.«

»Und würdest du bitte dieser Frau da sagen, dass alte Weiber wie wir hinter diesen Tischen stehen und Essen verkaufen sollen.«

»Ihr zwei ändert euch wohl nie.« Ciel lachte.

»Ist das nicht ein Glück, dass du deinen Urlaub gerade jetzt nehmen konntest?«, fragte Etta und band ihre Schürze wieder um. »Es wäre doch ein Jammer gewesen, wenn du das Fest verpasst hättest.«

»Nein, ich hab keinen Urlaub.« Ciel schaute sich um. »Wisst ihr, das war wirklich sehr merkwürdig. In der ganzen letzten Woche hat es geregnet, und dann hatte ich eines Nachts einen Traum, der sich um diese Straße drehte, und irgendwas hat mir einfach gesagt, dass ich heute hier sein sollte. Also hab ich ein paar Tage freigenommen – einfach so, spontan. Komisch, hm?«

Mattie und Etta zwangen sich, einander nicht anzuschauen. »Was für einen Traum, Ciel?« Mattie hielt den Fettpinsel ganz fest in ihrer Hand.

»Ach, ich weiß es nicht, einen von dieser verrückten Sorte, wo dir im Kopf alles durcheinandergerät. Etwas über die Mauer und Ben. Und dann war da eine Frau, die ich wohl sein sollte, denk ich mir. Sie hat mir nicht so richtig ähnlich gesehen, aber innerlich hatte ich das Gefühl, dass ich das bin. Ihr wisst, wie verrückt Träume sind.«

Etta ließ das Geld in ihrer Schürzentasche durch die Finger gleiten. »Wie sah die Frau aus, Ciel?«

Ciel zuckte die Achseln. »Ich weiß es nicht, wie ich, nehme ich an – groß, dünn.« Sie runzelte einen Moment die Stirn. »Aber sie war hellhäutig, und ihr Haar war anders – ja, länger, aber hochgesteckt.« Sie blickte Etta an, und die Worte kamen ihr unwillkürlich über die Lippen: »Und sie hatte ein grünes Kleid mit einer Art schwarzem Besatz an, und vorne hatte es rote Muster oder rote Blumen oder so was Ähnliches.« Ciels Augen verdunkelten sich. »Und an der Mauer war mir was Schlimmes passiert – ich meine, ihr – ihr war etwas Schlimmes passiert. Und Ben hatte irgendwie damit zu tun.« Sie starrte die Mauer an und zitterte. »Ach, wer weiß? Es war nur ein verrückter Traum, mehr nicht.« Sie lächelte Etta und Mattie an, doch etwas in deren Gesichtern ließ ihr Lächeln erlöschen. »Warum seht ihr mich so an? Was ist los?«

Mattie war eifrig damit beschäftigt, ihre Rippchen einzupinseln, und Etta antwortete: »Nichts, Honey. Ich hab grad versucht, rauszufinden, auf welche Zahl ich nach deinem Traum setzen könnte. Also, ich weiß, Schlangen sind die 436, und ein blauer Cadillac ist die 224, aber ich muss in meinem Buch nachschauen, was eine Mauer ist. Was setzt du bei einer Mauer, Mattie?«

Mattie hielt den Blick weiter auf den Grill gerichtet. »Weib, du weißt, dass ich mich mit diesem Blödsinn nicht abgebe. Wenn ich mein Geld loswerden will, kann ich es einfach zum Fenster rausschmeißen. Ich muss es nicht so einem Fritzen vom Zahlenlotto geben. Die Rippchen sind jetzt durch, Ciel. Willst du ein Sandwich, bevor sie alle sind? Diese Leute verdrücken alles in null Komma nichts, da muss es ja gutes Wetter geben.«

»Jetzt nicht, ich bin noch satt von dem Kuchen.« Sie ließ den Blick über die Straße schweifen und schnipste mit den Fingern. »Jetzt weiß ich, was fehlt – wo ist der alte Ben? Unten, seinen Rausch ausschlafen?«

Mattie beschloss plötzlich, dass ihr Fleisch doch noch eingepinselt werden musste, und suchte mit ihren Augen nach der Soße. »Ben ist letzten Samstag gestorben, Honey.«

»Oh, das tut mir leid. Da hat der Wein ihn am Ende doch erwischt.«

»Das könnte man so sagen.« Etta biss die Zähne zusammen.

Die Musik und der Lärm in Matties Ohren wurde plötzlich leiser, und sie sah die schiebenden und zuckenden Leiber der Tanzenden wie in einem dumpfen Vakuum. Zähne schlugen in Fleisch, und Hälse nahmen die Flüssigkeit aus Weißblechdosen auf, während Kinder wild durch die Menge rasten, stumme Schreie ausstießen und umherliegendes Papier und leere Flaschen zur Seite kickten. Dunkle Gesichter verzerrten sich zu Masken der Freude, der Überraschung, der Entschlossenheit und

Befriedigung – dünne Masken, von der warmen Luft der Oktobersonne auf die Gesichter gelegt.

O Gott!, flehte Mattie stumm und schaute zum Himmel hoch, bitte lass es nicht regnen. Sie sah aus den Augenwinkeln, dass Etta ebenfalls zum Himmel emporschaute, und zwar mit einem Ausdruck, den Mattie noch nie zuvor auf dem Gesicht der Freundin erblickt hatte. Etta sah aus, als würde sie beten.

Ein rot-gelber Wasserball flog mitten auf Matties Grill, und der Lärm der Straße schlug wieder über ihr zusammen. »Ach, du liebes bisschen!« Sie riss den Ball vom Rost, bevor er über den Kohlen schmolz.

»Entschuldigung, Mattie.« Kiswana kam zum Tisch gerannt.

»Ich hab mit Brucie gespielt, und er hat ihn zu weit geworfen.«

»Ist schon gut, Kind. Ich hab nur gedacht, dass wohl keiner gegrilltes Gummi will.«

Kiswana nahm den Ball und ging zu Cora Lees Treppenaufgang zurück.

»Verstehn Sie jetzt, was ich meine?«, fragte Cora Lee, die auf der Treppe saß, die Hände auf ihren vorstehenden Bauch gelegt. »Er kann einfach nichts richtig machen.« Sie rief Bruce zu: »Jetzt komm hierher und setz dich hin. Schluss mit der Ballspielerei.«

»Ich will mich nicht hinsetzen. Ich will ein Stück Kuchen.«

»Ich hab kein Geld mehr für Kuchen.«

»Dorian hast du ein Stück Kuchen gekauft – ich will ein Stück Kuchen!« Bruce fing an, gegen das Geländer des Treppenaufgangs zu treten.

»So ist es recht, brich dir nur den Fuß. Dir den Arm zu brechen, hat dir wohl nicht gereicht, jetzt muss es auch noch der Fuß sein.«

»Ich kauf ihm ein Stück«, erbot sich Kiswana.

»Nein, er hat schon eins gehabt. Und wenn er hier nicht bald wegkommt, wird er demnächst überhaupt keinen Zahn mehr haben!« Cora machte einen Versuch, sich von der Treppe zu erheben.

»Dickbauch, Dickbauch!«, schrie Bruce und rannte die Straße hoch.

Mit einem Seufzer setzte Cora sich wieder hin. »Gemein! Schlicht und einfach gemein. Meinen Sie, die haben auch nur einen Funken Mitgefühl, dass ich in diesem Zustand bin? Kein Stück! Letzte Woche haben sie mich fast zum Wahnsinn getrieben, und bei dem Regen konnte ich sie nicht rausschicken. Und kein Auge hab ich zutun können.

Wenn du schwanger bist, schläfst du nachts schlecht – ständig hab ich alle möglichen grausigen Träume gehabt.«

»Ich weiß.« Kiswana nickte. »Ich hab gehofft, dass es für das Fest heute aufhört zu regnen. Ist es nicht toll? Wir haben schon über hundert Dollar zusammengebracht, wissen Sie.«

»So viel?«, fragte eine Frau, die in der Nähe stand.

»Ich schätze, wenn wir uns erst mal nen Anwalt nehmen und den Arsch von Vermieter vor Gericht zerren, wird er in diesem Jahr schon bereit sein, uns ein bisschen einzuheizen«, sagte eine andere.

»Stellt euch vor, im ganzen letzten Winter hat er nur zweimal Öl kommen lassen.«

»Ich weiß«, sagte Cora. »Die ganze Zeit musste ich den Backofen brennen lassen, und meine Gasrechnung ist explodiert.«

»Vermutlich meint der, Nigger brauchen keine Heizung.«

»Ja, weil wir aus Afrika kommen. Und da ist es so heiß, dass die gar nicht wissen, was Heizöl ist.«

Alle lachten, bis auf Kiswana. »Wissen Sie, das stimmt nicht ganz. In einigen Teilen Afrikas schneit es, und Nigeria ist eines der wichtigsten Ölexportländer der Welt.«

Die Frauen hörten auf zu lachen und schauten sie an, wie du jemanden ansiehst, der die Pointe eines simplen Witzes einfach nicht geschnallt hat.

Aus dem Haus nebenan kam Theresa, stellte einige Kartons auf die Mülltonnen und ging wieder hinein.

»Ich dachte, sie wäre schon ausgezogen«, flüsterte jemand.

»Nein, ich glaube, sie zieht heute aus.«

Beklommenes Schweigen senkte sich über die Frauen auf dem Treppenaufgang.

»Und wie viel brauchen wir noch, bis es für einen Anwalt reicht?«, fragte Cora Lee Kiswana.

»Hm?« Kiswana hatte die Mauer angestarrt, als versuche sie, sich an etwas Wichtiges zu erinnern. »Oh, tja, vielleicht noch mal hundert oder so. Aber das dürfte kein Problem sein, so wie's im Augenblick läuft.« Sie schaute schnell zum Himmel hoch. »Solange das Wetter hält.«

»Ja«, murmelten die anderen.

»Ich geh wohl besser wieder rüber und helfe noch ein bisschen beim Verkaufen.«

»Ich hab noch Eiswürfel oben in der Tiefkühltruhe. Warme Limonade wollen die Leute ja nicht kaufen.«

»Hat wer Sonya gesehen?« Cora Lee fiel plötzlich auf, dass ihre Kleine verschwunden war. Sie hievte ihren massigen Körper von den Stufen hoch. »Gott, das war der schlimmste Tag in meinem Leben, als das Mädchen zu laufen anfing.« Sie schob sich durch die Menge und rief nach ihr. »Sonya! Sonya!« Kiswana seufzte. »Ich glaube, ich sollte herumgehen und noch ein bisschen Geld sammeln.«

Eine Wolke hatte den Streifen blauen Himmels, der zwischen den beiden Gebäudekomplexen lag, fast völlig verdunkelt, und ein kalter Wind begann, an den dünnen Schnüren der Luftballons und dem um die Geländer der Aufgänge gewundenen

Krepppapier zu zerren. Die Farben von Brewster Place verschmolzen zu einem bleiernen Grau, das sich mit dem Grau der Backsteinhäuser mischte.

Die Menge lichtete sich schnell, als die Leute aus den Nachbarstraßen ihre Kinder zusammensuchten, um sie schleunigst nach Hause zu bringen.

Kiswana ging zu einem der Tische hinüber. »Ich glaube, wir fangen lieber an aufzuräumen – es wird gleich regnen.«

Eine Frau hatte gerade die Frischhaltefolie von einem weiteren Kokoskuchen genommen. »Es wird nicht regnen«, sagte sie und fing an, den Kuchen zu zerteilen und auf Pappteller zu legen.

»Nicht doch – er wird nass werden! Sie können ihn doch für später aufheben.«

Die Frau sah Kiswana herausfordernd an, das Messer hing drohend über dem Kuchen. »Es wird nicht regnen.« Und sie ließ das Messer mit einem solchen Schlag niedersausen, dass Kiswana zusammenfuhr und vorsichtig zurücktrat.

Aus den großen Lautsprecherboxen dröhnte immer noch Musik auf die Straße hinaus, doch die schwere Luft drückte mit ihrem Gewicht dagegen und dämpfte die Klänge. Die Einzigen, die noch tanzten, waren Leute, die in Brewster wohnten. Sie schauten nicht zu dem sich rapide verdunkelnden Himmel hoch oder hielten inne, wenn atmosphärische Störungen die Musik übertönten. Sie tanzten einfach weiter, bis der gleichmäßige Rhythmus sie wieder einholte.

Kiswana rannte zwischen die Tänzer und lief zu dem Jungen, der die Platten auflegte. »Bau lieber deine Anlage ab, bevor der Regen sie ruiniert.«

»Die Leute tanzen noch.«

»Ich weiß, dass sie noch tanzen«, schrie sie. »Aber es fängt gleich an zu regnen!«

Die dunklen Wolken hatten sich zu einer dicken, rauchgrauen

Faust geballt, und der Wind war jetzt so heftig, dass er ihr die Zöpfe ins Gesicht blies.

»Wenn die Leute tanzen wollen, muss ich weitermachen.« Und der Junge griff nach einer anderen Platte.

Kiswana strich sich das Haar zurück. »Das ist Wahnsinn!«

Sie rannte zu Matties Tisch.

»Lassen Sie das Hühnchen doch jetzt«, sagte ein Mann aus einer anderen Straße gerade. »Ich geh lieber heim. Möchte nicht in einen Platzregen kommen.«

Etta wickelte weiter das Sandwich ein. »Hören Sie, das hier ist ein Fest zur Unterstützung unserer Straße. Sie haben dieses Sandwich gewollt, und jetzt werden Sie auch hier stehen bleiben und es essen!«

»Passen Sie mal auf, Lady, den Dollar geb ich Ihnen ja, aber ich hol mir doch hier draußen keine Lungenentzündung.« Er legte den Dollar auf den Tisch und setzte sich in Bewegung.

»Nein, warten Sie. Sie müssen nichts zahlen. Bleiben Sie nur hier und essen Sie es – bitte!«

Er warf ihr einen verwirrten Blick über die Schulter zu und rannte die Straße fast hinunter.

»So ein Narr!«, sagte Etta zu Kiswana und warf wütend das Sandwich auf den Tisch.

Kiswana drehte sich von Etta weg und wandte sich an Mattie, ihr Herz klopfte heftig.

»Mattie, es regnet gleich«, bat sie inständig. »Bitte, wir müssen das Geld noch einsammeln. Wir müssen …« Und ihre Stimme löste sich in Tränen auf.

»Nun machen Sie sich mal nicht verrückt, Kind.« Mattie arrangierte im Zeitlupentempo die Rippchen auf dem Grill um. »Sehn Sie, Sie sind ein Mädchen aus der Stadt. Da, wo ich herkomm, weiß man, dass Wolken nicht immer Regen bedeuten – stimmt's, Etta?«

»Aber sicher doch. Wie oft hab ich auf dem Feld von meinem Vater gearbeitet und eine Wolke entdeckt und darum gebetet, dass sie ein bisschen Regen bringt, damit ich mich ausruhn kann. Und neun von zehn Mal hab ich umsonst gebetet.«

Beide sahen sie Kiswana an und lächelten. Es kam ihr wie eine Ewigkeit vor, bis sie endlich den Kopf über die beiden schüttelte, und wie betäubt an die junge Frau im Trenchcoat appellierte, die neben ihnen stand.

»Gleich wird es regnen.« Die Tränen liefen Kiswana übers Gesicht.

»Ich weiß«, flüsterte Ciel, zog den Mantel fester um sich und blickte die Straße hinauf und hinunter und betrachtete das schlaffe Krepppapier, das von den maroden Treppengeländern hing, und die losgerissenen Luftballons, die an bröckelnden Fenstersimsen und rostigen Feuerleitern vorbei die Häuserfassaden hochstiegen. »O Gott, ich weiß.«

Erster leichter Sprühregen traf Kiswanas Arm, da tauchte Cora Lee aus dem Dunst vor ihnen auf.

»Sonya! Hat jemand Sonya gesehen?«

Das kleine Mädchen kauerte vor der Mauer und kratzte mit einem verschmierten Eisstiel am Fundament herum. Coras aufgedunsener Körper wogte auf das Kind zu.

»Ich hab dich überall gesucht – wirf das weg! Musst du mit dem dreckigen Zeug auf der Straße spielen, als ob ich nicht schon genug Sorgen hätte.« Sie beugte sich vor, um das Kind hochzureißen und ihm einen Klaps auf die Hand zu geben. Ein schwerer Wassertropfen traf Kiswanas Gesicht wie kalte Spucke.

Cora zog Sonyas Hand von der Mauer weg. An der Kante des Ziegels, an dem das Kind gekratzt hatte, wurde ein dunkler Fleck sichtbar. Der Fleck fing an, größer und dunkler zu werden.

»Blut – da auf der Mauer ist immer noch Blut«, flüsterte Cora und ließ sich auf die Knie nieder. Sie nahm den Eisstiel und begann, in der krümeligen Backsteinfuge zu bohren. »Das ist nicht recht; das ist einfach nicht recht. Das sollte nicht mehr da sein.« Der Stiel splitterte jetzt, und so machte sie weiter mit den Fingernägeln, bis der grobe Zement ihr die Knöchel aufriss. »Das Blut hat kein Recht, noch hier zu sein.«

Als sie den Backstein herauszerrte, rannte der Junge, der die Stereoanlage bedient hatte, mit einem seiner Lautsprecher in den Armen an ihr vorbei; zwei Männer liefen hinterher, sie trugen die anderen Teile. Ein weiterer Mann hob Sonya hoch und trug sie unter das Vordach des Hauses. Alle Männer und Kinder drückten sich jetzt in den Eingängen zusammen.

Cora rannte zu Matties Tisch hinüber und hielt ihr den Backstein hin.

»O Miss Mattie – schaun Sie doch! Da ist immer noch Blut an der Mauer!«

»Gütiger Gott«, sagte Mattie und sah zu, wie der Regen auf die heiße Holzkohle platschte und Dampf durch den Eisenrost hochsteigen ließ. Sie sah, wie er auf Schultern und Rücken prasselte, ihnen ins Gesicht und die Nasenlöcher fuhr, Papiertaschentücher durchweichte und Kuchen und Torten in eine glitschige, krümelige Masse verwandelte.

»Schaff das Ding hier weg!« Mattie packte den Backstein und gab ihn Etta, die ihn zum nächsten Tisch hinübertrug. Und die Frauen reichten ihn von Hand zu Hand, von Tisch zu Tisch, bis der Stein endlich aus Brewster Place auf die Hauptstraße hinausflog.

Mattie packte Etta am Arm. »Komm, wir wollen uns vergewissern, dass das der einzige ist.«

Sie rannten zu der Mauer hinüber und begannen, einen weiteren fleckigen Backstein herauszubrechen. Mattie stocherte mit ihrer Grillgabel in dem zerbröckelnden Mörtel. Endlich bekam sie ihn heraus und warf ihn hinter sich. Etta hob ihn auf und reichte ihn die Straße hinunter weiter.

»Auf dem hier ist auch was!« Cora fing an, an einem weiteren Ziegel zu zerren.

»Wir brauchen hier Hilfe«, rief Mattie. »Es breitet sich überall aus.«

Frauen warfen sich gegen die Mauer, kratzten mit Messern, Plastikgabeln, Stöckelschuhabsätzen und sogar bloßen Händen daran herum; das Wasser strömte ihnen übers Gesicht, klebte ihnen Blusen und Kleider gegen Brüste und Hüften. Die Backsteine türmten sich hinter ihnen auf, wurden hochgerissen und über umgestoßene Tische, verstreute Münzen und zerknüllte Bündel Dollarnoten hinweg weitergereicht, aus Brewster hinaus. Die Frauen kamen mit Stühlen und Grillrosten und schleuderten sie gegen die Mauer. Das »Heute Brewster – morgen Amerika«-Spruchband war in lange rot-goldene Fetzen gerissen, die den Frauen an ihren nassen Armen und Gesichtern klebten.

Ciels Mantel war aufgeweht, nasse Erde hatte ihre Bluse beschmiert. Sie versuchte, einen Backstein an Kiswana weiterzugeben, die aussah, als sei sie versehentlich in einen Albtraum geraten.

»Auf diesem Backstein ist kein Blut!« Kiswana packte Ciel am Arm. »Sie wissen, dass da kein Blut ist – es *regnet.* Es *regnet* nur.«

Ciel drückte Kiswana den Ziegel in die Hand und schloss ihre Finger mit Gewalt darum. »Spielt das eine Rolle? Spielt das wirklich eine Rolle?«

Kiswana schaute auf den feuchten Stein hinunter, und aus ihren triefnassen Zöpfen tropfte es auf seine Oberfläche, und der dunkle Fleck breitete sich aus. Sie schluchzte auf und rannte los, um den blutfleckigen Ziegel hinaus auf die Hauptstraße zu werfen. Autos bremsten quietschend und schlitterten um die Backsteine, die aus Brewster geflogen kamen. Das Seitenfenster eines Kombis zerbarst in ein Netz aus Glas, und der Wagen schleuderte und prallte hinten auf einen schwarzen Datsun, der von der Straße in einen Telefonmast gedrückt wurde. Theresa kam mit einem Koffer in der Hand aus dem Haus. »Hierher!« Ein Taxi fuhr vor, und sie öffnete die Heckklappe. »Ich hab noch eine Tasche im Haus, ich konnte sie nicht gleichzeitig mit dem Schirm tragen. Warten Sie eine Sekunde.«

»Lady, sind Sie verrückt? In dieser Straße ist ein Krawall!« Und der Fahrer fuhr mit Vollgas davon, ein Ziegel verfehlte nur knapp seine Radkappe.

»Scheißkerl!«, rief sie dem Taxi hinterher. »Du hast immer noch meinen Koffer im Wagen!«

Sie drehte sich um und sah die Straße hinunter. Die Frauen hatten angefangen, Möbel aus ihren Wohnungen zu zerren, um sie an der Mauer zu zerschmettern.

»Blöder Hund, die haben doch nur ein dämliches Straßenfest. Und eingeladen haben sie mich auch nicht.«

Cora Lee kam schnaufend mit einigen Ziegeln, ihr Bauch hob und senkte sich schwer und zeichnete sich unter dem durchweichten Kleid deutlich ab.

»Hier, bitte, nehmen Sie. Ich bin so müde.«

Theresa drehte ihr den Rücken zu.

»Bitte. Bitte.« Cora hielt ihr die fleckigen Ziegel hin. »Sagen Sie dieses Wort nicht!«, schrie Theresa gellend. »Sagen Sie das ja nicht!« Sie riss Cora die Ziegel aus der Hand und warf einen davon auf die Hauptstraße, und er zerbarst in einer Wolke grünen Rauchs.

»So, und jetzt gehen Sie wieder da rüber und bringen mir noch ein paar, aber sagen Sie dieses Wort nie wieder – zu niemandem!«

Das stumpfe Gellen der Polizeisirenen, die sich auf dem Weg nach Brewster eine Gasse durch den Verkehr bahnten, war zu hören. Theresa warf ihren Schirm weg, damit sie beide Hände frei hatte, um den anderen Frauen zu helfen, die jetzt immer mehr Backsteine brachten. Plötzlich explodierte der Regen um sie herum in einem erneuten Guss, und die kalten Fluten hämmerten ihnen auf die Köpfe – beinahe in perfektem Einklang mit dem Hämmern ihrer Herzen.

Mattie drehte sich im Bett um, Schweiß lief ihr die Brust hinunter, und ihr Nachthemd klebte ihr an Armen und Rücken. Sie hob die Hand an die schweißnasse Stirn und fragte sich, warum es so heiß im Zimmer war.

Unter Anstrengung öffnete sie die Augen und stellte fest, dass endlich die Sonne herausgekommen war, doch ihr Elektroofen war immer noch voll aufgedreht.

»Gott sei Dank, den werd ich heut nicht brauchen.« Sie stellte den Heizofen aus und ging ins vordere Zimmer und zog die Rollos hoch.

Nach einer Woche unaufhörlichen Regens hatte die Sonne jetzt ihr Flutlicht auf Brewster Place gerichtet. Draußen auf der Straße waren bereits Leute und bauten auf. Lange, gekräuselte Bahnen Krepppapier wurden entrollt und Luftballons an die Geländer der Treppenaufgänge gebunden. Kiswana befestigte ihr Spruchband mit Klebestreifen an der Mauer, und die goldene Schrift glänzte derartig hell in der Sonne, dass es fast wehtat, hinzusehen.

»Es ist doch wie ein Wunder«, Mattie öffnete das Fenster, »dass es ausgerechnet heute aufgehört hat zu regnen.«

Die Sonne schien auf alles: auf Kiswanas goldene Ohrringe, auf die Glasscherben draußen auf der Hauptstraße, auf die städtischen Verwaltungsgebäude in der Innenstadt – sogar auf die

Sturmwolken, die sich am Horizont gebildet hatten und geräuschlos auf Brewster Place zuzogen.

Etta trat auf den Aufgang hinaus und schaute hoch zu Mattie am Fenster.

»Weib, bist du immer noch im Bett? Weißt du denn nicht, was heute für ein Tag ist? Wir haben ein Fest.«

Abenddämmerung

Niemand weint, wenn eine Straße stirbt. Es gibt keine Schlange von Trauernden hinter dem Sarg, der auf der Erdachse dahinrollt und den der Himmel verschließt. Keine Klagelieder auf der Orgel, keine geflüsterten Gebete, keine Lobreden. Niemand ist da, wenn eine Straße stirbt. Sie ist nicht tot, wenn die letzte Tür verschlossen wird und die letzten Schritte auf dem Bürgersteig verhallen, zögernd um die Ecke biegen und in eine andere Realität eintauchen. Sie stirbt, wenn der Geruch der Hoffnung, wenn Verzweiflung, Begierde und Fürsorge von den Winden der Jahreszeit vertrieben werden; wenn der Staub sich in die Risse und Narben gesenkt und ihre unterschiedliche Tiefe und ihre Verfärbungen nivelliert hat, ausgelöscht hat; wenn ihr Geist in einer Erinnerung eingeschlossen ist und vergeht. Und so wird Brewster, wenn sie stirbt, alleine sterben.

Sie sah zu, wie ihr die letzte Generation von Kindern mit Gerichtsbeschlüssen und Zwangsräumungsbescheiden genommen wurde, und sie war mit der Zeit zu müde und zu krank geworden, um ihnen noch beizustehen. Diejenigen, die Brewster vor vielen, vielen Dämmerungen ausgebrütet hatten, ordneten nun ihre Zerstörung an. Ohne Heizung und Elektrizität froren im Winter die Wasserrohre ein, und die Arthritiskälte verließ erst tief im Frühjahr die Häuser. Flure wurden zu unübersichtlichen Löchern, und der Putz fiel in gezackten Placken von den Wänden. Im Müll, der nicht mehr abgeholt wurde, vermehrte sich das Ungeziefer und verbreitete sich durch die Wände. Brewster hatte ihren »afrikanischen« Kindern gegeben, was sie konnte – alles, was sie geben konnte, und jetzt reichte es einfach nicht mehr. So musste sie, sterbend, aber nicht tot, zusehen, wie ihre Kinder die Reste ihrer Träume zusammenpackten und gingen – einige in eine Welt, die sie mit Gewalt dazu bringen mussten, sie aufzunehmen, die meisten, um in einer anderen, alternden Straße deren Verfall mitzuerleben.

Und Brewster ist verlassen, die lebendigen Gerüche durch die Winde dünn geworden, Ruß und Schmutz bilden ein anonymes Leichentuch. Und sie wartet nur auf den Tod, der ihrem Verlöschen in der Erinnerung ihrer Kinder nur eine Sekunde später folgt. Doch die farbigen Töchter Brewsters, über die Leinwand der Zeit verstreut, wachen immer noch gähnend auf und nehmen ihre Träume mit in den Tag. Sie stehen auf und klammern sie mit der feuchten Wäsche zusammen, die sie zum Trocknen hinaushängen, sie werfen sie zusammen mit einer Prise Salz in ihre Suppentöpfe, und sie wickeln ihre Babys mit ihren Träumen. Sie kommen und gehen, kommen und gehen, aber verloren gehen sie nie. Und so wartet Brewster noch immer auf den Tod.

Gloria Naylor im Unionsverlag

Die Frauen von Brewster Place

Tropfende Rohre, quietschende Türen, kaputte Aufzüge. Brewster Place, das ist die Straße mit den Schlaglöchern und der Mauer am Ende, hinter der man die schicken Gegenden der amerikanischen Großstadt nur erahnen kann. Mattie Michael und Etta Johnson wohnen schon ewig hier, und sie wissen absolut alles, was in den Häusern der anderen so passiert. Kiswana Browne nervt mit ihren Black-Power-Parolen; Cora Lee kriegt in der Hoffnung auf morgen immer mehr Kinder und die zwei Neuen irritieren die anderen mit ihren verstohlenen Zärtlichkeiten. Die Gerüchteküche brodelt und treibt den Geruch von Begierde und Fürsorge, von Hoffnung und Verzweiflung durch die Straße. Gloria Naylor erzählt furios und einfühlsam von diesen Frauen und mit ihnen von den schwarzen Frauen Amerikas.

Linden Hills

Linden Hills – wer hier lebt, hat es geschafft. Elegante Häuser und perfekt gepflegte Rasen säumen die acht Ringstraßen, die sich den Hügel hinabwinden. Lester und sein bester Kumpel Willie, beide verflucht knapp bei Kasse, verabscheuen die noble Klientel, reinigen aber für ein paar Dollar ihre Auffahrten und Pools. Vorbei an glänzenden Fassaden und übertünchten Rissen arbeiten sie sich Straße für Straße den Hügel hinunter. Bis ganz nach unten, wo Luther Nedeed, das Epizentrum der Macht, ein finsteres Geheimnis hütet. Gloria Naylor enthüllt, wie die Menschen für den American Dream mit ihrer Seele bezahlen und wie das funkelnde Versprechen eines besseren Lebens in schneidende Niedertracht zersplittert.

Der verlorene Vater

Eigentlich wollte sie bei der Reise in den Süden der USA ihrem Vater näherkommen und sich bedanken für all die Anregungen, die er ihr schenkte. Doch dann entdeckt die junge Künstlerin, dass ihr Vater keineswegs ein Opfer der Diktatur in Haiti war, sondern ein Folterer, der das Leben unzähliger Menschen zerstörte. Alles, worauf sie ihr Leben baute, bricht nun zusammen. Wie kann Vergebung gefunden werden?
Edwidge Danticats Sprache ist luzide und lyrisch, sie beherrscht die Kunst der Andeutung und Aussparung. Der Leser wird immer tiefer hineingezogen und so zu einem faszinierten und zugleich angewiderten Mitwisser.

»Der Band vermisst achtsam und ohne spektakuläre Gesten historische und menschliche Abgründe. Aus der Verschränkung unterschiedlicher Zeitebenen und Figurenkonstellationen gewinnt er eine Dichte, mit der ungleich dickleibigere Werke nicht aufwarten können.« *Neue Zürcher Zeitung*

»Edwidge Danticat gibt den Kindern von Tätern und Opfern der Duvalier-Diktatur auf Haiti eine Stimme.«
Deutschlandradio Kultur

»Edwidge Danticats überzeugendste Leistung. Die einzelnen Teile fügen sich zu einem Puzzle zusammen, das die furchtbare Geschichte dieses Mannes und seiner Opfer erzählt.«
The New York Times

Damals, jetzt und überhaupt

Die Sweets – Mutter, Vater, zwei Kinder – leben in einem Städtchen in Neuengland, wo auf den ersten Blick alles beschaulich erscheint. Jamaica Kincaid erzählt vom schwierigen Miteinander und allmählichen Auseinanderbrechen einer Familie. Sie scheut sich nicht, in die Abgründe der Seele zu leuchten, und sie kreist ein, was die Zeit mit den Menschen anstellt.

Die Autobiografie meiner Mutter

Claudette Richardson erzählt ihre Lebensreise in Dominica: Die eigene Mutter stirbt bei der Geburt, sie wächst bei einer Pflegemutter auf. Wie soll sie, gefangen in innerer Einsamkeit, lieben lernen? Stattdessen entdeckt sie ihren Eros und heiratet zuletzt einen reichen weißen Mann, der sie nie glücklich machen kann.

Lucy

Lucy, 19 Jahre alt, kommt von den Westindischen Inseln zum ersten Mal nach New York. Als Au-pair-Mädchen lebt sie bei Mariah und Lewis, einem wohlhabenden Ehepaar mit vier kleinen Töchtern. Alles ist neu für Lucy, sie entdeckt eine vollkommen fremde Welt, die Angst macht und erschreckt. Doch die junge Frau kämpft um ihre innere Unabhängigkeit.

»Die Geschichten, die uns Kincaid erzählt, entfalten eine nachhaltige Kraft, der man sich kaum entziehen kann.«
Frankfurter Allgemeine Zeitung

»Kincaid ist eine unserer tiefschürfendsten Autorinnen. Sie verfügt über ein poetisches Verständnis dafür, wie sich Politik und Geschichte, Privates und Öffentliches überschneiden und die Grenzen verschwimmen.« *The New York Times*

New York, New York

Maeve Brennan ist berühmt für ihren scharfen Blick, und was sie sieht, Trauriges und Komisches, Alltägliches und Bizarres, fügt sich zu unvergesslichen Geschichten. Von 1954 bis 1981 schrieb sie Kolumnen für den *New Yorker* über ihr New York. Sie fängt wie mit einem Schmetterlingsnetz Eindrücke und Beobachtungen ein.

Tanz der Dienstmädchen

Vornehme New Yorker wohnen in Herbert's Retreat. Hier beherrscht man die eisernen, aber unklaren Regeln einer exklusiven Gesellschaft und verfügt über die besten irischen Dienstmädchen. Aus deren Perspektive wirft Maeve Brennan einen Blick auf die noble Herrschaft, mit feinem Gespür für menschliche Schwächen, falsche Töne und eitle Gewissheiten.

Mr. und Mrs. Derdon

Rose und Hubert lernen sich auf einem Fest kennen und verlieben sich sofort ineinander. Doch was wie das Märchen von einem Traumpaar beginnt, entfaltet im Laufe der Zeit die volle Tragik eines Ehelebens. Die Derdons haben den Zauber ihres Kennenlernens schon bald vergessen.

»Messerscharf, psychologisch einsichtig und stilistisch gekonnt, schlicht atemberaubend.« *Deutschlandradio Kultur*

Die Schiffbrüchige

Eine junge Frau mitten im Indischen Ozean. Die Wellen sind erbarmungslos, ihre Kräfte lassen nach. In einem letzten Aufbäumen will Anguille jeden Augenblick ihres Lebens noch einmal auskosten. Sie erinnert sich an den Seemandelbaum in ihrer Heimatstadt, unter dem die alten Männer Backgammon spielen. An die Fischer, die sich um ihre Kunden streiten wie alte Waschweiber. An ihren allwissenden Vater, der jedes Fitzelchen Zeitung liest, was ihm in die Hände fällt. An ihre rebellische Schwester, die mit ihren Freunden durch die Gassen zieht. Und vor allem an Vorace, dieser umwerfende Vorace, der sie fast um den Verstand gebracht hat. Doch jetzt hat Anguille keine Zeit mehr zu verlieren. Sie zieht uns hinein in den Strudel ihres Lebens – und in die Tiefe des Meeres.

»Die Schiffbrüchige reißt uns mit in eine schwindelerregende Prosa, sinnlich und revolutionär.« *Le Monde*

»Die Kraft und der Zauber des Buches liegen ganz in Anguilles Stimme, die Zamir mit einer Liebe und Lust modelliert, die auch den Übersetzer Thomas Brovot zu einer Glanzleistung inspirierte. Ihre Sprache strömt, wirbelt und funkelt wie bewegtes Wasser, unwiderstehlich. Das Mädchen lässt sich von den peitschenden Wellen weder den Schneid noch den Witz abkaufen, reißt einen mit, direkt ins Leben einer Insel, die man eben noch auf der Weltkarte suchen musste. Anguille bäumt sich auf, kurz bevor ihre Kräfte schwinden, und für einmal glaubt man zu begreifen, was untergeht, wenn ein Mensch ertrinkt.«
Neue Zürcher Zeitung